MONOGRAPHIE

de la

CONDITION DES SOIES

DE LYON

Papier des Fabriques de MM. PEYRON FRÈRES, à Vizille (Isère).

MONOGRAPHIE

DE LA

CONDITION DES SOIES

DE LYON

PAR

M. ADRIEN PERRET

DIRECTEUR DE LA CONDITION DES SOIES DE LYON

PUBLIÉ PAR ORDRE DE LA CHAMBRE DE COMMERCE DE LYON

LYON
IMPRIMERIE PITRAT AINÉ
RUE GENTIL, 4

1878

Tous droits réservés.

AVANT-PROPOS

Les origines de la Condition des soies, la série de ses développements et des méthodes qu'elle a successivement employées, n'ont jamais été, à notre connaissance, retracées avec de suffisants détails, donnant une idée vraie de ce grand établissement, type sur lequel se sont modelées toutes les institutions similaires d'Europe. C'était là une lacune que la Chambre de commerce de Lyon, propriétaire et administrateur de la Condition, désirait depuis longtemps combler; l'Exposition de 1878 lui a semblé une occasion naturelle de le faire, et elle a chargé de ce soin le Directeur actuel.

Écrite pour figurer à l'Exposition, à côté des produits de la fabrique lyonnaise, cette monographie est un témoin qui raconte, à sa manière, le passé et le présent de notre histoire locale, les efforts de notre industrie, ses luttes, ses progrès et les motifs de confiance qu'elle doit avoir dans l'avenir.

MONOGRAPHIE

DE LA

CONDITION DES SOIES

DE LYON

I

CONDITIONNEMENT DE LA SOIE

I

ORIGINE ET ÉTYMOLOGIE

La soie est une substance très-hygrométrique, qui, dans son plus grand état de siccité à l'air libre, ne renferme pas moins de huit pour cent de son poids d'eau, et peut en contenir jusqu'à quinze pour cent, sans cependant paraître mouillée.

Cette propriété présente, au point de vue commercial, de graves inconvénients. La fraude peut, d'une part, l'exploiter à son profit; d'autre part, l'industriel, qui met en œuvre cette matière précieuse, se trouve exposé à de sérieux mécomptes dans l'évaluation du prix de revient du produit fabriqué.

Au début des transactions sur la soie, l'acheteur consentait au vendeur, à raison des propriétés hygrométriques de ce filé, une bonification qui s'appelait le « don ». Ce don était une des conditions du marché ; de là, suivant certains étymologistes, le nom de « Condition » donné à l'établissement chargé d'en fixer le taux.

Il semble plus logique et plus naturel de faire dériver le mot « conditionnement » auquel le dictionnaire de l'Académie française n'a pas encore accordé de lettres de naturalisation, du verbe « conditionner » qui signifie pour tous « donner les qualités, la forme, la couleur, etc., requises » et de ne voir dans la soie « conditionnée » que ce que tout le monde entend par un produit bien conditionné, c'est-à-dire présentant toutes les conditions voulues.

C'est dans ce sens que Savary dans le *Parfait Négociant* (1675) parle des soies mal conditionnées. Les Italiens, nos devanciers dans cette opération, ne l'ont pas entendue autrement. La « Stagionatura » mot par lequel ils la désignent, veut dire « mise en état normal ».

Les établissements où s'effectuait le conditionnement ont reçu, par abréviation, le nom de « Conditions ».

L'Italie étant la terre classique de la soie, il n'est pas surprenant qu'elle ait été le berceau du conditionnement. C'est à Turin que fonctionna la première Condition des soies. Elle fut fondée, en l'an 1750, par ordonnance du roi de Sardaigne qui voulait *établir, sur tous les points, la confiance du commerce des soies parmi ses sujets.*

C'était une grande salle à quatre cheminées, dans laquelle les soies, divisées en parties égales, étaient suspendues à des crochets en fer appliqués aux murs. La température de cette pièce était maintenue à un degré donné du 1er octobre au 1er mai ; pendant les cinq mois d'été la dessiccation s'opérait par l'action seule de l'air extérieur.

II

LA CONDITION RAST-MAUPAS

Le 2 juin 1779, le citoyen Rast-Maupas voulant doter la ville de Lyon d'un établissement analogue à celui qui fonctionnait à Turin, s'adressait au Contrôleur général des finances, pour obtenir une concession privilégiée de trente années. A sa requête était joint un projet de règlement qui non-seulement assurait, suivant lui, l'uniformité de dessiccation de la soie, mais devait encore rendre impossibles toute erreur et surtout toute infidélité.

Consultée par le Contrôleur général des finances, la Chambre de commerce émit un avis défavorable à cette création. M. Rast se mit en quête d'adhésions dans le monde commercial ; s'appuyant sur les encouragements qu'il y trouvait, il présenta une nouvelle requête au Prévôt des marchands et aux Échevins de la ville de Lyon (8 avril 1780).

Nouveau renvoi à la Chambre de commerce, qui, s'inspirant du mouvement de l'opinion publique, se montra moins hostile à cette idée, en faisant toutefois cette réserve qu'un tel établissement devait être fondé par le corps municipal et non par un simple particulier.

M. Rast épousant cette idée, sans cependant se dissimuler les inconvénients de cette solution, se borna à demander au Consulat de lui confier la direction de l'établissement dont l'idée première était sienne.

Le Consulat, par sa délibération du 3 mai 1780, décida *qu'il ne pouvait, n'entendait, ni ne devait se charger d'un pareil établissement.*

Fort de l'appui qu'il avait rencontré chez les industriels et les commerçants, M. Rast crut pouvoir tenter une nouvelle démarche auprès du Gouvernement. Mais celui-ci refusa un privilége pour un établissement qui n'était encore qu'à l'état de projet, tout en poussant l'inventeur à donner suite à son idée, et à la mettre à exécution pour son compte personnel.

Ce fut dans ces circonstances que M. Rast-Maupas créa la première Condition qui ait fonctionné à Lyon. Voici le mode de procéder imaginé par lui, à l'instar de celui employé en Italie :

La soie était disposée dans des caisses de 2 mètres de hauteur, y compris les pieds qui avaient 18 centimètres, la largeur était de 80 centimètres, et la profondeur de 17 centimètres. Sauf les montants, chaque caisse était constituée par un grillage métallique permettant la libre circulation de l'air. Onze tiroirs à coulisse, également grillagés, étaient destinés à recevoir les soies : la surface que chaque ballot présentait à l'évaporation était, par le fait, d'environ 25 mètres carrés, correspondant à l'espace d'une chambre moyenne. Des scellés, apposés par l'entrepreneur et par le déposant, garantissaient le commerce contre toute infidélité. La soie séjournait dans ces caisses pendant vingt-quatre heures; si, dans ce temps, elle avait perdu trois pour cent, ce qui dénotait un excès d'humidité qu'un jour entier n'avait pu faire disparaître, elle était soumise à une nouvelle dessiccation de 24 heures.

Les pratiques de cette première Condition sont au reste minutieusement décrites dans le règlement de 1779, que nous avons retrouvé dans les mémoires du temps, et qui est reproduit à la fin de cette étude.

M. Rast-Maupas ne pouvant pas être considéré comme un inventeur, on ne saurait du moins lui contester le mérite d'avoir importé et perfectionné une institution utile. A ce titre, son nom, devant être sauvé de l'oubli, a été donné justement à une rue de la Croix-Rousse. (Arrêté préfectoral du 30 avril 1858, pris à la suite d'une délibération du Conseil municipal de Lyon.

La Condition de M. Rast fonctionna de 1780 à 1792. Les années de début furent pénibles ; il fallait lutter contre des habitudes invétérées, des intérêts privés, des oppositions de parti pris. M. Rast touchait enfin au terme de ses efforts, quand le siége de Lyon vint suspendre son établissement, qui, mis sous séquestre, y resta près de deux ans.

A la demande de plusieurs négociants se portant garants de son civisme, il put reprendre la direction de sa Condition et continuer ses travaux (15 frimaire an III). Pendant ce temps, des établissements rivaux s'étaient organisés ; ce fut en vain que M. Rast crut écarter le danger de cette concurrence en prenant un brevet d'invention à la date du 14 germinal an VIII (4 avril 1800). D'invention, il n'y en avait point, à proprement parler, l'art de faire sécher les matières humides, en les exposant à l'action de l'air, aidé par une chaleur plus ou moins forte, étant connu de toute antiquité.

M. Rast pouvait-il du moins, se donnant comme importeur d'une découverte faite à l'étranger, réclamer les mêmes avantages que s'il en eût été l'inventeur, aux termes de l'article 3 de la loi du 7 janvier 1791 sur les brevets d'invention ?

Même en se plaçant à ce point de vue, ses prétentions n'étaient pas plus admissibles ; car l'article 9 de la loi précitée stipule que l'exercice des patentes, accordées pour une découverte importée de l'étranger, ne pourra s'étendre au delà du terme fixé dans ce pays, à l'exercice du premier inventeur, et le conditionnement de Turin était depuis longtemps tombé dans le domaine public.

Cependant M. Rast crut que ce brevet lui donnait le droit de faire cesser une concurrence préjudiciable à ses intérêts. Ses rivaux résistèrent à ses prétentions; le débat fut porté devant le juge de paix qui leur donna gain de cause. Il y eut bien appel de ce jugement, mais les événements ne permirent pas qu'il y fût donné suite.

Les concurrents de M. Rast étaient au nombre de trois : les sieurs Charay, Donzel et Mallet. Chacun de ces établissements rivaux avait sa manière d'opérer, et ne suivait d'autre règle que ses intérêts particuliers. L'anarchie était complète; bon nombre d'expéditeurs du Piémont et de l'Italie refusaient d'envoyer leurs soies sur le marché de Lyon.

Le remède à cette situation était tout indiqué, et le 24 floréal an X, le Conseil du commerce prenait une délibération qui, visant les nombreux abus qu'entraînait la coexistence des institutions de conditionnement, demandait qu'il n'y eût plus à Lyon qu'une seule Condition publique pour les soies, qu'elle fût affranchie de toute mise à l'enchère, confiée à des mains non suspectes, et soumise à une inspection très-sévère. Pour atteindre ce but, le Conseil estimait qu'il devait être nommé par le préfet une administration composée de deux marchands de soie et de deux fabricants de soieries, pour surveiller tout ce qui pourrait porter atteinte aux intérêts respectifs de l'acheteur et du vendeur.

Cette délibération contenait en germe l'arrêt de mort des Conditions privées.

III

LA CONDITION UNIQUE ET PUBLIQUE

Le 21 floréal an XI, la Chambre de commerce réunissait les marchands de soie et les fabricants de soieries. L'assemblée entière reconnaissait unanimement l'urgence de mettre fin au désordre qu'entraînait la multiplicité des Conditions particulières, par la création d'un établissement public et unique. La Chambre demandait immédiatement au Gouvernement d'autoriser cette création, en proposant pour l'institution nouvelle le règlement de 1779, adopté par le commerce pour la Condition Rast-Maupas.

Le ministre de l'intérieur transmit cette requête au Conseil général du commerce, qui l'examina avec la plus minutieuse attention. Il se demanda tout d'abord si le conditionnement constituait une industrie libre, ou s'il se reliait au régime administratif par un rapport quelconque, autorisant l'Administration à le régulariser.

Après avoir reconnu que les bureaux de conditionnement devaient être assimilés de tous points aux bureaux de pesage et de mesurage, que leurs opérations avaient le même but, que la rivalité engageait les entrepreneurs à attirer la clientèle, en lui rendant les épreuves favorables, le Conseil général du commerce fut d'avis :

« Que l'Administration pouvait et devait surveiller et régulariser ces établissements;

« Qu'ils n'étaient pas l'objet d'une industrie libre et particulière;

« Qu'il était instant de les réduire à un seul comme par le passé;

« Que la seule Condition publique, qui serait maintenue, devait être placée sous la direction et la surveillance de la Chambre de commerce de Lyon;

« Que les produits qui en résulteraient devaient être versés dans la caisse des hospices de Lyon, ou appliqués aux dépenses de la Chambre de commerce. »

Malgré cet avis favorable, émis par le corps le plus compétent, le vœu de la Chambre de commerce ne devait pas recevoir une satisfaction immédiate.

Il y eut tout d'abord une protestation de M. Rast qui réclamait le privilége d'être seul à conditionner la soie, en vertu du brevet qu'il avait obtenu en l'an VIII.

La Chambre lui accorda un délai de deux mois pour faire valoir les droits qu'il prétendait tenir de ce brevet ; pendant ce temps, elle cessa toutes instances auprès du Gouvernement.

M. Rast n'ayant fait aucune démarche, la Chambre renouvela la demande qu'elle avait adressée au Gouvernement, avec cette modification à son vœu primitif que la Condition devait être mise en régie simple, sous la surveillance de l'Administration, au lieu d'être affermée comme on l'avait tout d'abord proposé.

S'attachant uniquement à la question d'intérêt public, la Chambre de commerce ne s'était que très-secondairement préoccupée de la destination à donner aux produits de la Condition. Le Gouvernement, suivant l'avis du Conseil général du commerce, lui avait, il est vrai, suggéré la pensée qu'elle pourrait y trouver des ressources pour subvenir à ses dépenses ; mais cette perspective lui causait néanmoins une certaine appréhension de l'avenir, tellement que le 2 pluviôse an XIII, elle proposait de céder les produits de la Condition à la caisse municipale, à charge par celle-ci de payer ses frais. L'inconnu l'effrayait.

Le 23 germinal de l'an XIII (5 avril 1805), l'empereur Napoléon, se rendant à Milan pour s'y faire couronner roi d'Italie, signa, à Lyon, le décret qui, tranchant la question, conférait à la Chambre de commerce le monopole du conditionnement de la soie. Ce décret fixait l'indemnité à payer aux conditionneurs dépossédés, et réglait le mode d'administration de l'institution nouvelle. Le 17 prairial, après avoir éliminé les propriétaires des Conditions existantes, la Chambre nommait M. Reverony directeur du nouvel établissement, et soumettait cette nomination à l'approbation de l'autorité supérieure. A la même date, on faisait choix, pour y installer la Condition, d'un local situé sur la place Saint-Pierre, maison d'Ambérieu, au deuxième étage.

Le nouvel établissement eut tout d'abord l'idée naturelle d'acheter le matériel des anciennes Conditions, lequel allait leur devenir complétement inutile, mais il se heurta à des prétentions inadmissibles.

M. Rast-Maupas refusa toute entente.
M. Charay demandait de son matériel 19,000 francs.
M. Donzel   »   »   10,000   »
M. Mallet   »   »   9,500   »

Le matériel variait d'ailleurs d'une Condition à l'autre; pour ce motif, et par suite des sacrifices exagérés qu'eût entraînés cette combinaison, elle fut abandonnée, et un matériel entièrement neuf fut commandé : il se composait de soixante caisses grillagées, dont un article spécial du règlement d'administration intérieure avait fixé la disposition. Ces caisses devaient être isolées les unes des autres et éloignées des murs, de façon que l'air pût circuler librement autour de chacune d'elles.

Les travaux d'installation étant terminés, la Chambre demanda, le 13 vendémiaire an XIV, au Gouvernement, de prononcer pour le 29 de ce mois (20 octobre 1805) l'ouverture de la Condition unique et publique et la fermeture des Conditions privées.

Trois Conditions s'inclinèrent, sans résistance, devant le décret de dissolution. Seul, le citoyen Rast-Maupas protesta, au nom du brevet d'invention dont il était titulaire ; il fallut que des huissiers, envoyés par l'autorité locale, vinssent opérer la clôture de son établissement.

Le mode de procéder, dont le décret organique donne au reste la description détaillée, était des plus simples. Chaque ballot était disposé dans une caisse entourée d'un grillage en fil de fer ; les matteaux étaient rangés, sans être superposés, sur des tablettes également grillagées de façon que l'air pût circuler librement dans la masse. Les mailles du tissu étaient suffisamment serrées pour que toute soustraction fût impossible. Des cachets apposés à chaque caisse, par le directeur de la Condition, et par le propriétaire de la soie, achevaient de donner à celui-ci les dernières garanties qu'il pût désirer.

La dessiccation s'opérait, ou était censée s'opérer naturellement, grâce à l'action de la chaleur, maintenue à un degré variable suivant l'indication de la colonne barométrique.

Les années de début furent surtout marquées par des réclamations du commerce au sujet des soies qui subissaient une deuxième épreuve de conditionnement, la première ayant décélé un excès d'humidité.

Lors de la rédaction du premier projet de règlement, de sérieuses difficultés avaient surgi entre marchands de soie et fabricants ; ceux-ci demandaient que, lorsque la soie perdrait plus de 4 1/2 pour cent en Condition, le marché fût rompu. Les marchands de soie s'élevaient justement contre une telle prétention. La Chambre de commerce, tenant la balance égale entre ces intérêts divergents, avait proposé et fait admettre dans le décret organique que, lorsque la soie perdrait, à la première épreuve de vingt-quatre heures, plus de 3 pour cent, elle subirait une seconde épreuve de même durée, aux frais du vendeur seul.

Sur la réclamation de la Fabrique, cette disposition fut modifiée ; le décret du 17 avril 1806 assujettit à un second conditionnement de quarante-huit heures, aux frais du vendeur, tout ballot qui, dans une première épreuve de vingt-quatre heures, aurait perdu plus de 4 1/2 pour cent. Le second conditionnement de vingt-quatre heures restait toujours obligatoire, pour le cas où la soie avait perdu plus de 3 pour cent.

Cette tolérance de 3 pour cent fut, avec le temps, réduite à 2 1/2 pour cent. Toute balle d'organsin, ayant perdu plus de 2 1/2 pour cent, et moins de 4 1/2 pour cent, subissait une seconde dessiccation de vingt-quatre heures ; cette seconde épreuve était de quarante-huit heures, si la perte excédait 4 1/2 pour cent. Pour la trame, un second conditionnement de vingt-quatre heures seulement était de rigueur, quel que fût d'ailleurs le déchet au-dessus de 2 1/2 pour cent à la première épreuve.

Parmi les perfectionnements qu'on tenta d'apporter à ces procédés, tout à fait primitifs, il faut mentionner la substitution au thermomètre à mercure d'un thermomètre métallique, dû à M. Dourdouillon, qui devait indiquer le minimum et le maximum de température des salles de dessiccation, ainsi que l'innovation proposée en 1809 par l'horloger Deville Glosner, qui avait adapté à ce thermomètre une sonnerie prévenant lorsque le minimum ou le maximum de température était atteint. Ces essais ne reçurent jamais la consécration de la pratique.

IV

ÉDIFICATION DE LA CONDITION

A peine la Condition publique était-elle en activité sur la place Saint-Pierre, que la Chambre de commerce, comprenant tout ce qu'une telle installation présentait d'inconvénients, songeait à faire construire un bâtiment spécial, offrant au commerce toutes les sécurités qu'il était en droit d'exiger.

Dès la fin de 1805, MM. Billion et Ganin, Devarenne et Flacheron offraient un terrain, sis quartier des Capucins, pouvant convenir à l'installation projetée.

Au mois de mars 1807, sur le rapport d'une commission spéciale, la Chambre accueillant les offres qui lui avaient été faites, demandait au Gouvernement d'autoriser l'acquisition des terrains proposés, ainsi que la combinaison financière destinée à solder cette acquisition, et à faire face aux premiers frais de construction.

Les pourparlers n'aboutirent pas de suite. L'Administration refusait son approbation, craignant pour les intérêts des actionnaires. Ce ne fut qu'au mois d'avril 1807 que l'acquisition du terrain fut autorisée, sous réserve de la soumission de l'emprunt projeté de 150,000 fr. signée par tous les actionnaires.

Cette formalité remplie, la loi du 9 septembre 1807 autorisa l'achat des terrains (1,293 m. c. 52), pour une somme de 46,566 fr. 72, et en même temps l'émission de l'emprunt de 150,000 francs.

Au mois d'octobre 1807, la Commission spéciale préposée à la construction, jugeant le terrain insuffisant, traitait avec M. Pavy pour l'acquisition d'une parcelle contiguë de 67 m. c. 80 au prix de 3,458 fr. 20 ; cette acquisition supplémentaire était ratifiée par un décret du 18 novembre 1808.

L'emplacement acquis représentait une surface totale de 1,361 m. c. 32, il avait coûté en principal 50,024 fr. 92, ce qui faisait ressortir le mètre superficiel à 36 fr. 75 ou à 39 fr. 50 acte en main.

Le terrain acheté, un concours fut ouvert pour la construction du bâtiment. Nous ne pouvons mieux faire que d'en reproduire le programme; il témoigne de la sollicitude dont cette institution était l'objet.

PROGRAMME

D'UN CONCOURS PUBLIC, POUR LA CONSTRUCTION D'UN BATIMENT
DESTINÉ
A LA CONDITION DES SOIES EN LA VILLE DE LYON

La Chambre de Commerce de Lyon, chargée, par décret impérial, de la *Condition unique des soies* en cette ville, a été autorisée, par la loi du 9 septembre 1807, à acquérir un terrain destiné à la construction d'un Édifice propre à cet objet.

L'acquisition de ce terrain qui est situé à la droite de la rue de l'Oratoire, entre la propriété de M. Pavy et celle de M. Gantin, a été consommée le 31 octobre 1807, par M. d'Herbouville, préfet du département, commandant de la Légion d'honneur, président né de la Chambre de Commerce.

L'intérêt qu'il prend à cet établissement, dont la ville de Lyon lui doit le bienfait, est vivement senti et partagé par tous les membres qui composent la Chambre ; pour répondre dignement à sa bienveillance, elle voudrait que le bâtiment qui doit être construit pour la Condition des soies ne laissât rien à désirer au commerce ; soit pour la sûreté des matières précieuses qui y sont déposées, soit pour leur parfaite dessiccation. Dans la vue d'atteindre à ce but, elle se propose de recueillir tous les avis qui pourront lui être communiqués par les architectes, les physiciens, et généralement par toutes les personnes qui voudront lui communiquer leurs réflexions ; elle les invite à prendre part au Concours public qu'elle ouvre pour la construction de ce bâtiment, et dont suivent les dispositions :

Art. 1. — Le plan du bâtiment pour la Condition unique et publique des soies à Lyon, est soumis à un concours public.

Ce plan doit contenir un projet de construction, dans lequel les moyens de rendre la dessiccation des soies la plus indépendante qu'il sera possible de l'état de l'atmosphère, seront combinés avec les procédés les plus économiques de chauffage.

Art. 2. — Les concurrents seront tenus de joindre à leurs plans un devis estimatif de la dépense, et d'entrer dans les plus grands détails à cet égard.

Art. 3. — Les personnes qui désireront prendre part à ce concours, avant de procéder à leurs plans, devront reconnaître la mensuration du terrain, se transporter dans le local qu'occupe la Condition actuelle des soies[1], pour y prendre connaissance des besoins de l'établissement, du service journalier qu'il exige, et consulter le plan de disposition qui est entre les mains du Directeur ; il est chargé de leur donner tous les éclaircissements qui sont en son pouvoir.

Art. 4. — Le prix de 2,400 fr. sera décerné au plan qui aura rempli toutes les conditions exigées ; la Chambre de Commerce acquerra, au moyen de ce prix, la propriété du plan et du devis ; elle se réserve le droit de le faire exécuter par qui elle jugera convenable.

Art. 5. — Il est accordé aux concurrents jusques au 31 janvier 1808 pour présenter leurs plans, qu'ils adresseront au Secrétariat de la Chambre de Commerce, Palais Saint-Pierre : ils voudront

---

[1] Place Saint-Pierre, maison d'Ambérieu, au second étage.

bien y joindre une devise inscrite sur le billet cacheté, qui renfermera le nom et la demeure de l'auteur.

Art. 6. — Il sera délivré, par le Secrétaire de la Chambre de Commerce, un récépissé des plans qui seront présentés ; ceux qui n'auront pas été couronnés, seront rendus avec le billet cacheté aux porteurs des récépissés.

Au mois de février 1808, la Chambre jugeant les plans qui lui avaient été soumis, et estimant qu'aucun ne remplissait les conditions voulues, prorogeait le concours jusqu'au 20 avril par l'avis suivant :

CONDITION DES SOIES
CONCOURS PUBLIC

Il a été procédé, dans la séance de la Chambre de Commerce de Lyon du 4 février 1808, en présence de M. le Préfet qui la présidait, à l'examen des plans envoyés au Concours ouvert pour la construction d'un bâtiment pour la *Condition unique des soies*. Si le nombre des plans et le travail qu'ils ont exigé, doivent mériter à MM. les Architectes de justes éloges pour les talents qu'ils y ont montrés et l'empressement qu'ils ont mis à concourir à l'érection de cet utile monument, il a été reconnu, à regret, qu'aucun ne s'était assez scrupuleusement conformé aux conditions imposées par le programme. Cette circonstance, jointe aux espérances qu'ont fait naître ces premiers plans, a déterminé M. le Préfet à proroger le Concours jusques au 20 avril prochain inclusivement. MM. les Architectes qui n'ont pas concouru y seront admis et pourront envoyer leurs plans d'ici à cette époque au Secrétariat de la Chambre de Commerce, Palais Saint-Pierre. Les auteurs des plans déposés jusqu'à ce jour sont invités à les retirer du dit Secrétariat, où ils leur seront rendus, en rapportant le récépissé qui leur en a été fourni ; il leur sera en même temps remis une note contenant les observations qu'a fait naître l'examen de leur plan et qui pourra les diriger dans les changements qu'ils auront à y faire, dans le nouveau délai qui leur est accordé.

Le 23 avril 1808, la Chambre, décidant entre les concurrents qui avaient tenté cette seconde épreuve, donnait la préférence au plan présenté par M. Gay, architecte de la ville de Lyon. Au mois de juillet de la même année elle lui remettait la prime de 2,400 francs et, à raison de ses trop nombreuses occupations, elle lui adjoignait M. Pilliet, architecte, comme collaborateur.

M. Gay (Joseph-Jean-Pascal), né le 14 avril 1775, à Lyon, décédé le 6 mai 1832, était un élève distingué de l'école d'architecture de Paris. L'école spéciale de dessin et des beaux-arts de Lyon qui avait été supprimée en 1792 ayant été rétablie, la chaire d'architecture lui fut donnée, et plus tard il fut nommé architecte de la ville. On lui doit, outre la Condition, le bâtiment de la Halle aux Blés, où est aujourd'hui installé le Mont-de-Piété. Il fut aussi un des fondateurs de la Société littéraire de Lyon.

Au commencement de l'année 1809 l'autorité préfectorale faisait afficher l'adjudication des travaux à exécuter pour la construction de la Condition. Cette adjudication fut prononcée au profit de M. Feuga, entrepreneur, moyennant la somme de 241,000 francs.

Le 8 juin 1809 avait lieu la pose de la première pierre.

Il nous a semblé qu'à 68 ans de distance on ne lirait pas sans intérêt les détails de cette cérémonie.

PROCÈS-VERBAL

DE LA POSE DE LA PREMIÈRE PIERRE DES BATIMENTS DE LA CONDITION DES SOIES

Ce jourd'hui 8 juin 1809 à deux heures après midi. La Chambre de Commerce de la ville de Lyon, composée de :

MM. d'HERBOUVILLE, Commandeur de la Légion d'honneur, Préfet du Rhône, Président-né ;

REGNY père, Vice-Président ;

MOTTET DE GÉRANDO, Secrétaire ;

MEMO, COSTE, CHARASSON jeune, TERRET, JACQUIER-FOURNEL, CHAPUIS, ARNAUD, PERRONEAUX, CHAMPANHET, GAILLARD, GIRAUDIER et REYNAUD.

(Une place est vacante par la mort récente de M. COUDERC.)

S'est réunie dans la salle ordinaire de ses séances au Palais Saint-Pierre, pour se rendre sur le sol où doit être élevé le nouveau bâtiment de la Condition des soies, et en poser la première pierre.

Étaient présents :

M. Fay de Sathonay, membre de la Légion d'honneur, maire de la ville de Lyon, qui avait été prié d'assister à la cérémonie, accompagné de Messieurs les adjoints.

Les principales autorités de la ville

MM. Reverony, directeur de la Condition des soies, Gay, architecte de la ville et professeur d'architecture à l'école spéciale de dessin, auteur du plan, et Pilliet, architecte, chargé conjointement avec M. Gay de la direction des travaux.

L'assemblée s'étant transportée sur le terrain, M. Gay, architecte a présenté à M. d'Herbouville la pierre destinée à former l'angle septentrional du nouvel édifice, sur laquelle est gravée cette inscription :

SOUS LE RÈGNE
DE NAPOLÉON LE GRAND
LE COMTE DE CHAMPMOL
MINISTRE DE L'INTÉRIEUR
LE 8 JUIN DE L'AN DE J.-C. 1809
C. D'HERBOUVILLE
PRÉFET DU RHONE
A FONDÉ
LE BATIMENT DE LA CONDITION DES SOIES
L. C. M. N. FAY DE SATHONAY
ÉTANT MAIRE DE LYON
J. J. P. GAY, LYONNAIS, ARCHITECTE

M. d'Herbouville a posé cette pierre à sa place, et après avoir clos le présent procès-verbal qui a été signé par lui et par toutes les personnes présentes, il l'a renfermé dans une boîte de plomb encastrée dans la pierre, et dans laquelle il a déposé aussi une notice sur la Condition des soies, rédigée et signée par le Secrétaire de la Chambre, le dessin de l'édifice, un jeton d'argent de la Chambre de Commerce et les monnaies françaises du temps.

Les travaux marchèrent sans encombre ; au mois de juillet 1811 le gros de l'œuvre étant terminé, la Chambre de commerce accordait une gratification de 300 francs aux ouvriers qui avaient arboré sur la toiture le bouquet traditionnel.

Le devis primitif avait, comme il arrive toujours, été largement dépassé; il avait fallu en 1810 contracter un nouvel emprunt de 150,000 fr. pour assurer l'achèvement des travaux.

Ces ressources ajoutées aux produits libres de la Condition eussent peut-être permis de mener l'œuvre à bonne fin, sans un accident qui se produisit, dans l'automne de 1811, à la grande voûte du bâtiment. Cette voûte, trop surchargée, s'écroula en partie; les voûtes des caves se trouvèrent compromises.

La Chambre de commerce fit appel aux lumières de trois architectes, MM. Durand, Thurin et Tissot, pour avoir leur avis sur le meilleur moyen de réparer les dégâts qui s'étaient produits et d'en prévenir le retour.

Le rapport de ces experts, qui jugeaient la situation très-grave, fut communiqué aux architectes de la Condition; ils estimèrent qu'une dépense relativement minime suffirait à réparer les dégâts, et à rendre la solidité au bâtiment. Devant des opinions aussi divergentes, la Chambre de commerce ne crut pouvoir mieux faire que de demander au Préfet de faire étudier cette question par M. Caron, ingénieur en chef des Ponts et Chaussées du département du Rhône.

Ce haut fonctionnaire se rallia complétement aux projets de restauration de MM. Gay et Pilliet, dont le total s'élevait à 18,000 francs.

On voit encore aujourd'hui la trace de ces travaux de

consolidation. Ce sont : au premier étage, deux tirants en fer reliant les murs qui supportent la voûte de la terrasse, au rez-de-chaussée des contreforts destinés à augmenter la résistance des murs à la poussée de la grande voûte, dans le sous-sol enfin, de nombreux étais en maçonnerie ayant pour but d'assurer la solidité des voûtes des caves.

Les travaux furent repris dans l'été de 1812, pour n'être entièrement terminés que deux ans après ; ce fut seulement le 14 août 1814, c'est-à-dire plus de cinq ans après la pose de la première pierre, que la Condition quitta son installation provisoire de la place Saint-Pierre pour venir prendre possession de l'édifice que la Chambre de commerce lui avait fait construire.

Les devis avaient été largement dépassés : les deux premiers emprunts avaient été insuffisants ; il avait fallu, en 1813, recourir à un troisième emprunt de 78,000 fr.

La dépense totale, évaluée tout d'abord à 240,000 fr., puis à 260,000 fr. par suite des accidents survenus pendant la construction, dépassa en réalité 440,000 fr. Le tableau ci-dessous donne le détail du coût total :

Achat de terrains,	50,024 92	53,773 82
Frais d'acquisition,	3,748 90	
Architecte constructeur.		17,359 60
Architectes étrangers.		3,979 34
Mobilier.		13,350 »
Maçonnerie et taille.		194,053 59
	A REPORTER. . . .	282,516 35

REPORT	282,516 35
Charpente	48,642 40
Plâtrerie	13,167 79
Menuiserie	11,482 85
Peinture et vitrerie	11,136 22
Ferrure	36,460 50
Ferblanterie et plomberie	32,248 88
Dépenses imprévues	7,887 32
Total	443,542 31

La majeure partie de cette dépense fut soldée avec les ressources que la Chambre avait demandées à l'emprunt, lesquelles s'élevaient à 378,000 fr.; le complément fut fourni par les produits de l'établissement.

En 1818, M. Flacheron succéda à M. Pilliet, décédé, en qualité d'architecte de la Condition. Sous sa direction, de nouveaux travaux de consolidation du bâtiment furent exécutés, notamment en 1825, époque où les murs latéraux du grand vestibule donnaient des inquiétudes. Des travaux analogues durent être faits en 1831 pour soutenir la façade orientale de l'édifice.

Sauf ces retouches et quelques changements apportés ultérieurement dans les aménagements intérieurs, le bâtiment est à très-peu près aujourd'hui ce qu'il était en 1814, quand il a été livré à l'exploitation.

Cet édifice, qui a 22 m. 50 de façade sur 32 m. de profondeur, est complètement isolé des maisons voisines, sauf la partie donnant sur la rue, qui est reliée aux immeubles contigus par des murs de clôture. Dans ces murs sont pratiquées des portes livrant le passage aux voitures, qui peuvent circuler librement autour du bâtiment. Le sous-sol est en caves voûtées en maçonnerie, au milieu desquelles est une citerne destinée à recevoir les eaux pluviales des toits et de la terrasse.

Un large vestibule coupe le rez-de-chaussée en deux parties égales ; à droite et à gauche, sont des logements d'agents subalternes et des magasins d'entrepôt.

Le premier étage qui, dans la pensée première des fondateurs, devait former la Condition proprement dite, comprend deux grandes pièces occupant toute la largeur du bâtiment, l'une au levant, l'autre au couchant. C'est dans ces salles que s'opérait autrefois le conditionnement de la soie à la mode italienne. C'est dans ces mêmes locaux que s'effectue aujourd'hui le conditionnement par la dessiccation absolue.

Une pièce au midi, éclairée par cinq fenêtres, servait aux secondes épreuves de conditionnement ou repassages. Elle est aujourd'hui affectée au service du décreusage.

Une quatrième pièce, située au centre de l'édifice, était et est encore destinée actuellement à la réception des marchandises et à l'installation des bureaux. Elle a son entrée sur le palier de l'escalier ; cette entrée est la seule desservant cet étage. Elle reçoit son jour par des ouvertures vitrées pratiquées au centre d'une terrasse établie au milieu du deuxième étage. C'est dans cette pièce que se faisait également autrefois la remise des colis. Par suite du développement des opérations de la Condition, ce service a été transporté au rez-de-chaussée, dans un grand magasin primitivement affecté à la pompe à incendie que la ville de Lyon laisse en dépôt à la Condition.

Cette pièce centrale communique à deux autres locaux moins vastes qui servaient, l'un de cabinet au Directeur, l'autre d'entrepôt de marchandises dans les moments de grande activité. De ces deux pièces l'une n'a pas changé de destination, la seconde est actuellement affectée au service du prélèvement des échantillons d'épreuves.

Le deuxième étage servait et sert encore d'appartement; il se relie au premier par le grand escalier et par un petit escalier de service.

Dans les pièces de conditionnement les voûtes étaient percées d'ouvertures de forme conique, aboutissant à des cheminées d'appel, qui, traversant le deuxième étage, se prolongeaient au-dessus des toits, pour faciliter le dégagement d'humidité que la soie laissait échapper sous l'action de la chaleur.

Par cette description sommaire, on voit que rien n'avait été négligé pour que le mode de conditionnement en vigueur donnât tous les bons résultats qu'il pouvait produire.

Quand on trouve aujourd'hui l'installation de la Condition si défectueuse à tous les points de vue, il n'est que juste de se rappeler les exigences auxquelles elle avait à répondre lors de sa construction. La bonne foi oblige à reconnaître qu'il eût été difficile d'offrir au commerce une plus grande somme de garanties pour les trésors confiés à cet établissement.

La méthode italienne de conditionnement continua d'y être appliquée comme elle l'avait été dans la première installation de la place Saint-Pierre.

Les années qui suivirent le transfert de l'établissement, jusqu'à 1842, ne furent marquées par aucun fait bien saillant. La tolérance de 3 pour cent fut, ainsi que nous l'avons dit déjà, réduite à 2 1/2 pour cent ; c'est la seule modification importante qui soit à signaler dans les usages de la Condition, depuis son installation dans la rue de l'Oratoire, qui prit depuis le nom de rue Saint-Polycarpe.

V

VICES DES PREMIERS PROCÉDÉS

Il n'est pas besoin d'être versé bien avant dans la connaissance des sciences physiques, pour comprendre combien les premiers procédés de conditionnement étaient vicieux. Par un vent du nord et un temps sec, la dessiccation était très-sensible ; un second conditionnement devenait souvent nécessaire, la perte de la soie ayant dépassé la limite réglementaire ; le vendeur se trouvait lésé. Le phénomène inverse se produisait par le vent du midi et un temps brumeux ou pluvieux ; c'était, dans ce cas, l'acheteur qui avait à souffrir dans ses intérêts. Les saisons n'exerçaient pas une moindre influence.

Il existait une foule d'autres causes de variations. Toutes choses égales d'ailleurs, la soie se desséchait d'autant plus qu'il y en avait moins à la Condition, l'atmosphère non saturée d'humidité se prêtant mieux à l'évaporation.

La perte variait aussi dans la même salle, suivant la position de la soie, la proximité des portes, des fenêtres, des appareils de chauffage, et cela se comprend aisément, la ventilation étant pour ainsi dire différente avec chaque point du même local. L'inconvénient de ces variations était aggravé par l'obligation du second conditionnement imposé aux soies dont la perte avait dépassé une certaine limite dans une première épreuve de 24 heures. Il arrivait qu'une même balle étant partagée, des deux moitiés soumises à la dessiccation, l'une ne subissait que la première épreuve, tandis que la seconde, astreinte au repassage, perdait parfois 2 et 3 pour cent de plus que la première, bien que les deux parties fussent dans le même état hygrométrique.

L'entrée en Condition d'une balle humide, et son installation dans le voisinage d'une autre balle dont le conditionnement touchait à sa fin, communiquant à celle-ci une certaine humidité, l'empêchaient de subir l'épreuve du repassage à laquelle elle eût été astreinte, sans l'arrivée de cette soie.

Tout le commerce savait si bien l'influence du temps que les acheteurs attendaient, pour arrêter leurs transactions, que le vent vînt du nord, et que la hausse du baromètre leur promît un conditionnement avantageux. Dès que ces circonstances se présentaient, l'encombrement de la Condition en était la conséquence immédiate et forcée ; l'insuffisance des locaux obligeait l'établissement à garder les soies quelquefois pendant une quinzaine de jours.

La grége n'était que très-rarement soumise au conditionnement, à raison des avaries que les pratiques opératoires eussent fait subir à un fil aussi ténu. Ces avaries n'étaient même pas sans importance, quand il s'agissait des soies ouvrées. L'étendage des matteaux sur les cadres grillés, l'enlèvement après la dessiccation, la remise en sache amenaient des ruptures, des éraillures du fil ; il y avait de ce chef un déchet parfois assez sensible.

L'industrie du conditionnement ainsi pratiqué, était enfin une industrie malsaine au premier chef, le personnel se trouvant constamment dans une atmosphère sèche, chargée de poussière, saturée de vapeurs délétères.

Tous ces inconvénients réunis, dont un seul eût suffi pour faire condamner ces procédés, ne tardèrent pas à attirer l'attention des intéressés. L'établissement fonctionnait à peine depuis quelques années, que des plaintes s'élevaient sur l'inégalité des pertes en Condition suivant les saisons, et dès 1813 il était question de faire varier la hauteur du thermomètre avec les diverses saisons de l'année. En 1816, sur de nouvelles réclamations du commerce, ayant trait au même objet, la Chambre de commerce fixait la hauteur du thermomètre dans les salles de dessiccation pour chacun des mois de l'année ainsi qu'il suit :

Janvier.	de 16 à 18	degrés Réaumur.
Février.	de 16 à 18	— —
Mars.	de 17 à 19	— —
Avril.	de 18 à 20	— —
Mai.	de 19 à 21	— —
Juin.	de 20 à 22	— —
Juillet.	de 21 à 23	— —
Août.	de 21 à 23	— —
Septembre.	de 21 à 23	— —
Octobre.	de 19 à 21	— —
Novembre.	de 18 à 20	— —
Décembre.	de 17 à 19	— —

En 1817, l'Administration approuvait ces dispositions nouvelles, en conseillant l'emploi de courants d'air chaud pour arriver à un résultat plus normal.

En 1824, autres réclamations sur le mode de conditionnement. La vapeur dégagée par les soies, restant dans les salles, la dessiccation était signalée comme irrégulière, et le commerce demandait que l'on fît constater le degré d'humidité des salles de la Condition, par un hygromètre employé comme régulateur du thermomètre.

Une satisfaction partielle fut accordée en 1824 à cette réclamation par l'établissement dans les salles de dessiccation, de ventouses destinées à faciliter le dégagement de l'humidité.

Vers la même époque, M. le Dr Eynard proposait un nouveau mode de chauffage par le charbon de terre, qui, outre l'avantage de l'économie, offrait celui d'être mieux approprié à la dessiccation des soies, et pouvait faire cesser une partie des critiques dont les procédés usités étaient l'objet constant. Des essais faits en 1825, sur une petite échelle, avaient donné des résultats satisfaisants, mais ils ne paraissent pas avoir jamais été poursuivis et pratiqués.

Tous ces perfectionnements n'étaient que des palliatifs, le conditionnement italien était vicieux en soi; c'était le principe même et non la pratique de l'opération qui appelait une réforme urgente. Les premières méthodes de conditionnement nous étaient venues d'Italie. C'est à la France qu'était réservé l'honneur de leur substituer d'autres méthodes, offrant le caractère d'une précision scientifique.

VI

PROJETS DE REFONTE DU MODE DE CONDITIONNEMENT

Dès 1824, la Chambre de commerce avait prescrit des essais en vue de remédier à un état de choses qui provoquait de toutes parts les plus justes critiques. En 1828, sachant que M. Félissent, directeur de la Condition, étudiait depuis longtemps un projet d'amélioration des procédés de conditionnement, elle encourageait ses travaux et le chargeait de lui soumettre, dans un délai déterminé, le plan de réformes auxquelles elle eût été heureuse de le voir attacher son nom. Mais ces études n'ayant pu aboutir aussi promptement que le pensait M. Félissent, M. Laurent Dugas, Président de la Chambre, s'étant trouvé, en 1831, en relation avec M. Léon Talabot, ancien élève de l'École polytechnique, qui s'occupait de la ventilation et du chauffage du Grand-Théâtre de Lyon, lui soumit les vues de la Chambre sur les réformes qu'exigeait impérieusement la Condition publique.

Le problème à résoudre avait été posé à ce savant dans les termes suivants :

« Obtenir un appareil qui fasse disparaître les différences qu'on remarque dans les résultats de la dessiccation par les moyens actuels, soit au moment des grandes variations de la température, soit par l'effet du contact d'une balle de soie plus ou moins humide avec une autre balle de la même matière plus ou moins sèche, soit par toute autre cause accidentelle, et qui amène les choses au point que toutes les parties de soie qui seraient à l'avenir soumises à l'épreuve de la Condition, en sortissent également sèches, quels que fussent d'ailleurs leur volume et leur état d'humidité, au moment où elles y seraient apportées. »

Le 4 août 1831, M. Talabot présentait à la Chambre de commerce l'exposé des procédés destinés à assurer la solution du problème.

Peu après, M. Félissent livrait à la publicité le résultat de ses recherches ; M. Paul Andrieu, employé de la Condition, publiait de son côté un mémoire sur les moyens d'améliorer le système de conditionnement en vigueur.

VII

PROCÉDÉ FÉLISSENT

Les travaux de M. Félissent se trouvent condensés dans deux brochures, sorties en 1832 et 1833 des presses de l'imprimerie L. Perrin.

Dans son premier mémoire, M. Félissent signale les améliorations qu'il juge désirables, et expose les bases sur lesquelles il entend asseoir ses projets de réforme. Dans sa méthode, comme dans le conditionnement à l'italienne, la chaleur était l'agent le plus propre à opérer la dessiccation, il y ajoutait un système de ventilation mieux organisé.

Il donnait la préférence à une dessiccation de force modérée opérée sur la soie pliée.

Les caisses destinées à recevoir la soie n'étaient plus à jours comme celles de l'ancienne Condition. Un courant d'air chaud, produit par un calorifère, arrivait dans chaque caisse par sa paroi supérieure, cheminait de haut en bas, se chargeait de l'humidité de la soie, puis se rendait à la cheminée d'appel.

C'était, à n'en pas douter, un progrès réel.

Les dessiccations devaient être, en effet, plus régulières, car l'air, pour toutes les caisses-séchoirs, était puisé à une même source dont la puissance était entretenue à un degré constant.

Les parois des caisses étant en carton, il n'y avait plus à craindre l'influence que, dans l'ancien système, une soie plus humide pouvait exercer sur une soie plus sèche.

Il n'y avait pas à redouter non plus la poussière subtile et malsaine, qui rendait autrefois le séjour des salles de travail intolérable aux employés.

Pour obtenir des résultats toujours réguliers, ou qui, dans sa pensée, devaient être tels, M. Félissent proposait l'emploi combiné du thermomètre et de l'hygromètre.

L'hygromètre de Saussure variant à Lyon entre les limites de 41 et de 90 degrés, cette base de 41 degrés lui servait de point de départ. De la sorte, l'industriel n'était point exposé à voir la soie qu'il avait achetée diminuer de poids chez lui, le degré d'humidité de l'atmosphère ne pouvant tomber au-dessous de cette limite. Le degré de chaleur était variable suivant l'indication de l'hygromètre.

On obtenait ce résultat de la manière suivante : sous une cloche en verre étaient placés deux hygromètres et un thermomètre ; l'air chaud qui devait agir dans les séchoirs pénétrait dans cette cloche. S'il était trop sec, on introduisait immédiatement un peu d'air extérieur, en ouvrant une soupape placée sur le conduit distributeur. Était-il trop humide, on forçait le feu, de manière à ramener au degré voulu les hygromètres, dont les indications devaient toujours concorder avec celles du thermomètre (un degré Réaumur donnant à l'air la faculté de se saturer de deux degrés six dixièmes d'humidité, à l'hygromètre de Saussure). Ainsi, lorsque l'humidité atmosphérique était à son maximum, c'est-à-dire 90 degrés, la chaleur devait être portée à 42 ou 44 degrés centigrades, ou 34 degrés Réaumur environ.

Le projet de réforme de M. Félissent était complété par l'emploi d'un thermomètre métallique de son invention. Les variations de cet instrument ouvraient et fermaient les soupapes d'air chaud et d'air froid.

Le mémoire de 1833 ne contient l'exposé d'aucune vue nouvelle sur la question; c'est plutôt la critique du procédé Talabot que la Chambre de commerce faisait expérimenter à cette époque. L'auteur s'y élève notamment contre les épreuves proportionnelles, le degré d'humidité à laisser à la soie, les inconvénients de la dessiccation absolue.

Les projets de réforme de M. Félissent n'ont jamais été mis à exécution que sur une échelle réduite; il est juste de reconnaître qu'ils constituaient un progrès notable sur les pratiques suivies jusque-là.

VIII

PROCÉDÉ ANDRIEU

M. Paul Andrieu, employé de la Condition, avait publié en 1831 un projet de réforme de l'institution.

Il avait étudié la question à un double point de vue :

La dessiccation doit-elle être exercée sur les soies pliées, telles qu'elles sont livrées par les fileurs et mouliniers, ou convient-il de les déplier préalablement, pour les faire sécher en flottes libres et dénouées ?

Quel doit être le point de sécheresse auquel il faut amener les soies avant de les livrer aux consommateurs ?

Sur le premier point, M. Andrieu était d'avis que les soies devaient être de préférence exposées dépliées dans les séchoirs, auquel cas une durée de six heures eût suffi pour en assurer la dessiccation. Seulement, comme cette manipulation présentait des impossibilités matérielles, le commerce aurait dû se contenter d'une épreuve proportionnelle, et perdre ainsi le bénéfice des garanties que lui offraient les méthodes en vigueur.

Ce projet, que l'auteur abandonnait, à peine éclos, devait

plus tard être mis à exécution dans le système Talabot, dans lequel les épreuves de conditionnement se font sur une échelle réduite, avec les flottes dépliées.

Pour ce qui était du degré de sécheresse à obtenir, M. Andrieu admettait que les besoins du commerce n'exigent pas une dessiccation très-forte, il n'y avait pas, suivant lui, nécessité à ce que la dessication fût supérieure à celle qui s'opère naturellement, dans des circonstances hygrométriques moyennes.

C'est à l'hygromètre qu'il avait recours pour assurer la régularité de cette opération.

La moyenne hygrométrique étant à Lyon de 55 à 56 degrés, il estimait qu'une chaleur de 22 à 24 degrés Réaumur était suffisante pour produire la dessiccation en 24 heures.

Pour faire varier l'état hygrométrique de son courant d'air, M. Andrieu proposait de placer au-dessus du foyer un récipient en fonte remplie d'eau. Sous l'action de la chaleur, cette eau se réduisait en vapeur; la vapeur ainsi formée était dirigée à volonté, avec plus ou moins d'abondance, dans le courant d'air dessiccateur. Il devait être facile, d'après l'auteur, d'obtenir par là un degré hygrométrique voulu, en même temps que le degré de chaleur correspondant.

Les conceptions de M. Paul Andrieu ne sont jamais sorties du domaine de la théorie, pour entrer dans celui de la pratique.

Pour lui, comme pour M. Félissent, l'hygromètre était

le seul instrument capable d'assurer la réforme du conditionnement. Malheureusement cet appareil est loin de mériter une aussi entière confiance. Les variations en sont si lentes, qu'il indique beaucoup moins l'état présent que l'état antérieur de l'humidité. En admettant même qu'on eût obtenu des courants d'air dont l'état hygrométrique fût constant, on ne pouvait espérer une ventilation identique dans tous les séchoirs ; la distribution uniforme des caisses, autour de la source de chaleur, eût-elle permis cette répartition égale des courants d'air dessiccateur, il est facile de comprendre que l'absence ou la présence des soies, dans certains séchoirs, aurait immédiatement troublé l'équilibre général. Même avec un courant d'air dont l'état hygrométrique n'eût pas plus varié que l'état thermométrique, il était impossible d'arriver à des résultats uniformes.

IX

PROCÉDÉ TALABOT

Nous avons dit en quels termes la Chambre de commerce avait posé à M. Léon Talabot le problème de la réforme du conditionnement.

Elle ne demandait qu'un degré de siccité uniforme.

C'était, en effet, le seul point intéressant pour le commerce, la seule garantie dont il eût besoin.

M. Talabot ne se borna pas à résoudre cette difficulté, il voulut de plus que ce degré de siccité uniforme fût connu et pût toujours être vérifié.

Voici l'exposé complet du système d'opérations, imaginé par cet ingénieur, en vue d'arriver à ce double résultat :

Un appareil de chauffage à vapeur était destiné à entretenir un courant d'air, à température constante, dans l'espace occupé par la soie soumise à la dessiccation. Une ventilation, par aspiration, permettait de distribuer ce courant d'air sur tous les points avec une vitesse égale, sans que la température variât d'un point à un autre. M. Félissent avait bien proposé quelque chose d'analogue, mais il n'avait pas recours à la vapeur, et se bornait à chauffer l'air à l'aide d'un calorifère. La solution de M. Talabot offrait ce grand avantage, que la vapeur pouvant être maintenue à une pression constante, la température du courant d'air restait invariable, résultat que ne pouvait donner le chauffage direct, de quelques précautions qu'il fût entouré.

L'air chaud, introduit par le bas de l'appareil, au moyen d'un tuyau à double enveloppe (lequel rayonnait en même temps sur toute la hauteur de l'appareil) s'élevait pour redescendre, entraîné par la cheminée d'appel. L'air frais pénétrait par une ouverture, pratiquée à la partie supérieure, dont une soupape permettait de faire varier la section à volonté. Les deux courants se mariaient et la température devenait uniforme dans tout l'appareil. Rien n'était plus facile, d'ailleurs, que de faire varier cette température en faisant varier soit le courant d'air frais, soit le courant d'air chaud.

Trois thermomètres placés en haut, au milieu et au bas de l'appareil, permettaient de constater la régularité de la température.

La soie était disposée sur des tablettes circulaires grillagées, placées les unes au-dessus des autres et reliées par une tige verticale. Une cloche en zinc, mise en mouvement par un contre-poids, laissait ces tablettes à découvert, ou leur formait une clôture hermétique, en venant reposer par son bord inférieur dans un canal circulaire garni de sable fin.

Pour éviter la déperdition de calorique due au rayonnement, cette cloche était enveloppée de substances isolantes.

Une température toujours uniforme régnait ainsi sur tous les points de l'appareil, les diverses couches de soie y éprouvaient une dessiccation également uniforme, quel que fût d'ailleurs le degré inconnu d'humidité qu'elles conservaient ; en d'autres termes la masse était amenée à un état d'équilibre parfait.

Restait à déterminer le degré de siccité auquel on était arrivé. Admettant que le poids de Condition devait se composer du poids anhydre et d'une reprise, qu'il fixait hypothétiquement à 10 pour cent, M. Talabot soumettait à la dessiccation absolue, dans une étuve, à une température légèrement supérieure à 100°, un échantillon de la soie en expérience.

Pour la détermination du poids anhydre de cet échantillon d'épreuve, M. Talabot employait une balance à bras inégaux : le bras à l'extrémité duquel la soie était suspendue dans l'étuve, était plus long de un dixième que le bras opposé, de sorte que le poids déterminant l'équilibre, représentait le poids réel augmenté de 10 pour cent, c'est-à-dire ce que M. Talabot avait admis *a priori* devoir être le poids conditionné.

Pour déterminer le point précis où un second échantillon (dont le poids conditionné était obtenu par le calcul), et où, par suite, tout le lot de soie arrivait au poids exact de Condition, cet ingénieur avait imaginé une balance différentielle qui permettait de suivre à chaque instant les variations de poids de l'échantillon. Cette balance était à fléau horizontal avec quatre bassins, deux grands et deux petits. En employant simultanément les deux grands ou les deux petits bassins, on avait une balance ordinaire; en employant un grand plateau et le petit plateau opposé, on avait en réalité une balance à fléau coudé, ou en d'autres termes l'équivalent d'un crochet dynamique. Une aiguille adaptée au fléau indiquait, en parcourant un cercle gradué, les moindres variations de poids. Il n'y avait donc qu'à arrêter l'épreuve, quand l'aiguille annonçait que l'échantillon avait perdu ce qu'il devait perdre, et était arrivé, ainsi que le lot tout entier, au poids de Condition. Il suffisait alors de peser le ballot entier, pour en connaître le poids conditionné, qui était représenté par le poids absolu, augmenté de 10 pour cent.

En résumé, M. Talabot arrivait à déduire le poids de Condition d'une balle de soie, du poids de Condition d'un échantillon obtenu par la méthode de la dessiccation absolue, qui était la véritable base de son système. Dans la notice signée de lui, publiée par les soins de la Chambre de commerce au mois d'août 1831, il laissait entrevoir que des deux opérations dont l'ensemble constituait son procédé, une seule, la dessiccation absolue, serait suffisante, si toutes les parties du ballot à éprouver étaient dans un état hygrométrique uniforme. C'est la solution qui devait prévaloir ultérieurement, après de nombreux essais établissant que l'*équilibrement* hygrométrique artificiel ne produisait pas une régularité sensiblement plus grande que l'*équilibrement* naturel.

X

ESSAIS DU PROCÉDÉ TALABOT

Les trois projets de refonte du conditionnement furent soumis à une commission de savants choisis parmi les membres de l'Académie des sciences, de la Faculté et de la Société d'agriculture de Lyon.

La Chambre était édifiée déjà sur le mérite du système de M. Talabot, par les nombreuses expériences faites en 1831.

Le 17 octobre 1832, la commission lyonnaise composée de MM. Eynard, Gensoul, Foyer, Tabareau et Trolliet dissipa les derniers doutes qui pouvaient subsister dans son esprit, en déposant un rapport des plus favorables aux innovations proposées par M. Talabot. Tout en rendant justice aux recherches de MM. Andrieu et Félissent, la commission ne voyait dans les réformes présentées par eux que des améliorations à l'état de choses existant.

L'emploi combiné du thermomètre et de l'hygromètre dont l'idée première se retrouve dans le décret de 1805 (art. 5), une ventilation rendue plus active et plus régulière par de puissants calorifères, tout cela eût constitué, sans nul doute, un progrès sensible sur les pratiques empruntées aux Italiens, mais ne pouvait supporter la comparaison avec le procédé de M. Talabot, qui donnait à l'opération du conditionnement une base scientifique d'une valeur indiscutable.

Non contente de cette approbation, la Chambre de commerce soumit les trois projets au Gouvernement, en lui demandant de les faire examiner par une commission spéciale.

Le Comité consultatif des arts et manufactures, saisi de la question, délégua un de ses membres, M. d'Arcet, de l'Institut, pour se rendre à Lyon afin d'examiner cette question dans ses moindres détails. Le Gouvernement informa de ces dispositions la Chambre de commerce, en exprimant le désir que M. d'Arcet fût assisté d'un Comité spécial formé de négociants, d'industriels intéressés et des membres des sociétés savantes de la ville. Cette commission fut composée de trois marchands de soies, MM. Desgeorges, Fittler, Ch. Roë ; de trois fabricants, MM. Auger aîné, C.-J. Bonnet, Gamot aîné, et des cinq rédacteurs du rapport antérieurement présenté à la Chambre de commerce sur les trois projets en discussion. Il eût été difficile de composer une assemblée où les intérêts du commerce et ceux de la science fussent mieux représentés.

M. d'Arcet arrivait à Lyon le 30 mai 1833.

Le lendemain, avait lieu la première réunion de la commission; à raison de l'intérêt que présentait la question à l'étude, qui n'avait pas seulement un caractère local, mais préoccupait, à juste titre, tous les producteurs et consommateurs de soie, il fut reconnu que M. d'Arcet devait tout d'abord visiter les départements séricicoles et les Conditions existant dans le Midi, à Saint-Étienne et à Saint-Chamond.

Après un voyage d'un mois, M. d'Arcet rentrait à Lyon le 8 juillet; des délégués d'Aubenas, d'Avignon, de Nîmes, de Saint-Étienne, étaient venus apporter à la commission spéciale le tribut de leur expérience; la Chambre de commerce avait tenu à ce que la lumière fût faite, aussi complète que possible, sur cette grave question de la refonte du conditionnement.

Le premier soin de la commission fut de comparer l'ancien mode de conditionnement, tout condamné qu'il fût, avec les procédés proposés par MM. Félissent et Talabot. Pour que la comparaison des résultats obtenus ne laissât rien à désirer, il fut admis que les soies à éprouver seraient toutes préalablement équilibrées dans l'appareil de M. Talabot. Les résultats comparatifs de ces expériences furent les suivants :

1° La soie conditionnée, d'après les procédés alors en vigueur, retenait encore 8,92 pour cent d'humidité, et avait perdu 4 pour cent sur le poids constaté à la sortie du magasin. Ce résultat anormal était dû à ce que la Condition se trouvait dégarnie de soies au moment de l'expérience.

2° Le conditionnement par le procédé Félissent faisait ressortir une perte de 5,75 pour cent, la soie ne conservant plus que 7 pour cent d'humidité.

3° Le conditionnement par le procédé Talabot, reposant sur l'addition de 10 pour cent au poids absolu, donnait une perte de 2,50 pour cent et de 1,50 pour cent seulement, en portant la reprise de 10 à 11 pour cent.

Les commissions réunies furent unanimes, en présence de ces résultats, à reconnaître que le système de la dessiccation absolue était le seul qui présentât une base positive ; elles n'hésitèrent pas à se prononcer en faveur de cette méthode.

Il y avait à se préoccuper de l'action que la chaleur pouvait exercer sur la soie. Des échantillons furent, au sortir de l'étuve, plongés dans un bain de suif de mouton chauffé à 120 degrés ; il ne se dégagea du bain aucune vapeur. La température ayant été poussée jusqu'à 170 degrés, la surface du bain resta parfaitement calme, ce qui n'aurait pas eu lieu, si, par suite de cette température élevée, il se fût dégagé de l'humidité ayant résisté à la température de 105 degrés, ou si la soie eût été altérée.

Le principe de la dessiccation absolue étant admis, y avait-il lieu de l'appliquer à la totalité, ou à une fraction seulement de la soie à conditionner ?

Le procédé proposé par M. Talabot comprenant deux opérations distinctes, l'*équilibrement* hygrométrique de la masse entière et la dessiccation absolue d'un échantillon, la dessiccation absolue du tout fut jugée inutile, à raison d'abord des difficultés pratiques qu'elle eût présentées, ensuite parce que l'équilibre hygrométrique étant obtenu, d'une façon sinon mathématique, du moins suffisamment régulière, l'échantillon soumis à la dessiccation pouvait être considéré comme la photographie exacte, au point de vue hygrométrique, de la balle entière.

Restait à déterminer le chiffre à ajouter au poids absolu pour constituer le poids marchand. Trente-six échantillons de soies, de toutes provenances et qualités, furent envoyés à Beaucaire, où ces soies restèrent, pendant trois jours, exposées à l'action de l'air libre. Le poids de ces échantillons fut relevé avec la plus grande précision ; il l'avait été de même à Lyon, à l'ouverture des ballots sur lesquels ils avaient été prélevés.

L'humidité moyenne fut pour Lyon de 9,251 p. 0/0
— — et pour Beaucaire de 8,425 p. 0/0

ce qui établissait l'exactitude des conjectures de M. Talabot, lorsqu'il avait hypothétiquement fixé la reprise au conditionnement au taux de 10 pour cent.

Tel fut, en résumé, le travail des commissions réunies en 1833, après lequel, la Chambre de commerce, adoptant, dans sa séance du 25 juillet de cette année, le principe de la dessiccation absolue pour le conditionnement de la soie, votait un crédit de 12,000 francs pour couvrir les dépenses faites et assurer la continuation des recherches. Un crédit de 6,060 francs avait été ouvert en septembre 1831 pour solder les dépenses occasionnées par les premières expériences de M. Talabot.

Ce fut seulement en 1835 que parut le rapport de M. d'Arcet; il concluait à la nécessité de faire des expériences en grand du procédé Talabot.

En 1836, des constructions furent faites à la Condition pour l'installation et l'essai des appareils, construits par M. Talabot, sur les indications nouvelles de la Chambre de commerce. En 1837, on installa le générateur de vapeur, devant servir aux essais ; le 27 septembre 1838, la Chambre confia la direction de ces nouvelles expériences à une commission spéciale de neuf membres, dont quatre marchands de soie et cinq marchands-fabricants, savoir :

MM. Brosset aîné . . . . ⎫
  Rémond (Isaac) . . . ⎬ Marchands-Fabricants.
  Auger aîné . . . . . ⎭
  Fitler (Henri) . . . ⎫
  Desgeorges père . . ⎬ Marchands de Soie.
  Roe (Charles) . . . . ⎭
  Dugas (Laurent) . . ⎫
  Reverchon (Paul) . . ⎬ Membres de la Chambre de commerce.
  Mathevon (Jacques) ⎭

M. Gamot, ancien élève de l'École polytechnique, fut chargé de la direction des expériences, sous l'autorité de cette commission spéciale.

Les essais durèrent du 30 octobre 1838 au 28 avril 1839.

Cette commission avait une double tâche à remplir ;

apprécier le degré de précision auquel on pouvait arriver dans l'*équilibrement* hygrométrique, juger les appareils de dessiccation au point de vue de leur application industrielle.

Pour arriver à l'*équilibremeut*, M. Talabot avait imaginé un nouvel appareil, de forme cylindrique, mobile autour de son axe placé horizontalement. Ce cylindre grillagé, ayant un mètre de hauteur et deux mètres de diamètre, en contenait un autre semblable : l'espacement des deux surfaces était de vingt centimètres ; le vide, compris entre elles, était divisé en compartiments destinés à recevoir la soie. Une enveloppe métallique recouvrait l'appareil : deux orifices pratiqués, l'un en bas, l'autre en haut de cette enveloppe, permettaient l'accès de l'air chauffé par un calorifère et son échappement par la cheminée d'appel.

Un troisième orifice servait au placement de la soie.

Cette roue étant mise en mouvement, les divers échantillons qu'elle renfermait, subissaient également l'action du courant d'air, dont on pouvait faire varier la température à volonté.

Cet appareil ne donna pas de meilleurs résultats que celui essayé en 1833. La durée des expériences, qui était primitivement de six heures, fut en vain doublée. L'équilibre parfait ne put jamais être obtenu ; des variations d'un quart à un tiers pour cent furent toujours constatées.

Avant de renoncer à cette épreuve préalable de l'*équili-*

brement, on essaya un appareil dont M. d'Arcet avait donné l'idée, dans son rapport au Comité consultatif des arts et manufactures. C'était une caisse, assez semblable à celles en usage dans la Condition publique, avec cette différence que la soie qu'elle contenait, au lieu de subir seulement l'action de l'air ambiant, était traversée par un courant d'air chaud, pouvant venir à volonté par le haut ou le bas.

Cet appareil n'ayant pas répondu à l'attente de la commission, on en fit construire un troisième en forme de roue, tournant à l'air libre, muni de cadres grillagés, mobiles autour d'axes horizontaux fixés dans les parois de la roue. Les tablettes destinées à recevoir la soie, conservaient, par suite, la position horizontale. C'était la reproduction du premier appareil, avec tous les perfectionnements que pouvaient indiquer la théorie et la pratique réunies. Par le mouvement de rotation, la soie était exposée à l'action de l'air, tantôt par sa partie inférieure, tantôt par sa partie supérieure. Elle n'était pas comprimée comme dans l'appareil imaginé par M. Talabot; le dégagement de l'humidité en était rendu plus facile.

Les résultats obtenus ne furent pas meilleurs; on ne put jamais arriver à un équilibre parfait; des écarts d'humidité, variant d'un demi à un tiers pour cent, furent toujours constatés sur les soies ainsi équilibrées.

Ces écarts diffèrent peu de ceux qui se rencontrent dans la soie, n'ayant pas subi cette préparation; il était logique de s'en tenir à l'équilibre naturel, sauf à augmenter le poids des échantillons d'épreuves et à multiplier les expériences, dans le cas où l'on trouverait des écarts d'humidité, dépassant ceux que ne peut supprimer l'*équilibrement* artificiel.

On pouvait, *à priori*, s'attendre à ce qu'il en fût ainsi. Le fil de soie n'est pas homogène ; le grès qui le recouvre n'est pas réparti à sa surface d'une manière mathématiquement régulière. Sans tenir compte d'une foule de circonstances qui peuvent se produire à la filature ou à l'ouvraison, on comprend qu'il ne soit pas d'une capacité hygrométrique toujours constante.

Cette opération préalable de l'*équilibrement* ayant été reconnue imposssible et inutile, la commission n'avait plus qu'à se préoccuper des appareils destinés à produire la dessiccation absolue de la soie.

L'appareil présenté par M. Talabot était la reproduction, sur une échelle industrielle, de celui qui avait servi aux expériences de 1833.

Il se composait d'une cloche à double paroi, placée sur un support, l'ouverture en haut ; la vapeur, pénétrant par la partie supérieure, s'échappait par le bas, ainsi que l'eau de condensation. La cloche était recouverte par un cylindre en cuivre, destiné à concentrer la chaleur produite par la circulation du courant de vapeur. Ce cylindre était muni, à sa partie supérieure, d'un couvercle permettant l'introduction de la soie dans l'appareil. Une ouverture circulaire, pratiquée au centre du couvercle, se prolongeant suivant un des rayons, permettait le passage et le libre jeu d'une tige métallique, supportant la soie et se reliant à une balance de précision.

Un tuyau, placé au-dessous du support, établissait la communication de l'air extérieur avec celui qui se trouvait compris entre les deux cloches ; il produisait, avec l'orifice central du couvercle, la ventilation nécessaire au fonctionnement de l'appareil.

L'uniformité de tension de la vapeur assurait l'uniformité de la chaleur. Les expériences se faisaient à la température de 105 à 108 degrés centigrades ; à ce degré de chaleur, la soie, dans l'espace de deux heures et demie à trois heures, était dépouillée de toute son humidité : ce terme arrivé, une surélévation de la température ne produisait aucune dessiccation nouvelle. Inversement, la dessiccation étant faite, une première fois, à une température élevée, on revenait au même poids absolu, en soumettant ultérieurement la soie à la dessiccation, à une température moindre.

La soie était, dans ces épreuves, pesée dans l'étuve même où elle se dépouillait de son humidité : tout autre mode de pesage n'eût donné que des résultats imparfaits, à raison de la rapidité avec laquelle ce fil s'empare de l'humidité de l'air ambiant.

La même soie fut soumise à la dessiccation absolue à diverses reprises, dans les circonstances hygrométriques les plus dissemblables; le poids anhydre fut toujours trouvé le même.

Il ne pouvait rester aucun doute sur la parfaite régularité du fonctionnement du dessiccateur Talabot. La dimension de l'appareil ne permettant pas d'opérer sur un échantillon considérable, on en fit construire un, d'une capacité plus grande, pouvant contenir jusqu'à 500 grammes de soie. Ainsi qu'il fallait s'y attendre, les résultats obtenus concordèrent, de tous points, avec ceux qui avaient été fournis par les petits appareils.

Bien qu'ayant abandonné, en principe, l'idée de l'*équilibrement* artificiel, la commission d'études, tenant à ce que son travail ne prêtât pas flanc à la critique, procéda, avec le nouvel appareil, à de nombreuses expériences comparatives de conditionnement sur les mêmes ballots, pris d'abord dans l'état ordinaire, et ensuite équilibrés. Dans les neuf dixièmes des cas, l'écart entre les poids conditionnés n'excéda pas un tiers pour cent; pour le reste des essais comparatifs, cette différence variait d'un tiers à un demi pour cent. Les écarts se produisant tantôt en plus, tantôt en moins, se neutralisaient dans l'ensemble.

Ils étaient de même ordre que ceux qui se remarquaient dans les diverses épreuves de conditionnement, dont une même balle était l'objet, sans avoir été préalablement équilibrée.

L'*équilibrement* artificiel ne pouvait s'obtenir qu'avec une précision d'un tiers pour cent environ. Cette précision, largement suffisante pour les besoins de l'industrie et du commerce, étant exactement celle à laquelle on arrivait, avec le dernier modèle d'appareil, la commission des essais en grand des nouveaux procédés de conditionnement n'hésita pas, proscrivant définitivement l'*équilibrement* préalable, à recommander, à l'unanimité, le conditionnement par le système Talabot, comme offrant toutes les garanties que le commerce pouvait désirer.

Dans la séance du 17 octobre 1839, la Chambre de commerce demanda au Gouvernement l'autorisation d'appliquer immédiatement les nouveaux procédés, dont la supériorité était suffisamment démontrée aux yeux de tous les intéressés.

Après des études aussi consciencieuses et couronnées d'un tel succès, on pouvait croire à la solution immédiate de cette grave question. L'importance du sujet devait retarder la réalisation des vœux exprimés par la Chambre; le Gouvernement ayant saisi les Chambres de commerce et les Chambres consultatives des départements séricicoles, de la demande adressée par la Chambre de commerce de Lyon, de nombreuses objections s'élevèrent contre l'adoption du projet de refonte du conditionnement. Une nouvelle série d'épreuves contradictoires fut prescrite, en vue de lever les doutes exprimés par certains industriels sur l'efficacité des méthodes nouvelles.

Cette série d'épreuves, qui devait être la dernière, dura tout le mois d'avril 1840.

Une des objections principales des représentants des producteurs de soie et de l'industrie du moulinage portait sur l'échantillon d'épreuve, qu'ils ne jugeaient pas suffisant pour arriver à la détermination précise du poids conditionné.

La même balle de soie organsinée, fut conditionnée jusqu'à quatre fois, après avoir été, pour chaque épreuve, placée dans les circonstances hygrométiques les plus variées. L'écart entre le poids marchand maximum et le poids minimum ne fut jamais trouvé supérieur à un quart pour cent.

Une autre préoccupation, non moins grave, des opposants aux nouveaux procédés de conditionnement, était de savoir si l'échantillon d'épreuve ne ressentait aucune altération de la température élevée à laquelle il était exposé.

Les expériences les plus décisives ne laissèrent aucun doute à ce sujet. On dévida des soies gréges les plus fines, dont quelques flottes avaient passé par les étuves ; il fut unanimement reconnu que ces dernières se comportaient pour le moins aussi bien que les flottes qui n'avaient pas subi l'action de la chaleur; la ténacité du brin se trouvait augmentée, la soie n'ayant pas eu le temps de reprendre son humidité normale.

L'action de la chaleur sur la soie écrue étant reconnue de nul effet, il y avait intérêt à rechercher si, à la teinture, les flottes de soie conditionnées donnaient les mêmes résultats que celles n'ayant pas été soumises à la dessiccation. Un examen comparatif de soies teintes dissipa toute appréhension à cet égard.

L'influence d'une température élevée, nulle sur les soies gréges, pouvait être à redouter sur les soies ouvrées, à raison des préparations qu'elles reçoivent parfois dans les moulins. Il fut reconnu que, lorsque la soie n'était pas chargée, elle conservait sa ténacité, son élasticité, qu'aucun atôme de poussière ne s'en dégageait par le frottement, et qu'à sept ans de distance le même échantillon revenait au même poids anhydre. Le temps n'avait eu qu'une seule action : il avait légèrement affaibli le pouvoir hygrométrique de la substance. Dans le cas où la soie avait reçu une surcharge, les émanations, qui s'en dégageaient, pendant la dessiccation, la décélaient immédiatement ; le nouveau mode de conditionnement venait, ainsi, prévenir le consommateur d'une fraude qu'il ne pouvait soupçonner avec l'ancienne méthode.

Le système Talabot reçut une consécration nouvelle de cette enquête, à laquelle étaient représentées toute l'industrie du moulinage et toute la production de la soie.

Une seule question divisa les délégués; ce fut celle de la reprise des soies au conditionnement. M. Talabot, sans vouloir autrement imposer ses idées, l'avait fixée à 10 pour cent. Ce chiffre avait le grand avantage de faciliter les calculs et d'équivaloir à la quantité d'humidité que conservait la soie, au sortir de l'ancienne Condition, par un temps moyennement sec. Cette reprise fut jugée insuffisante ; le taux de 11 pour cent fut demandé, comme devant amener la parité entre les pertes moyennes annuelles en Condition par l'ancien et le nouveau procédé. Cette solution avait le grand avantage de n'amener aucune perturbation dans les prix, le poids marchand, résultant des nouveaux procédés de conditionnement, se trouvant être très-sensiblement le même que le poids marchand au sortir de l'ancienne Condition. L'adoption de cette reprise devait, d'ailleurs, vaincre les dernières résistances de l'industrie du moulinage.

Cette enquête terminée, la Chambre de commerce renouvela, à la date du 3 septembre 1840, les vœux qu'elle avait adressés au Gouvernement en octobre 1839, en proposant de fixer la rentrée au chiffre de 11 pour cent et de porter le nombre des matteaux d'épreuves de 27 à 30, ainsi que l'avait demandé le Comité consultatif des arts et manufactures, dans l'avis favorable qu'il avait émis le 29 février 1840, sur le projet proposé par la Chambre.

Une ordonnance royale du 23 avril 1841 donna satisfaction aux vœux de la Chambre de commerce. M. Gamot, qui avait dirigé les essais, fut nommé directeur de la Condition, à partir du fonctionnement du nouveau système. La fabrication des appareils fut confiée à MM. Rohault et Muzart, qui avaient construit les appareils d'essai. MM. Fortin et Hermann furent chargés de la construction des balances de précision.

La liquidation de toutes ces séries d'expériences se chiffra par la somme de 32,227 fr. 95 c. à laquelle il convient d'ajouter celle de 15,000 francs, prix de l'ameublement de deux salons, offert par la Chambre de commerce à M. Talabot, en souvenir des services signalés rendus par lui à l'industrie lyonnaise.

L'installation du conditionnement à la vapeur coûta 114,524 fr. 25 c. De ce chiffre il y a lieu de déduire 3,963 fr. 65 c., produit de la vente de l'ancien matériel, ce qui réduisit les frais de premier établissement à la somme de 110,560 fr. 60 c.

Le 20 décembre 1841, l'organisation nouvelle était entièrement terminée ; l'ancienne méthode de conditionnement n'existait plus qu'à l'état de souvenir.

Ainsi devait-il en advenir plus tard pour les appareils de M. Talabot. Les perfectionnements qu'ils ont reçus, n'ont, du moins, rien changé au principe que ce savant avait fait prévaloir pour le conditionnement de la soie.

XI

PROCÉDÉ TALABOT-PERSOZ-ROGEAT

Dans l'appareil Talabot, la soie était, pour ainsi dire, desséchée en vase clos. Le faible courant d'air qui, pénétrant par le bas de l'appareil, s'échauffait entre la cloche et son enveloppe, puis s'échappait par la partie supérieure de celle-ci, entraînant l'humidité dégagée par la soie, déterminait dans l'intérieur de la cloche un appel d'air chaud qui s'ajoutait à l'action de la chaleur, pour activer la dessiccation. Ce courant d'air chaud ne faisant qu'effleurer certaines parties de la soie, l'influence en était peu sensible. Il en résultait que les épreuves de dessiccation exigeaient un temps considérable ; dans les moments de grande activité commerciale, le local de la Condition se trouvait de nouveau insuffisant, comme il l'était sous l'ancien régime.

Frappé de ces inconvénients, M. J. Persoz, professeur au Conservatoire des arts et métiers, eut l'idée de faire agir directement sur la soie un courant d'air porté à la température de 110 degrés centigrades. Ce courant d'air devait produire la dessiccation par la chaleur qu'il renfermait et par la vitesse dont il était animé. La théorie indiquait que l'opération, menée beaucoup plus rapidement, serait moins coûteuse, puisque cette innovation supprimait un intermédiaire, la vapeur. La soie, ainsi desséchée, devait être transportée dans l'étuve Talabot, où l'on en constatait le poids absolu.

Le 14 octobre 1852, la Chambre de commerce votait un crédit de 3,000 francs, pour la construction d'un appareil conçu d'après les idées de M. Persoz.

Ce premier appareil d'essai, qui, dans la pensée de ce savant, n'était en réalité qu'un appareil préparateur, se composait d'un cylindre de 1^{m}20 de diamètre, en contenant sept autres plus petits, dans lesquels étaient disposés sept lots de soie, sur lesquels on opérait simultanément. Le grand cylindre était à deux parois, distantes l'une de l'autre de trois centimètres. Dans ce vide circulait la vapeur. L'air extérieur arrivait par le bas de l'appareil, s'échauffait contre la paroi interne du cylindre, traversait les petits cylindres, où se trouvaient les échantillons; de là, il se rendait à la cheminée d'appel. La soie étant desséchée, il n'y avait plus qu'à la transporter dans l'appareil Talabot, pour en arrêter le poids anhydre.

Pendant que ces essais se poursuivaient à la Condition de Lyon, M. Persoz, développant son idée première, avait chargé M. Rogeat de la construction d'un appareil, qui n'était plus seulement destiné à préparer la dessiccation de la soie, mais dans lequel il était possible d'obtenir directement, par l'action seule d'un courant d'air chaud, le même effet qu'avec les appareils Talabot.

Deux modèles de ce nouveau dessiccateur, essayés simultanément à Paris et à Lyon, donnèrent les résultats les plus concluants.

M. Talabot lui-même n'hésita pas à reconnaître qu'un perfectionnement notable avait été apporté à son procédé, par l'emploi d'un courant d'air fortement chauffé, traversant la soie, opérant la dessiccation par le double effet de la chaleur qu'il contenait et de la vitesse dont il était animé. La concordance entre les anciens et les nouveaux appareils était complète ; la durée des expériences était réduite de trois heures et demie à une demi-heure environ.

Par un sentiment de délicatesse, qui lui fait le plus grand honneur, M. Persoz tint à ne présenter sa découverte au public que comme un perfectionnement de celle de M. Talabot. Il voulut aussi associer à son nom celui du constructeur, qui avait si bien compris et rendu sa pensée ; le nouvel appareil reçut le nom de dessiccateur Talabot-Persoz-Rogeat.

En présence de la supériorité incontestable de ces instruments, la Chambre de Commerce de Lyon n'hésita pas à les adopter pour le service de sa Condition ; en décembre 1853, elle arrêta la commande de 24 appareils nouveau modèle.

Douze autres appareils furent commandés en 1854, pour faire face aux exigences de l'exploitation, dans les moments de grande activité, et assurer la marche du service, quand une série de machines viendrait à tomber en réparation.

L'air chaud, qui alimente ces appareils, est fourni par de puissants calorifères, qui en sont complétement indépendants.

Six appareils, construits, sur le même principe, mais avec foyer faisant partie intégrante de l'appareil, servent aux expériences de conditionnement qui précèdent et suivent les opérations de décreusage.

Deux appareils semblables sont employés pour le conditionnement des échevettes d'essai.

Enfin, un appareil à gaz est exclusivement réservé pour les expériences de l'établissement.

L'installation de ces divers appareils a coûté 87,927 fr. 52 c. En tenant compte du produit de l'ancien matériel, qui a été de 7,500 francs, la dépense de premier établissement s'est élevée au chiffre de 80,427 fr. 52 c.

XII

APPAREIL A FOYER ISOLÉ

Bien que le cadre de cette étude ne comporte pas un grand déploiement de détails techniques, elle serait incomplète, sans une description des appareils servant au conditionnement, description que nous chercherons à dépouiller, autant que possible, de l'aridité inhérente à un tel sujet.

Le dessiccateur Talabot-Persoz-Rogeat, à courant d'air ascendant et à foyer isolé, se compose essentiellement d'un cylindre en tôle de 0^m75 de hauteur et de 0^m40 de diamètre, correspondant à un volume de 100 litres environ. Ce cylindre, percé de trous à sa base, se relie par sa partie supérieure, qui est ouverte, à un second cylindre, l'enveloppant à la distance de trois centimètres ; le second cylindre a sa base pleine, il se prolonge légèrement au-dessous de cette base.

De ce prolongement, se détachent 32 tubes en cuivre de six centimètres de circonférence. Les tubes se relèvent verticalement, entourant le cylindre à la distance de trois centimètres, et viennent se raccorder avec lui un peu au-dessous d'une bande métallique, à l'aide de laquelle il fait corps avec le cylindre intérieur. Entre les points de départ et d'arrivée de ces tubes, sont pratiqués de petits orifices circulaires. Cet ensemble est recouvert par une première enveloppe en tôle, puis par une seconde en tôle émaillée, destinée à éviter la déperdition de la chaleur par le rayonnement.

L'appareil est complété par une couronne qui s'emboîte hermétiquement sur le cylindre extérieur et ne permet pas à l'air chaud de sortir autrement qu'après avoir agi sur la soie; cette couronne se rattache à un couvercle qui en est distant de dix centimètres environ. Une ouverture, pratiquée au centre du couvercle, permet l'introduction de la soie. Un disque métallique circulaire s'emboîte dans cette ouverture; il est coupé, jusqu'à son centre, par une rainure, pouvant se fermer hermétiquement.

La communication est ainsi interceptée entre l'extérieur et l'intérieur de l'étuve, sauf par le petit orifice central, où passe la tige qui, supportant la soie à sa partie inférieure, se relie par sa partie supérieure, à une balance de précision, faisant corps avec l'appareil.

Deux autres ouvertures sont pratiquées dans le couvercle; l'une donne passage au thermomètre, qui doit indiquer la température de l'étuve; l'autre est destinée au dégagement de l'air chaud, par les conduits, dans lesquels il se rend à la cheminée d'appel.

Le jeu de ce dessiccateur est maintenant facile à saisir.

L'air chaud, fourni par le calorifère, frappe la base du cylindre extérieur, se répand dans les tubes, plonge dans le vide existant entre les deux cylindres, traverse le cylindre intérieur par sa base percée de nombreuses ouvertures, agit sur la soie, et ne trouvant d'issue que dans le vide du couronnement, s'échappe par l'orifice qui le fait communiquer avec la cheminée d'appel.

Une partie de l'air chaud s'échappe aussi par les petits orifices, pratiqués entre les naissances des tubes, en déterminant un appel de la chaleur perdue du calorifère. L'air ainsi attiré, s'échauffe contre les tubes, par lesquels passe la majeure partie du courant direct, plonge dans le vide des cylindres, par les orifices existant entre les raccords supérieurs des tubes, et là se confond avec le courant principal.

La grande surface de chauffe que constituent les tubes, permet de réduire la masse d'air à échauffer directement; il en résulte une économie notable de combustible.

Le conduit, amenant l'air chaud du calorifère, est muni d'un obturateur, qui se manœuvre de l'extérieur; il sert à faire varier le volume d'air introduit, et peut en intercepter complétement l'arrivée, précaution indispensable au moment de la pesée finale.

XIII

APPAREIL A FOYER INTÉRIEUR

Le dessiccateur à foyer intérieur se compose de deux parties : un socle comprenant le foyer, et l'appareil proprement dit. Celui-ci est la répétition de l'instrument qui vient d'être décrit, avec cette différence que les orifices pratiqués dans le cylindre extérieur, entre les tubes de chauffe, se trouvent supprimés.

Le foyer est disposé dans l'intérieur du socle ; le combustible employé est le charbon de bois. Les produits de la combustion s'échappent par douze tubes verticaux, disposés circulairement, enveloppent les trente-deux tubes de chauffe en se rendant à la cheminée d'appel. L'air extérieur pénètre par trente-deux orifices, pratiqués à la base du socle, s'échauffe contre les parois du foyer, et contre la surface des tubes de fumée. De là, il passe par un conduit vertical, frappe la base pleine du cylindre extérieur, se répand dans les tubes de chauffe.

Les deux pièces, dont l'ensemble forme le couronnement de l'appareil, sont, dans la partie qui fait saillie sur l'étuve, traversées par une gaîne, qui donne libre passage aux produits de la combustion. Quant à l'air chaud, il ne peut, comme précédemment, s'échapper qu'après avoir agi sur la soie; il suit la marche indiquée déjà, ce n'est qu'en dehors de l'appareil qu'il se mêle à la fumée.

Une soupape, qui se meut de l'extérieur, permet de régulariser le courant d'air, au point où il sort du socle pour gagner l'étuve.

XIV

APPAREIL A GAZ

L'appareil à gaz se compose, comme les précédents, de deux cylindres en tôle, reliés à leur partie supérieure, laissant entre eux un vide de trois centimètres. La base du cylindre intérieur est percée de nombreux orifices; celle du cylindre extérieur est pleine. Trente-deux tubes en cuivre se détachent du cylindre extérieur, un peu au-dessous de son bord supérieur, se recourbent, descendent verticalement, se recourbent encore pour présenter leurs sections ouvertes à l'appel de l'air extérieur. Une couronne, percée de petits orifices, amène le gaz sous le fond plein du cylindre extérieur. Les produits de la combustion s'élèvent le long des tubes, auxquels ils transmettent leur calorique. L'air froid pénètre par les orifices inférieurs des tubes, s'échauffe, donne lieu à un courant, dont la marche a été déjà décrite.

L'ensemble des deux cylindres et des tubes qui constituent l'appareil, est protégé contre l'action de l'air extérieur par deux enveloppes, l'une en tôle, l'autre en tôle émaillée. La partie supérieure est la même que dans le dessiccateur à foyer intérieur ; un conduit spécial amène en dehors de l'appareil les produits gazeux qui ont chauffé les tubes ; c'est là seulement qu'ils se mêlent avec le courant d'air chaud.

Les avantages du dessiccateur à gaz sont incontestables. La pression du gaz étant constante, la chaleur produite l'est également ; un simple jeu de robinet permet de la faire varier à volonté.

Des divers appareils, précédemment décrits, c'est celui qui mériterait la préférence, si le prix élevé du gaz n'en faisait rejeter l'emploi.

XV

DÉTAILS DES OPÉRATIONS DE CONDITIONNEMENT

Après avoir décrit les divers procédés de conditionnement, successivement usités, il est naturel d'initier le lecteur aux détails d'une opération, telle qu'elle se pratique actuellement.

Rappelons tout d'abord que le conditionnement n'a aucun caractère obligatoire; mais il est tellement entré dans les usages commerciaux qu'aucune transaction n'échappe à ce contrôle. Le vendeur n'a pas moins d'intérêt que l'acheteur à y recourir; si, dans la généralité des épreuves, la soie perd en Condition, en d'autres termes, si le poids conditionné est inférieur au poids réel, il y a des cas au contraire où la soie gagne, c'est-à-dire où l'acheteur doit payer un poids supérieur à celui qu'il reçoit. Ce fait du gain des soies en Condition se produit notamment pendant les grandes chaleurs de l'été.

En dehors de cette considération, on peut dire que le producteur de soie doit tenir, au moins autant que le consommateur, à l'épreuve du conditionnement; car c'est par là seulement qu'il peut être exactement fixé sur sa production et établir ses prix de revient.

Toute balle ayant fait l'objet d'une transaction sur la place de Lyon, est immédiatement envoyée à la Condition par le vendeur. Les marchandises, dont la réception se fait au premier étage de l'établissement, étaient, jusqu'à ces dernières années, montées à dos d'homme. Le mouvement moyen de la Condition étant de trois millions de kilogrammes par an, et la distance du rez-de-chaussée au premier étage étant de six mètres, il y avait là un travail de dix-huit millions de kilogrammètres produit en pure perte par les porteurs de ballots.

Mue par un sentiment d'humanité, la Chambre de Commerce décida, en 1863, de faire cesser cet état de choses, si fatigant pour les hommes de peine.

Un élévateur, dont il sera parlé au chapitre du Matériel, amène le ballot au premier étage ; il y reçoit un numéro d'ordre, sous lequel il subit les diverses manipulations qui suivent.

Il est tout d'abord pesé, à l'état brut, dans une balance à bassins, à bras égaux, donnant une précision de deux décagrammes. Un balancier est attaché à l'entretien de cet appareil, dont la justesse est vérifiée chaque jour, et qui, à la moindre irrégularité, entre en réparation.

Le poids brut étant reconnu, et contrôlé par deux employés différents, le ballot passe dans une salle spéciale où il est ouvert. On prélève à la partie supérieure environ

500 grammes, que l'on répartit dans trois casiers, de telle sorte que chacun d'eux renferme le même nombre de matteaux, pris sur les divers points de la couche supérieure. Des prélèvements semblables sont effectués sur la partie moyenne et sur la couche inférieure de la balle en travail. Cette opération exige les soins les plus minutieux, les échantillons prélevés servant de base au conditionnement proportionnel, dont le résultat est reporté par le calcul sur le ballot entier.

Pendant ces diverses opérations, on tare la sache et les papiers qui protégeaient la soie, on la remet dans son enveloppe, le ballot est renvoyé, à l'aide d'un plan incliné, au rez-de-chaussée. Là, il est pesé à nouveau, mais cette fois à une bascule; le poids trouvé, ajouté au poids des échantillons prélevés, doit reproduire le poids d'arrivée. Ce poids de départ étant relevé, avec des instruments différents, par d'autres employés que ceux qui ont constaté le poids d'arrivée, toutes garanties se trouvent offertes au commerce; il ne peut s'élever aucun doute sur le poids de la soie entrée en Condition.

La balle est ensuite mise dans une sache spéciale, plombée, scellée, et tenue à la disposition du déposant. Elle lui est rendue avec un bulletin qui mentionne les poids brut et net d'entrée, le poids des échantillons prélevés, ainsi que le poids de sortie, dont il peut toujours contrôler l'exactitude, à la réception de la marchandise.

Immédiatement après le prélèvement, les trois lots qui

sont, au point de vue hygrométrique, l'image fidèle du ballot, sont pesés comme il suit :

Chaque lot est pesé deux fois : une première fois à une balance de précision, par un chef d'emploi ; une seconde fois, à une balance semblable, par un employé en sous-ordre. L'institution de ce double pesage, ainsi entendu, a pour but de prévenir les erreurs qui pourraient être le fait soit d'un opérateur, soit d'un instrument.

Nous avons vu, dans certaines conditions, ce service fait par deux employés, avec une seule balance ; ce mode de procéder est imparfait : s'il prévient les erreurs qui sont le fait de l'opérateur, il ne supprime pas celles qui peuvent venir de l'instrument. Il faudrait alors opérer par la méthode des doubles pesées de Borda, laquelle permet d'obtenir des résultats précis, avec une balance défectueuse ; mais ce mode de procéder, le seul usité dans les laboratoires, ne peut, à raison du temps qu'il exige, entrer dans la pratique d'un établissement industriel.

Cet ensemble de précautions ne peut laisser aucun doute sur l'exactitude avec laquelle est obtenu le poids de chaque lot d'épreuve.

Reste à déterminer le poids auquel le réduira la dessiccation absolue. Il n'est plus besoin d'opérer immédiatement ; les échantillons peuvent reprendre ou perdre de l'humidité, cela est sans importance.

Les matteaux des deux premiers casiers sont dépliés ; ceux du troisième lot sont passés, tout pliés, dans un fil particulier, avec une étiquette, rappelant le numéro d'ordre et le nombre des matteaux. De la sorte, l'acheteur est toujours sûr de rentrer en possession de la soie qui a été prélevée pour le conditionnement, puisqu'il peut contrôler le nombre des matteaux du troisième lot rendus intacts, et qu'il est fixé par le bulletin de Condition sur le poids anhydre des deux lots éprouvés, poids qu'il peut, en cas de doute, faire vérifier.

La dessiccation absolue comprend deux phases, la préparation, et la détermination du poids absolu.

Les deux premiers lots, disposés autour de cercles en cuivre, sont suspendus par des tiges, recourbées à leur partie supérieure, dans des récipients, où ils subissent l'action de la chaleur perdue du foyer, et se dépouillent de la plus grande partie de l'humidité qu'ils contiennent.

Quand un appareil est dégarni, la soie est transportée du préparateur dans cet appareil. La tige, précédemment accrochée au support du préparateur, s'adapte à l'extrémité de la balance de précision qui fait corps avec l'étuve. Le couvercle étant fermé, pour intercepter la communication avec l'air extérieur, le lot en expérience reste dans l'appareil, jusqu'à ce que la balance n'accuse plus aucune diminution de poids. A ce moment, l'opérateur ferme la soupape pour empêcher l'introduction du courant d'air chaud qui, agissant sur la soie, en diminuerait d'autant le poids vrai; un aide vient s'assurer, par l'immobilité de la balance, que l'épreuve est terminée; il vérifle ensuite le poids trouvé par l'opérateur. Comme il n'est plus possible d'avoir ici deux instruments de pesage, se contrôlant l'un l'autre, on y supplée en faisant concourir deux opérateurs à la reconnaissance des poids. Pour supprimer les chances d'erreurs, qui pourraient être le fait des instruments, un ouvrier spécial, attaché à l'établissement, s'assure chaque jour de la justesse de toutes les balances des appareils de dessiccation.

Les poids absolus des deux lots éprouvés sont consignés sur un bulletin, en regard des poids primitifs, trouvés au moment du prélèvement de ces lots.

Deux employés calculent la quantité d'humidité contenue dans chaque lot. Si l'état hygrométrique diffère de plus d'un demi pour cent, d'un lot à l'autre, le bulletin est renvoyé à l'opérateur, et le troisième lot est soumis à la dessiccation absolue. Pour arriver à une plus grande régularité, cette troisième épreuve, non prescrite par le règlement, se fait dès que l'écart du premier au deuxième lot excède 0,35 pour cent.

Les mêmes employés calculent ensuite le poids absolu du ballot, l'un à la méthode ordinaire, l'autre par les logarithmes; la concordance des résultats supprime toute chance d'erreurs dans les calculs.

Tous les détails de cette opération sont reportés sur un registre à souche, sur le bulletin qui en est détaché pour être remis au déposant, et sur le duplicata destiné à l'acheteur,

Le bulletin mentionne les marques et numéros du ballot, le numéro sous lequel il a été enregistré, la date, le poids brut, la tare, le poids net, les poids nets et absolus des échantillons éprouvés, le poids absolu qui en dérive, l'addition de 11 pour cent, le poids vénal, et la taxe perçue.

XVI

MOUVEMENT DE LA CONDITION DES SOIES

Pour se rendre un compte exact du développement des opérations de la Condition, il y a lieu de diviser le temps qui s'est écoulé, depuis sa création, en deux périodes distinctes. La première, allant de 1805 à 1841, est celle pendant laquelle le conditionnement à l'italienne était en vigueur; les soies ouvrées passaient seules à la Condition, les gréges n'y paraissaient que rarement, à raison des avaries que leur faisaient subir les procédés en usage. A partir de 1842, les soies de cette nature fournissent à l'établissement un nouvel élément d'opérations, lequel permet de suivre le développement de l'industrie du moulinage, le mouvement des soies ouvrées restant comme l'expression plus ou moins vraie de celui de la Fabrique.

On s'en tient généralement aux chiffres de la Condition pour estimer la production lyonnaise ; on aurait des résultats bien plus précis s'il était possible de connaître le travail des ateliers de teinture. Dans l'impossibilité d'être exactement renseigné sur ce point, le commerce attache une grande importance aux statistiques de la Condition.

C'est pour ce motif que nous avons cru devoir joindre, aux tableaux d'ensemble, suffisants pour suivre les progrès de l'établissement, tous les relevés détaillés que le lecteur peut avoir intérêt à consulter.

Ces tableaux statistiques comprennent, outre les ballots conditionnés, ceux qui ne subissent que l'épreuve du pesage, dont il sera ultérieurement parlé.

Les ballots simplement pesés doivent en effet figurer dans les relevés, pour donner une idée vraie de l'importance des transactions, le pesage n'étant qu'un moyen détourné d'échapper à la taxe du conditionnement.

A défaut d'une valeur absolue, ces relevés ont une valeur relative, qui ne peut être contestée. Ils fournissent des indications précieuses sur les sources diverses, auxquelles le commerce puise les matières premières que l'industrie met en œuvre. Ils racontent, à leur façon, les commotions politiques, les crises commerciales, les intempéries atmosphériques, les phases diverses de la maladie des vers à soie.

Il n'est pas un de ces événements, dont l'influence ne soit immédiatement décelée par les fluctuations de l'établissement. Aucun des efforts tentés par les importeurs, pour faire de Lyon le grand marché des soies d'Asie, ne passe inaperçu; les luttes de notre industrie contre les industries similaires de l'étranger y sont écrites à chaque page.

La Condition publie, chaque année, le compte rendu de ses opérations; mais aucun travail d'ensemble n'avait été fait jusqu'ici. Ce travail, dont les éléments ont été puisés aux sources officielles, résume, sous une forme inédite, tous les documents authentiques accumulés depuis l'origine de l'institution.

MOUVEMENT DE 1805 A 1841

ANNÉES	NOMBRE	POIDS	ANNÉES	NOMBRE	POIDS
		KILOG.	REPORT.	150,792	KILOG. 7,426,628
1805[1] 1806	8,568	422,676	1824	13,299	634,702
1807	7,762	362,557	1825	11,286	566,020
1808	8,400	395,120	1826	9,540	462,776
1809	8,182	401,652	1827	13,072	634,680
1810	8,041	417,015	1828	11,412	546,374
1811	6,774	352,165	1829	11,582	587,137
1812	7,740	407,843	1830	10,955	571,971
1813	7,876	434,460	1831	10,576	586,277
1814	7,630	417,150	1832	11,583	660,900
1815	7,395	386,202	1833	12,295	718,703
1816	7,491	371,204	1834	9,868	561,829
1817	7,237	367,079	1835	11,966	743,125
1818	7,837	366,728	1836	10,720	653,823
1819	8,302	364,198	1837	10,374	642,114
1820	11,223	534,587	1838	11,735	766,214
1821	10,983	527,621	1839	11,503	728,925
1822	9,245	430,989	1840	12,083	791,421
1823	10,106	467,382	1841	13,129	895,217
A Reporter.	150,792	7,426,628	TOTAL.	357,200	19,178,839

[1] L'ouverture de la Condition a eu lieu le 20 octobre 1805.

MOUVEMENT DE 1842 A 1877

ANNÉES	SOIES GRÈGES		SOIES OUVRÉES ET DIVERSES		TOTAL		ANNÉES	SOIES GRÈGES		SOIES OUVRÉES ET DIVERSES		TOTAL	
	NOMBRE	POIDS	NOMBRE	POIDS	NOMBRE	POIDS		NOMBRE	POIDS	NOMBRE	POIDS	NOMBRE	POIDS
1842	1,606	129,461	12,907	922,253	14,513	1,051,714	Report.	130,685	10,766,673	406,974	29,798,876	537,659	40,565,549
1843	3,023	280,486	15,158	1,142,022	18,181	1,422,508	1861	14,720	972,825	24,265	1,627,262	38,985	2,600,087
1844	2,785	246,707	15,484	1,115,182	18,269	1,361,889	1862	21,379	1,380,212	31,255	2,243,188	52,634	3,623,400
1845	3,546	327,330	15,739	1,119,052	19,285	1,446,082	1863	19,809	1,281,222	29,071	2,060,812	48,880	3,342,034
1846	4,172	380,313	17,475	1,216,205	21,647	1,596,518	1864	20,081	1,304,162	29,629	2,204,470	49,710	3,508,632
1847	4,064	425,731	18,062	1,260,256	23,326	1,697,987	1865	20,601	1,209,243	23,171	1,714,710	43,772	2,923,953
1848	3,293	302,534	14,288	1,105,834	17,581	1,408,368	1866	15,617	1,015,174	22,342	1,590,451	37,959	2,605,625
1849	5,399	528,786	19,850	1,569,060	25,249	2,097,846	1867	18,934	1,164,310	23,864	1,530,824	42,798	2,695,134
1850	5,754	543,335	19,740	1,523,327	25,500	2,066,662	1868	21,652	1,278,706	28,219	1,944,099	49,871	3,222,805
1851	5,586	512,791	18,438	1,384,995	24,024	1,897,786	1869	21,950	1,295,367	29,376	2,029,495	51,326	3,324,862
1852	7,174	675,053	20,981	1,614,178	28,155	2,289,531	1870	14,747	860,378	22,120	1,503,843	36,867	2,364,221
1853	9,523	881,540	25,537	1,957,959	35,060	2,839,499	1871	17,051	1,110,472	26,915	1,985,710	43,966	3,096,182
1854	7,310	628,728	24,035	1,746,659	31,345	2,375,387	1872	22,543	1,372,032	27,884	2,016,830	50,427	3,388,862
1855	8,647	770,472	30,604	2,273,840	39,251	3,044,312	1873	22,532	1,349,466	25,803	1,812,362	48,335	3,161,826
1856	9,340	734,587	29,252	2,174,939	38,601	2,909,516	1874	29,451	1,751,040	31,519	2,265,430	60,970	4,016,470
1857	8,709	608,802	22,783	1,570,725	31,492	2,179,527	1875	35,117	2,079,544	34,736	2,522,269	69,853	4,601,813
1858	10,983	885,871	30,015	2,195,886	40,998	3,081,757	1876	46,274	2,715,434	38,898	3,105,438	85,172	5,820,872
1859	15,058	957,840	27,132	1,943,127	42,190	2,900,967	1877	31,630	1,752,207	21,973	1,647,554	53,603	3,399,761
1860	14,104	942,766	28,888	1,953,777	42,992	2,896,483							
A reporter.	130,685	10,766,673	406,974	29,798,876	537,659	40,565,549	Total.	524,773	34,658,467	878,014	63,703,623	1,402,787	98,362,090

SOIES GRÈGES ET OUVRÉES
RELEVÉ GÉNÉRAL PAR PROVENANCES

ANNÉES [1]	FRANCE		ESPAGNE [2]		PIÉMONT		ITALIE		BROUSSE		SYRIE [3]		GRÈCE, VOLO, ETC.		BENGALE		CHINE		CANTON [4]		JAPON [5]		POIDS TOTAL
	POIDS	Proportion p. 0/0	POIDS	Proportion p. 0/0	POIDS	Proportion p. 0/0	POIDS	Proportion p. 0/0	POIDS	Proportion p. 0/0	POIDS	Proportion p. 0/0	POIDS	Proportion p. 0/0	POIDS	Proportion p. 0/0	POIDS	Proportion p. 0/0	POIDS	Proportion p. 0/0	POIDS	Proportion p. 0/0	
	KILOG.		KILOG.		KILOG.		KILOG.		KILOG.		KILOG.		KILOG.		KILOG.		KILOG.		KILOG.		KILOG.		KILOG.
1860	1,238,142	43,90	»	»	161,629	5,73	320,797	11,37	122,041	4,32	»	»	69,945	2,48	226,483	8,03	681,711	24,17	»	»	»	»	2,820,748
1861	826,392	32,62	»	»	124,960	4,93	305,664	12,40	235,321	9,29	»	»	125,045	4,93	215,329	8,50	699,941	27,63	»	»	»	»	2,533,052
1862	1,120,501	31,87	»	»	135,349	3,85	481,933	13,71	265,022	7,54	»	»	136,838	3,89	189,052	5,38	701,178	19,94	»	»	485,751	13,82	3,515,634
1863	1,053,242	32,50	»	»	136,619	4,22	442,481	13,65	221,513	6,83	»	»	98,734	3,04	171,005	5,29	473,505	14,61	»	»	643,873	19,86	3,241,572
1864	1,099,024	32,08	»	»	199,155	5,81	523,418	15,28	250,701	7,50	»	»	117,701	3,43	180,854	5,29	404,141	11,80	»	»	644,210	18,72	3,425,204
1865	704,084	24,78	»	»	135,677	4,78	370,857	13,06	173,736	6,12	»	»	98,712	3,47	290,716	10,23	427,999	15,07	»	»	638,868	22,49	2,840,549
1866	782,270	31,29	»	»	131,668	5,27	510,009	20,40	115,883	4,64	»	»	115,832	4,58	217,211	8,69	275,547	11,02	»	»	351,321	14,05	2,499,741
1867	830,016	30,94	»	»	109,709	4,09	512,243	19,09	118,809	4,43	»	»	101,495	3,79	248,376	9,29	312,444	11,65	»	»	440,229	16,75	2,682,318
1868	728,590	24,34	»	»	96,439	3,22	544,382	18,18	120,238	4,02	»	»	116,342	3,88	286,198	9,56	575,905	19,24	»	»	525,775	17,56	2,993,875
1869	764,525	24,64	»	»	110,705	3,57	505,765	16,30	113,233	3,65	»	»	93,858	3,02	228,538	7,37	807,401	26,02	»	»	478,674	15,43	3,102,699
1870	661,703	29,74	»	»	87,831	3,94	331,622	14,90	67,617	3,04	»	»	72,508	3,27	115,403	5,23	625,508	28,12	»	»	261,645	11,76	2,224,877
1871	1,065,874	37,01	»	»	161,364	5,60	657,727	22,84	72,154	2,50	»	»	103,148	3,58	100,538	3,49	489,332	16,99	»	»	230,119	7,99	2,880,286
1872	1,134,103	35,16	»	»	108,908	3,38	557,532	17,28	114,899	3,56	»	»	106,428	3,30	127,301	3,95	668,630	20,73	»	»	407,738	12,64	3,225,479
1873	841,670	27,44	64,550	2,10	114,084	3,72	513,971	16,76	80,104	2,61	59,508	1,94	22,630	0,74	188,506	6,15	626,702	20,43	139,580	4,55	415,845	13,56	3,067,180
1874	919,338	23,60	80,646	2,07	183,241	4,70	567,372	14,56	141,196	3,62	91,675	2,35	27,882	0,72	190,111	4,88	971,609	24,94	187,282	4,81	533,451	13,69	3,895,893
1875	1,106,916	24,72	53,537	1,20	190,754	4,26	663,413	14,82	142,476	3,18	77,913	1,74	25,626	0,57	155,063	3,46	1,271,406	28,40	255,169	5,70	534,954	11,95	4,477,524
1876	1,126,255	19,85	111,031	1,96	271,463	4,78	910,009	16,03	176,928	3,11	117,826	2,08	35,907	0,63	222,242	3,92	1,493,328	26,31	393,770	6,94	810,449	14,30	5,675,208
1877	463,539	13,95	49,686	1,49	137,908	4,15	410,975	12,37	57,011	1,72	58,661	1,76	22,459	0,68	126,483	3,81	1,013,358	30,49	384,822	11,58	598,282	18,00	3,323,184
	16,466,280	28,15	359,790	0,62	2,599,204	4,45	9,131,170	15,63	2,597,846	4,45	405,583	0,69	1,491,189	2,55	3,481,019	5,96	12,519,792	21,43	1,360,623	2,33	8,013,184	13,71	58,425,680

[1] Les statistiques détaillées ne datent que de 1860.
[2] Jusqu'à 1873, les provenances d'Espagne étaient classées comme soies de France.
[3] A partir de 1873, les soies de Syrie ne sont plus confondues avec celles de Grèce, Volo, etc.
[4] Jusqu'à 1873, les soies de Canton sont confondues avec les soies de Chine.
[5] Jusqu'à 1862, les soies du Japon sont réunies à celles de Chine.

ORGANSINS
RELEVÉ PAR PROVENANCES

ANNÉES[1]	FRANCE POIDS	Proportion p. 0/0	ESPAGNE[2] POIDS	Proportion p. 0/0	PIÉMONT POIDS	Proportion p. 0/0	ITALIE POIDS	Proportion p. 0/0	BROUSSE POIDS	Proportion p. 0/0	SYRIE[3] POIDS	Proportion p. 0/0	GRÈCE, VOLO, ETC. POIDS	Proportion p. 0/0	BENGALE POIDS	Proportion p. 0/0	CHINE POIDS	Proportion p. 0/0	CANTON[4] POIDS	Proportion p. 0/0	JAPON[5] POIDS	Proportion p. 0/0	POIDS TOTAL
1860	625,617	62,90	»	»	123,183	12,38	73,803	7,43	50,420	5,07	»	»	21,975	2,21	55,153	5,54	44,425	4,47	»	»	»	»	994,636
1861	418,250	47,30	»	»	91,915	10,42	79,808	9,05	110,808	12,55	»	»	57,843	6,55	69,131	7,84	54,731	6,20	»	»	12,350	1,03	882,546
1862	598,264	50,24	»	»	104,500	8,77	150,748	12,67	136,083	11,43	»	»	72,415	6,09	64,795	5,44	51,542	4,32	»	»	40,601	1,03	1,190,698
1863	571,402	53,36	»	»	98,716	9,22	125,177	11,69	107,712	10,05	»	»	46,260	4,33	50,280	4,70	30,704	2,87	»	»	40,601	3,77	1,070,861
1864	502,740	49,67	»	»	151,554	12,70	138,780	11,63	141,664	11,88	»	»	63,802	5,35	38,198	3,20	17,490	1,46	»	»	48,981	4,11	1,193,299
1865	410,668	42,71	»	»	119,164	12,39	133,261	13,86	95,985	9,99	»	»	45,363	4,72	72,348	7,52	20,723	2,15	»	»	64,015	6,66	961,547
1866	390,048	45,41	»	»	102,962	11,99	161,231	18,77	54,810	6,38	»	»	63,208	7,37	41,148	4,79	12,682	1,47	»	»	32,868	3,82	859,017
1867	439,522	49,40	»	»	84,954	9,56	148,975	16,77	48,176	5,42	»	»	56,704	6,39	55,571	6,25	17,760	2,00	»	»	36,941	4,15	888,053
1868	392,409	39,12	»	»	76,868	7,68	190,325	19,87	59,048	5,89	»	»	68,227	6,81	83,494	8,32	44,797	4,46	»	»	78,782	7,85	1,003,110
1869	417,583	39,29	»	»	95,608	8,04	196,067	18,44	51,370	4,83	»	»	54,255	5,10	89,389	8,41	62,870	5,91	»	»	96,242	9,05	1,062,874
1870	309,107	47,65	»	»	73,562	9,50	123,583	15,95	30,801	3,98	»	»	42,531	5,49	43,007	5,57	44,800	5,79	»	»	47,027	6,07	774,574
1871	558,052	52,19	»	»	115,469	10,79	190,057	17,76	26,942	2,52	»	»	73,512	6,87	38,430	3,50	26,503	2,48	»	»	40,743	3,80	1,070,308
1872	601,432	55,11	»	»	73,180	6,71	178,026	16,31	42,570	3,90	»	»	73,009	6,77	55,196	5,06	31,984	2,93	»	»	35,005	3,21	1,091,308
1873	452,744	43,98	31,100	3,02	89,700	8,72	195,723	19,01	25,801	2,52	42,390	4,12	11,562	1,12	94,643	9,20	44,911	4,36	705	0,07	39,945	3,88	1,029,404
1874	516,987	40,79	28,257	2,23	151,746	11,97	194,290	15,33	32,130	2,54	71,554	5,65	11,718	0,92	112,300	8,86	86,654	6,84	530	0,04	61,158	4,83	1,267,293
1875	601,517	43,94	16,421	1,20	156,498	11,43	231,942	16,93	42,794	3,12	54,106	3,95	8,409	0,61	80,795	5,90	111,500	8,14	7,694	0,56	57,773	4,22	1,369,814
1876	665,382	38,15	37,382	2,15	221,908	12,73	334,210	19,16	53,235	3,05	80,229	4,03	8,840	0,50	102,065	5,85	114,419	6,56	38,656	2,22	81,683	4,68	1,743,990
1877	260,800	29,71	24,958	2,84	123,022	14,01	176,665	20,12	13,523	1,54	35,050	4,00	5,080	0,05	66,498	7,57	82,073	9,35	14,947	1,70	74,201	8,45	878,031
	8,883,484	45,95	138,118	0,71	2,054,095	10,63	3,031,760	15,68	1,123,967	5,82	280,929	1,50	786,540	4,07	1,212,533	6,27	900,694	4,66	62,532	0,32	848,300	4,39	19,331,952

[1] Les statistiques détaillées ne datent que de 1860.
[2] Jusqu'à 1873, les provenances d'Espagne étaient classées comme soies de France.
[3] A partir de 1873, les soies de Syrie ne sont plus confondues avec celles de Grèce, Volo, etc.
[4] Jusqu'à 1873, les soies de Canton sont confondues avec les soies de Chine.
[5] Jusqu'à 1862, les soies du Japon sont réunies à celles de Chine.

TRAMES
RELEVÉ PAR PROVENANCES

ANNÉES [1]	FRANCE		ESPAGNE [2]		PIÉMONT		ITALIE		BROUSSE		SYRIE [3]		GRÈCE, VOLO, ETC.		BENGALE		CHINE		CANTON [4]		JAPON [5]		POIDS TOTAL
	POIDS	Proportion p. 0/0	POIDS	Proportion p. 0/0	POIDS	Proportion p. 0/0	POIDS	Proportion p. 0/0	POIDS	Proportion p. 0/0	POIDS	Proportion p. 0/0	POIDS	Proportion p. 0/0	POIDS	Proportion p. 0/0	POIDS	Proportion p. 0/0	POIDS	Proportion p. 0/0	POIDS	Proportion p. 0/0	
	KILOG.		KILOG.		KILOG.		KILOG.		KILOG.		KILOG.		KILOG.		KILOG.		KILOG.		KILOG.		KILOG.		KILOG.
1860	363,940	41,20	»	»	23,065	2,61	67,211	7,62	4,562	0,52	»	»	6,660	0,74	37,836	4,28	380,094	43,03	»	»	»	»	883,406
1861	218,524	32,22	»	»	14,536	2,15	69,379	10,23	8,308	1,22	»	»	14,068	2,07	39,960	5,80	314,106	46,31	»	»	»	»	678,881
1862	278,245	29,45	»	»	13,419	1,42	112.282	11,89	5,551	0,59	»	»	7,551	0,79	47,872	5,07	343,246	36,34	»	»	136,553	14,45	944,724
1863	252,230	28,36	»	»	15,988	1,80	117,554	13,22	3,493	0,39	»	»	6,935	0,77	39,424	4,43	260,393	29,27	»	»	193,472	21,76	889,489
1864	257,508	27,75	»	»	24,787	2,67	184,494	19,88	3,261	0,67	»	»	8,854	0,96	47,263	5,10	179,104	19,31	»	»	219,473	23,66	927,744
1865	152,142	22,71	»	»	13.699	2,04	120,801	18,06	2,562	0,38	»	»	8,212	1,22	75,857	11,32	139,828	20,87	»	»	156,788	23,40	609,889
1866	175,163	28,00	»	»	17,075	2,73	143,305	22,91	998	0,16	»	»	4,172	0,67	63,434	10,14	113,045	18,07	»	»	108,358	17,32	625,550
1867	176,329	28,02	»	»	19,675	3,13	170,377	27,07	1,523	0,24	»	»	3,429	0,55	64,545	10,57	95,233	15,13	»	»	96,234	15,29	629,345
1868	134,823	18,93	»	»	10,376	1,45	148,502	20,87	1,081	0,15	»	»	2,107	0,30	61,136	8,59	224,728	31,56	»	»	129,216	18,15	712,030
1869	113,181	15,20	»	»	10,267	1,38	126,669	17,02	552	0,08	»	»	1,436	0,18	55,580	7,46	322,937	43,38	»	»	113,836	15,30	744,458
1870	99,591	16,88	»	»	9,967	1,60	100,956	17,13	1,044	0,17	»	»	2,264	0,38	26,938	4,90	278,330	47,18	»	»	68,835	11,67	589,925
1871	187,290	26,77	»	»	32,165	4,60	224,364	32,08	576	0,08	»	»	1,403	0,20	18,880	2,70	179,253	25,62	»	»	55,572	7,95	699,506
1872	188,533	24,74	»	»	31,585	4,14	199,524	26,18	2,109	0,27	»	»	1,576	0,21	17,087	2,36	202,939	26,63	»	»	117,883	15,47	762,130
1873	142,004	20,63	594	0,09	19,724	2,87	130,396	18,94	2,780	0,40	»	»	337	0,05	26,820	3,90	202,793	29,46	39,823	5,79	122,992	17,87	688,209
1874	123,706	14,10	534	0,06	27,137	3,09	140,221	15,98	12,229	1,39	»	»	1,692	0,19	24,449	2,78	351,646	40,07	49,690	5,67	146,247	16,67	877,500
1875	124,544	12,11	1,738	0,17	30,030	2,92	172,893	16,82	7,389	0,72	1,104	0,11	3,548	0,34	12,759	1,24	476,363	46,33	62,396	6,07	135,400	13,17	1,028,163
1876	121,490	9,99	842	0,07	44,164	3,63	246,104	20,24	6,039	0,50	2,704	0,22	5,284	0,44	26,000	2,14	517,572	42,57	75,180	6,18	170,396	14,02	1,215,775
1877	58,634	8,46	»	»	13,503	1,95	83,830	12,10	1,816	0,26	1,261	0,18	483	0,07	12,382	1,79	343,471	49,57	79,431	11,46	98,135	14,16	692,946
	3,167,886	22,22	3,705	0,02	371,162	2,60	2,558,952	17,93	68,895	0,45	5,060	0,04	80,028	0,56	702,522	4,93	4,925,081	34,54	305,520	2,15	2,069,390	14,51	14,259,228

1 Les statistiques détaillées ne datent que de 1860.
2 Jusqu'à 1873, les provenances d'Espagne étaient classées comme soies de France.
3 A partir de 1873, les soies de Syrie ne sont plus confondues avec celles de Grèce, Volo, etc.
4 Jusqu'à 1873, les soies de Canton sont confondues avec les soies de Chine.
5 Jusqu'à 1862, les soies du Japon sont réunies à celles de Chine.

GRÈGES
RELEVÉ PAR PROVENANCES

ANNÉES[1]	FRANCE POIDS	Proportion p. 0/0	ESPAGNE[2] POIDS	Proportion p. 0/0	PIÉMONT POIDS	Proportion p. 0/0	ITALIE POIDS	Proportion p. 0/0	BROUSSE POIDS	Proportion p. 0/0	SYRIE[3] POIDS	Proportion p. 0/0	GRÈCE, VOLO, ETC. POIDS	Proportion p. 0/0	BENGALE POIDS	Proportion p. 0/0	CHINE POIDS	Proportion p. 0/0	CANTON[4] POIDS	Proportion p. 0/0	JAPON[5] POIDS	Proportion p. 0/0	POIDS TOTAL
	KILOG.		KILOG.		KILOG.		KILOG.		KILOG.		KILOG.		KILOG.		KILOG.		KILOG.		KILOG.		KILOG.		KILOG.
1860	248,570	26,37	»	»	15,381	1,63	179,723	19,07	67,039	7,11	»	»	41,301	4,38	133,494	14,16	257,192	27,28	»	»	»	»	942,706
1861	189.618	19,49	»	»	18,509	1,90	157.417	16,18	116,205	11,95	»	»	53,134	5,46	106,838	10,98	331,104	34,04	»	»	»	»	972,825
1862	243,992	17,68	»	»	17,430	1,26	218,903	15,86	123,388	8.94	»	»	56,867	4,12	76,304	5,53	306,390	22,19	»	»	336,848	24,40	1,380,212
1863	229,610	17,90	»	»	21,915	1,71	199,750	15,60	110,308	8,61	»	»	45,530	3,56	81,901	6,39	182,408	14,24	»	»	409,800	31,99	1,281,222
1864	248,776	19,08	»	»	22,815	1,75	200,144	15,35	111,776	8,57	»	»	44,955	3,45	95,393	7,31	207,547	15,91	»	»	372,756	28,58	1,304,162
1865	141,274	11,69	»	»	2,814	0,23	116,795	9,66	75,189	6,22	»	»	45,147	3,72	142,511	11,79	267,448	22,12	»	»	418,065	34,57	1,209,243
1866	217,059	21,38	»	»	11,631	1,15	205,473	20,24	60,075	5,92	»	»	48,392	4,76	112,029	11,09	149,820	14,76	»	»	210,095	20,70	1,015,174
1867	214,165	18,39	»	»	5,080	0,44	191,891	16,48	69,110	5,94	»	»	41,302	3,54	127,260	10,93	199,448	17,13	»	»	316,054	27,15	1,164,310
1868	201,304	15,74	»	»	9,193	0,72	190,465	15,30	60,109	4,70	»	»	45,908	3,59	141,568	11,07	306,380	23,97	»	»	317,777	24,85	1,278,706
1869	233,764	18,05	»	»	5,340	0,41	183,029	14,12	61,311	4,73	»	»	38,167	2,95	83,509	6,45	421,594	32,55	»	»	268,596	20,74	1,295,367
1870	193,095	22,44	»	»	4,102	0,48	107,083	12,45	35,772	4,16	»	»	27,803	3,23	44,368	5,16	302,372	35,14	»	»	145,763	16,94	860,378
1871	319,932	28,81	»	»	13,730	1,24	243,306	21,91	44,666	4,02	»	»	28,230	2,54	43,228	3,89	283,576	25,54	»	»	133,804	12,05	1,110,472
1872	344,138	25,08	»	»	4,137	0,30	179,962	13,12	70,160	5,11	»	»	30,043	2,26	54,118	3,94	433,707	31,61	»	»	254,847	18,58	1,372,032
1873	246,922	18,30	32,899	2,44	4,510	0,33	187,852	13,92	51,424	3,81	17,118	1,27	10,740	0,79	67,043	4,97	378,998	28,09	99,052	7,34	252,908	18,74	1,349,466
1874	278,645	15,91	51,855	2,96	6,358	0,36	232,802	13,30	96,837	5,53	20,121	1,15	14,472	0,83	53,362	3,05	533,390	30,46	137,053	7,83	326,046	18,62	1,751,040
1875	380,555	18,30	35,678	1,72	4,226	0,20	258,578	12,43	92,294	4,43	22,703	1,0	13,660	0,66	61,509	2,96	683,483	32,87	185,079	8,90	341,770	16,44	2,079,544
1876	339,383	12,50	72,807	2,68	5,391	0,20	329,095	12,16	117,654	4,33	28,893	1,06	21,774	0,80	94,176	3,47	861,337	31,72	279,934	10,30	564,390	20,78	2,715,434
1877	144,105	8,22	24,728	1,41	1,383	0,08	150,480	8,59	41,667	2,38	21,750	1,24	16,287	0,93	47,603	2,72	587,814	33,55	290,444	16,57	425,916	24,31	1,752,207
	4,414,910	17,78	217,967	0,88	173,947	0,70	3,539,458	14,25	1,404,984	5,66	110,585	0,45	624,624	2,51	1,566,904	6,31	6,694,017	26,95	991,562	3,99	5,095,485	20,52	24,834,500

[1] Les statistiques détaillées ne datent que de 1860.
[2] Jusqu'à 1873, les provenances d'Espagne étaient classées comme soies de France.
[3] A partir de 1873, les soies de Syrie ne sont plus confondues avec celles de Grèce, Volo, etc.
[4] Jusqu'à 1873, les soies de Canton sont confondues avec les soies de Chine.
[5] Jusqu'à 1862, les soies du Japon sont réunies à celles de Chine.

PROPORTION DES SOIES ÉTRANGÈRES

ANNÉES	NOMBRE		ANNÉES	NOMBRE		ANNÉES	POIDS		OBSERVATIONS
1842	1,835 Ballots ou	15,44 p. 0/0	1860	24,517 Ballots ou	60,68 p. 0/0	1860	1,582,606 Kilogrammes ou	56,10 p 0/0	
1843	2,895 —	21,04 —	1861	26,277 —	71,41 —	1861	1,707,260 —	67,38 —	
1844	4,398 —	26,36 —	1862	36,518 —	73,04 —	1862	2,395,133 —	68,13 —	C'est à partir de 1860 seulement, que les statistiques mentionnent le poids des soies étrangères.
1845	4,846 —	28,18 —	1863	33,358 —	72,32 —	1863	2,188,330 —	67,50 —	
1846	4,452 —	22,96 —	1864	34,303 —	72,52 —	1864	2,326,131 —	67.92 —	
1847	4,753 —	22,86 —	1865	34,322 —	80,44 —	1865	2,136,505 —	75,22 —	
1848	2,408 —	15,05 —	1866	25,038 —	72,10 —	1866	1,717,471 —	68,71 —	
1849	5,815 —	25,49 —	1867	29,393 —	73,06 —	1867	1,832,302 —	69,06 —	
1850	5,910 —	25,64 —	1868	36,216 —	78,87 —	1868	2,265,270 —	75,03 —	
1851	5,876 —	24,45 —	1869	37,062 —	79,46 —	1869	2,338,174 —	75,36 —	
1852	8,181 —	31,30 —	1870	25,241 —	74,89 —	1870	1,503,084 —	70,26 —	
1853	8,724 —	26,65 —	1871	27,017 —	68,18 —	1871	1,814,412 —	62,99 —	
1854	7,424 —	25,83 —	1872	32,401 —	70,11 —	1872	2,091,376 —	64,84 —	
1855	7,464 —	20,72 —	1873	34,598 —	70,82 —	1873	2,225,409 —	72,56 —	
1856	11,313 —	29,30 —	1874	46,227 —	80,58 —	1874	2,976,555 —	76,40 —	
1857	11,499 —	40,86 —	1875	53,038 —	80,29 —	1875	3,370,603 —	75,28 —	
1858	20,030 —	47,29 —	1876	68,736 —	84,33 —	1876	4,548,953 —	80,15 —	
1859	20,290 —	51,11 —	1877	45,459 —	89,14 —	1877	2,859,645 —	86,05 —	

Ces rapports sont calculés sur le nombre total des soies grèges et ouvrées, défalcation faite des soies diverses.

Ces rapports sont calculés sur le poids total des soies grèges et ouvrées, défalcation faite des soies diverses.

RELEVÉ PAR CAMPAGNES SOYEUSES

(DU 1er JUILLET DE CHAQUE ANNÉE AU 30 JUIN DE L'ANNÉE SUIVANTE)

ANNÉES SOYEUSES	POIDS	ANNÉES SOYEUSES	POIDS	ANNÉES SOYEUSES	POIDS	ANNÉES SOYEUSES	POIDS
1805 — 1806 [1]	259,070 kilogr.		Report. 7,753,173 kilogr.		Report. 19,726,590 kilogr.		Report. 58,204,451 kilog.
1806 — 1807	337,111	1824 — 1825	625,780	1842 — 1843	1,213,538	1860 — 1861	2,838,244
1807 — 1808	401,508	1825 — 1826	484,122	1843 — 1844	1,312,082	1861 — 1862	3,198,673
1808 — 1809	309,314	1826 — 1827	534,756	1844 — 1845	1,522,880	1862 — 1863	3,309,309
1809 — 1810	472,282	1827 — 1828	616,983	1845 — 1846	1,458,261	1863 — 1864	3,589,725
1810 — 1811	309,287	1828 — 1829	556,809	1846 — 1847	1,618,847	1864 — 1865	3,229,801
1811 — 1812	394,599	1829 — 1830	618,469	1847 — 1848	1,405,396	1865 — 1866	2,503,274
1812 — 1813	409,744	1830 — 1831	554,331	1848 — 1849	1,968,535	1866 — 1867	2,772,910
1813 — 1814	345,318	1831 — 1832	600,642	1849 — 1850	2,107,350	1867 — 1868	3,218,502
1814 — 1815	339,555	1832 — 1833	708,539	1850 — 1851	1,756,028	1868 — 1869	3,136,551
1815 — 1816	435,815	1833 — 1834	647,303	1851 — 1852	2,201,076	1869 — 1870	3,519,729
1816 — 1817	380,366	1834 — 1835	659,533	1852 — 1853	2,594,321	1870 — 1871	1,774,702
1817 — 1818	341,852	1835 — 1836	704,479	1853 — 1854	2,623,322	1871 — 1872	3,722,138
1818 — 1819	314,349	1836 — 1837	551,197	1854 — 1855	2,734,008	1872 — 1873	3,078,334
1819 — 1820	490,046	1837 — 1838	796,635	1855 — 1856	3,123,910	1873 — 1874	3,462,675
1820 — 1821	575,183	1838 — 1839	761,995	1856 — 1857	2,561,654	1874 — 1875	4,531,227
1821 — 1822	520,632	1839 — 1840	735,506	1857 — 1858	2,151,888	1875 — 1876	4,379,026
1822 — 1823	341,718	1840 — 1841	837,465	1858 — 1859	3,386,840	1876 — 1877	4,602,740
1823 — 1824	601,855	1841 — 1842	978,783	1859 — 1860	2,712,181	2e semestre 1877	1,967,958
	À reporter. 7,753,173		À reporter. 19,726,590		À reporter. 58,204,451		TOTAL. 117,540,929

[1] D'octobre 1805 au 30 juin 1806.

PARTIES AU-DESSOUS DE 21 KILOG.

DONNANT LIEU A LA TAXE SPÉCIALE DE 2 FR. 60

ANNÉES	NOMBRE	POIDS	ANNÉES	NOMBRE	POIDS
				Report. 54,063	Report. 604,892 kil.
1850[1]	2,454	21,903 kil	1864	3,966	42,211
1851	3,279	38,043	1865	3,429	33,201
1852	3,608	41,722	1866	3,348	33,073
1853	4,231	49,267	1867	3,669	36,338
1854	4,221	48,713	1868	3,600	36,670
1855	4,818	57,648	1869	3,862	39,562
1856	4,306	49,294	1870	3,035	30,652
1857	3,391	42,187	1871	2,674	29,160
1858	3,211	41,205	1872	3,852	36,664
1859	3,524	40,233	1873	3,614	31,056
1860	4,188	44,034	1874	4,100	34,947
1861	4,053	40,603	1875	4,236	36,138
1862	4,378	43,362	1876	3,633	28,415
1863	4,401	46,673	1877	2,540	20,162
	A reporter. 54,063	A reporter. 604,892		TOTAL. 103,621	TOTAL. 1,073,141

[1] Du 1er Mai au 31 Décembre.

TABLEAU COMPARATIF

DES EXPORTATIONS, DE LA PRODUCTION DES SOIERIES
ET DU MOUVEMENT DE LA CONDITION

ANNÉES	EXPORTATIONS en MILLIONS DE FRANCS	PRODUCTION en MILLIONS DE FRANCS	MOUVEMENT DE LA CONDITION	
			EN SOIES OUVRÉES	GÉNÉRAL
			kilogr.	kilogr.
1868	454 8	380	1,715,169	2,993,875
1869	447 3	410	1,807,332	3,102,699
1870	485 »	chiffre inconnu	1,364,499	2,221.877
1871	483 »	450	1,769,814	2,880,286
1872	437 7	460	1,853,447	3,225,479
1873	478 5	435	1,726,673	3,076,139
1874	416 »	451	2,144,853	3,895,893
1875	376 6	458	2,367,977	4,447,521
1876	296 8	456	2,959,774	5,675,208
1877	275 »	309	1,470,977	3,223,184
Total.	4,150 7	3,809	19,180,515	34,745,161
Moyenne	415 »	423	1,918,051	3,474,516

La Chambre syndicale des soieries datant de 1869, il n'a été possible d'établir ce tableau comparatif que pour la dernière période décennale, des statistiques exactes de la production lyonnaise faisant défaut pour les années antérieures.

Sous la dénomination de soieries, on comprend les soieries unies et façonnées, foulards, gazes, crêpes, grenadines, tulles, dentelles, satins, velours, etc.

XVII

DE LA PERTE DES SOIES EN CONDITION

Avec le premier mode de conditionnement, la perte de la soie variait beaucoup ; elle était en moyenne de 2,50 pour cent.

Cet état de choses cesse en 1842, avec l'introduction du système Talabot ; la perte en Condition prend un caractère normal, qu'elle a toujours conservé depuis. Pour la période de douze années, pendant laquelle ce système a fonctionné exclusivement, elle est exprimée par les nombres suivants :

1842.	2	39 p. 0/0
1843.	2	37
1844.	2	35
1845.	2	60
1846.	2	28
1847.	2	09
1848.	1	99
1849.	1	86
1850.	1	97

1851.	2	10
1852.	2	08
1853.	2	20
Moyenne	2	19

A partir de 1854, les dessiccateurs Talabot-Persoz-Rogeat sont seuls employés, la perte en Condition devient :

1854.	1	93 p. 0/0
1855.	2	08
1856.	2	33
1857.	1	99
1858.	1	80
1859.	1	75
1860.	1	96
1861.	1	72
1862.	1	85
1863.	1	74
1864.	1	60
1865.	1	60
1866.	1	83
1867.	1	61
1868.	1	47
1869.	1	47
1870.	1	31
1871.	1	22
1872.	1	69
1873.	1	65
1874.	1	39
1875.	1	64
1876.	1	67
1877.	1	56
Moyenne	1	70

La perte en Condition a été d'environ 0,50 pour cent moindre, avec le nouveau mode de conditionnement, ce qui prouve surabondamment que ce système n'a pas nui aux intérêts des producteurs, et qu'ils sont mal fondés à poursuivre une augmentation de la reprise au conditionnement. A l'inspection de ces tableaux, le consommateur pourrait se croire autorisé à formuler une prétention inverse. Mais comme il a été bien établi que l'application du système Talabot-Persoz-Rogeat n'a rien innové, pour ce qui est du résultat final de la dessiccation, à laquelle on arrive avec la même précision, seulement en un temps moindre, ce n'est pas là qu'il faut chercher la cause des différences que nous signalons.

Si la soie perd de moins en moins en Condition, cela tient à ce que cette matière précieuse est mieux traitée qu'autrefois. Les magasins où elle est entreposée, sont moins humides, mieux aérés ; beaucoup de mouliniers, en vue d'assurer la régularité du conditionnement et du titrage ultérieurs, font subir à leurs soies un séchage préalable, avant de les expédier sur le marché de Lyon ; il y a, enfin, dans les transactions, plus de droiture ; la Condition n'a pas été étrangère à ce résultat, secondée qu'elle fut par le progrès des esprits.

XVIII

CONSIDÉRATIONS SUR LES STATISTIQUES

Ce qui ressort tout d'abord de l'examen des tableaux qui précèdent, c'est le développement extraordinaire d'un établissement dont l'importance semble avoir décuplé en trois quarts de siècle. Ce progrès apparent ne correspond pas à la réalité des choses, il ne faut pas perdre de vue que, jusqu'à 1842, les soies grèges ne passaient que rarement à la Condition ; pour avoir des termes de comparaison tout à fait précis, il faut s'en tenir au mouvement des soies ouvrées.

Ce mouvement a été, pour les cinq premières années de l'exploitation, en moyenne annuelle, de. . . . . 399,804 k^{os}

Et pour les cinq derniers exercices, de. 2,270,610

D'où il résulte une augmentation de . . . . . . 1,870,806 k^{os}

Ou. . . . . . . 468 p. 0/0

Si l'on prend, pour point de départ, les années de début du conditionnement par la dessiccation absolue, qui avait amené à la Condition les soies gréges, restées à l'écart jusque-là, on arrive aux résultats ci-dessous :

Moyenne de 1842 à 1846. . . . . 1,375,922 k^{os}
Moyenne de 1872 à 1877. 4,200,148

Augmentation . . . . 2,824,226 k^{os}

Soit plus de. . . 200 p. 0/0

En second lieu, on est frappé de l'importance, toujours croissante, des arrivages de soies étrangères. En 1842, elles ne représentent que 15 pour cent de l'ensemble des matières manipulées à la Condition. En 1877, elles atteignent l'énorme proportion de 86 pour cent, c'est-à-dire que les rôles sont complétement intervertis ; la soie indigène qui était, au début de cette période de 35 ans, l'élément principal d'alimentation de notre fabrique, n'y figure plus aujourd'hui que dans la proportion d'un sixième environ.

On ne trouve pas, comme on pourrait le croire à *priori*, de lien direct entre le mouvement de la Condition et le montant des exportations. Les indications du Syndicat de la fabrique de soieries ne concordent pas mieux avec les chiffres de l'établissement. Cela tient à ce que l'emploi de la matière première ne suit pas toujours immédiatement son passage à la Condition, à ce que l'exportation du produit fabriqué en est encore plus éloignée. D'autre part, la spéculation a joué, notamment pendant les dernières années, un rôle énorme dans les transactions, elle a complétement faussé les enseignements qu'on chercherait à déduire des statistiques de la Condition. Elles donnent une idée très-exacte des transactions dont la matière première a été l'objet, mais on ne peut y puiser des indications aussi précises sur l'importance de la production lyonnaise.

En se bornant à l'examen des soies ouvrées, qui vont presque toujours directement à la consommation, on voit que la fabrique emploie annuellement 2 millions de kilogrammes de matière première en cet état. Il convient d'y ajouter beaucoup de soies arrivant directement d'Italie, dont on ne peut évaluer le poids à moins de 300,000 kilogrammes. La fabrique de Lyon mettrait donc en œuvre 2,300,000 kilogrammes de soie pour sa production moyenne.

La valeur du produit fabriqué étant variable avec le prix de la matière première, il y aurait lieu de tenir compte de ce facteur important, dans l'évaluation de la production. Mais la hausse et la baisse de la soie ne réagissent pas toujours immédiatement sur le produit fabriqué ; il serait bien difficile, pour ne pas dire impossible, de faire entrer cet élément en ligne de compte.

En prenant pour bases le chiffre moyen de la Condition et la valeur moyenne de la production, on arrive à des indications assez précises pour les années dont les résultats n'ont pas été faussés par les pratiques de la spéculation.

Ainsi, en 1868, où le prix de la soie présente l'écart maximum de 33 pour cent sur le prix moyen des dix dernières années, la production a été de 380 millions de francs, inférieure de 10 pour cent à la production moyenne de 420 millions. L'écart entre le poids moyen de cette période décennale et le poids de l'exercice est également de 10 pour cent.

Si l'on envisage l'année 1877, correspondant aux plus bas cours de cette période, on trouve pour la Condition un déchet de 25 pour cent sur le mouvement moyen, et une diminution analogue sur la valeur du produit fabriqué.

La production a atteint en 1874 le chiffre de 450 millions, dépassant de 6,60 pour cent le chiffre moyen. L'augmentation de la Condition a été de 7,09 pour cent, pendant cette année, où les prix ne dépassaient que d'environ 7 pour cent le prix moyen.

De ce qui précède, il paraît résulter que, sans tenir compte des cours, on peut évaluer assez exactement la production, en admettant qu'un chiffre de 2 millions de kilogrammes de soies ouvrées passant à la Condition, correspond à un ensemble de produits fabriqués d'une valeur de 420 millions de francs.

XIX

ÉVALUATION DES SERVICES RENDUS PAR LA CONDITION

L'ensemble des soies reçues par la Condition, depuis son origine, est de 117,540,929 kilog. Ce n'est point exagérer que d'estimer à 60 fr. le prix moyen du kilogramme. On arrive ainsi au chiffre de *sept milliards de francs*, pour la valeur de la matière première manipulée par cet établissement.

Jusqu'à la fin de 1841, la quantité de soie présentée au conditionnement, ayant été de 19 millions de kilog., et la perte moyenne de 2,50 pour cent, le bénéfice réalisé par le commerce, pendant cette période, a été de 475,000 kilog.

Des calculs analogues font ressortir, pour la période 1842-1853, un boni de 469,000 kilog. De 1854 à 1877, la Condition a fait gagner au public 1,300,000 kilog.

C'est, par suite, d'un poids total de 2,244,000 kilog. que l'industrie est redevable à l'institution du conditionnement.

Au taux de 60 fr. par kilog., on arrive au chiffre énorme de 134 millions de francs, comme expression affaiblie des services rendus par la Condition.

Au prix de quels sacrifices ce résultat a-t-il été obtenu ?

Le total des taxes perçues par l'établissement étant de 14 millions de francs, l'impôt, tout volontaire, du conditionnement a rendu au commerce près de dix fois ce qu'il lui coûtait.

Il est peu de services qui s'échangent d'une manière aussi avantageuse pour le contribuable.

XX

PERSONNEL

La Condition est administrée par un Directeur comptable et responsable. La nomination de ce fonctionnaire appartient à la Chambre de commerce, dont le choix est soumis à l'autorité supérieure. Le Directeur est nommé pour une période de six années, durée légale de l'existence des Chambres de commerce ; il est rééligible.

Au début de l'institution, la nomination était faite, sur la présentation de la Chambre, par le ministre de l'intérieur ; elle passa ensuite dans les attributions du ministère de l'agriculture et du commerce. Le décret du 9 janvier 1861 a remis cette nomination au préfet.

Les agents de tout ordre sont nommés par la Chambre de commerce, sur la présentation du Directeur.

Le personnel de la Condition a été des plus modestes au début ; il se composait du Directeur et de quatre commis.

Le premier Directeur de la Condition fut M. Reverony, nommé à cet emploi en 1805. Il resta en fonctions jusqu'en 1824, année de son décès ; il eut pour successeur M. Félissent, ancien membre de la Chambre de commerce, dont le mandat passa, en 1841, entre les mains de M. Médéric Gamot, qui avait dirigé, depuis 1838, les divers essais de conditionnement, par la méthode de la dessiccation absolue.

Le développement des travaux de la Condition rendant la tâche trop lourde au Directeur, un sous-Directeur lui fut adjoint en 1856. Le choix de la Chambre se porta sur l'auteur de cette étude ; il succéda à M. Gamot, à sa mort, et dirige l'établissement depuis le 1er janvier 1863.

L'organisation de 1856 fut maintenue, avec cette seule différence que le titre de sous-Directeur, donné au suppléant du Directeur, fut échangé contre celui de Contrôleur, le titre de sous-Directeur entraînant, avec lui, l'idée d'une collaboration avec « *future succession* » dont la Chambre n'entendait pas consacrer le principe.

Sous les diverses directions qui se succédèrent, le personnel de la Condition grandit avec le mouvement de cette institution. Il se compose aujourd'hui de 42 fonctionnaires et agents de tout ordre, et d'employés auxiliaires parmi lesquels se recrute le personnel fixe de l'établissement, au fur et à mesure des vacances qui viennent à se produire.

XXI

CAISSE DES RETRAITES

Dès 1827, la fondation d'une caisse des retraites fut arrêtée en principe; la mise à exécution du projet fut ajournée à l'époque où la Chambre de commerce serait complétement libérée de ses emprunts.

Remise à l'étude en 1829 et en 1832, c'est en 1845 seulement que cette question reçut sa solution définitive. Il fut décidé qu'à partir du 1ᵉʳ janvier 1846, une retenue de 5 pour cent serait opérée sur les traitements du personnel de la Condition; la Chambre promettait une dotation de 30,000 francs à la caisse projetée. L'autorisation dont cette caisse avait besoin, pour fonctionner, ne lui fut définitivement accordée qu'en 1848.

Mais bien avant cette institution, la Chambre de commerce s'était fait un devoir d'y suppléer, en ne laissant point sans ressources les employés que l'âge ou la maladie forçait à quitter la Condition ; elle leur accordait des subventions, plus ou moins considérables, pour remplacer une pension de retraite.

Un décret du général Cavaignac, chargé du pouvoir exécutif, rendu à la date du 9 septembre 1848, fixa les premiers statuts de la caisse des retraites. Un second décret du Président de la République, en date du 10 décembre 1849, vint le compléter, en faisant remonter les bienfaits de l'institution au 1er janvier 1846.

Le fonds des pensions de retraite a eu pour point de départ la dotation de 30,000 francs que la Chambre de commerce s'était engagée à verser, comme on l'a vu plus haut. Cette somme a été immédiatement convertie en rentes 5 pour cent. Elle s'est accrue d'une retenue de 5 pour cent sur tous les traitements, de la retenue du premier mois d'appointement des employés nouveaux, de la retenue du premier mois d'augmentation des traitements, et des retenues faites pour congés ou punitions. Ce fonds devait, d'après le décret organique, se grossir aussi du produit de la vente des papiers d'emballage retirés des ballots présentés au conditionnement. Avec le temps, cette clause est tombée en désuétude ; ces papiers, en effet, n'appartiennent pas plus à la Condition que les doubles saches ou les cordes qui protégent les ballots. A les rendre intacts il y a d'ailleurs un intérêt de premier ordre : celui de permettre au déposant de contrôler la tare des balles, de voir s'il n'y a pas erreur dans les indications portées aux bulletins de la Condition.

Lors du payement mensuel des traitements, les retenues réglementaires sont opérées par les soins du Directeur de la Condition, et versées par lui à la trésorerie générale, pour le compte de la caisse des dépôts et consignations. C'est avec ces retenues et la rente du capital de la caisse, que le directeur général de la caisse des dépôts et consignations paie les pensions liquidées. Toute somme restant disponible après le paiement des pensions assuré, est consacrée à l'achat de rentes nouvelles. Ces diverses rentes sont immatriculées au nom de la Chambre de commerce de Lyon, avec mention expresse qu'elles seront affectées au service des pensions de retraite des employés de la Condition des soies de Lyon.

Le décret de 1848 avait stipulé qu'il ne serait payé de pensions qu'à partir du 1er janvier 1856 ; le décret de 1849 a reporté au 1er janvier 1854 l'entrée en jouissance des ayants droit, en déclarant acquis à la caisse des retraites, depuis le 1er janvier 1846, les intérêts de la subvention de 30,000 francs et les retenues faites sur les traitements.

Les trois premières pensions servies, ont été liquidées en décembre 1853, avec jouissance du 1ᵉʳ janvier suivant : elles s'élevaient à 2,035 francs, elles sont actuellement éteintes. Trois pensions s'élevant ensemble à 2117 fr. 76 c. ont été liquidées en 1855, et ont aujourd'hui disparu. Il en est de même d'une pension de 414 fr. 40 c. accordée en 1860. Cinq mises à la retraite ont eu lieu en 1867 ; l'un des retraités, qui jouissait d'une rente de 750 francs, est mort en 1871 ; un autre, dont la pension était de 1,100 francs, a succombé en 1870, laissant à sa veuve le quart de sa rente, soit 275 francs. Les trois autres pensions forment le total de 3,900 francs.

Il a de plus été liquidé :

En 1869 une pension de . . . . 900 »
En 1870 — . . . . 320 75 actuellement éteinte.
En 1872 deux pensions s'élevant à . 1,973 33
En 1874 une pension de. . . . . 1,800 »
En 1876 — . . . . 750 »

Le total des retraites à servir, au 1ᵉʳ janvier 1877, était de 9,598 fr. 33 c.

Pour y faire face, la caisse des retraites disposait, à cette date, de 11,602 francs de rentes 3 pour cent, et d'un solde en capital de 6,373 fr. 14 c. La rente seule était largement suffisante pour assurer les paiements exigibles, sans entamer le montant des retenues annuelles, non plus que le solde en numéraire qui a dû, dans le courant de 1877, être employé en acquisition de rentes nouvelles.

En 1853, lors de la conversion du 5 pour cent en 4 1/2 pour cent, la Chambre prit à sa charge une soulte de 8,708 fr. 56 cent. à payer, pour que rien ne fût modifié au chiffre de rentes affectées au service des pensions. Lors de la conversion du 4 1/2 pour cent en 3 pour cent, la Chambre prit de même à sa charge une soulte de 8,174 fr. 40 c. pour ne pas troubler l'économie de cette institution.

Le fonctionnement de cette caisse est, pour le présent, pleinement assuré. Elle doit servir annuellement 9,500 fr. de pensions, elle dispose, pour cela, de 11,600 francs de rentes et de 3,900 francs, montant des retenues annuelles de 5 pour cent, opérées sur des traitements, dont le total est de 78,000 francs. Elle a ainsi, à sa disposition, un revenu de 15,500 francs par an, ce qui laisse, chaque année, un écart de 6,000 francs entre la recette et la dépense. Cette rente de 15,500 francs permettant de payer des pensions, correspondant à un ensemble de traitements de 31,000 francs, soit les 4/10 des appointements cumulés du personnel de la Condition, il ne peut subsister aucun doute sur le fonctionnement de l'institution dans l'avenir. Les employés sont en effet admis, en moyenne, dans l'établissement, à l'âge de 30 ans ; ce n'est qu'après 25 ans de services effectifs, soit à l'âge de 55 ans, qu'ils ont droit à une pension. Or, d'après les tables de mortalité de Deparcieux, de 30 à 55 ans, la mort fauche 28 pour cent de la population. Les traitements d'activité devant donner lieu à des pensions, ne représentent plus que les 7/10 du budget du personnel, ou 56,000 francs. Si les traitements d'activité devaient, à la même époque, faire place à des traitements de retraite, la caisse pourrait se trouver momentanément embarrassée, parce qu'il lui faudrait un revenu de 28,000 francs. Mais il ne faut pas perdre de vue qu'à l'âge de 55 ans, exigé par le règlement pour l'admission à la retraite, la vie probable, assez courte, l'est plus encore pour l'homme obligé de rompre avec des habitudes d'un quart de siècle, et qu'en général les extinctions de pensions coïncident avec les liquidations de pensions nouvelles. C'est ainsi qu'il y a dix ans, la caisse avait à servir des pensions pour 7,500 francs; elle disposait, pour cela, sans compter les retenues annuelles, de 9,500 francs de revenu. Aujourd'hui, le total des pensions est de 9,500 francs, et la rente, les retenues non comprises, de 11,600 francs, c'est-à-dire qu'elle a grandi dans la même mesure que le montant des retraites.

Il peut arriver que les prévisions basées sur le calcul des probabilités soient déjouées à un instant donné, qu'une retraite légitimement acquise et liquidée ne puisse être immédiatement servie. Il n'est pas douteux que, dans ce cas, la Chambre de commerce fasse au titulaire l'avance de sa pension, sauf à s'en rembourser dès qu'une extinction laisserait des revenus sans emploi. C'est une lettre de change hypothétique que l'auteur tire sur la Chambre de commerce et qui assurément ne serait pas protestée.

Il serait sans grand intérêt de passer en revue les diverses dispositions de détail de la caisse des retraites de la Condition. Nous en avons déjà signalé les principales. Le droit à la retraite est acquis après 25 ans de services effectifs, et à l'âge de 55 ans. En cas de décès du pensionnaire, sa veuve a droit au quart de la pension dont il était titulaire. La pension est égale à la moitié du traitement moyen des cinq dernières années. Elle n'est susceptible d'aucun accroissement pour les services rendus après la vingt-cinquième année.

Un règlement, si consciencieusement élaboré qu'il puisse être, ne saurait tout prévoir. La veuve n'ayant droit à une pension que lorsque le mari vient à décéder après 25 ans de services accomplis, il est arrivé, à plusieurs reprises, que ce règlement, appliqué dans toute sa rigueur, eût été un véritable déni de justice. La Chambre de commerce n'a jamais hésité à traiter les veuves se trouvant dans ces cas exceptionnels, comme si le temps de service réglementaire eût été intégralement effectué. Les pensions ainsi concédées ne le sont, il est vrai, qu'à titre gracieux, et sont votées chaque année. Mais il n'est pas à craindre que ces dépenses, une fois inscrites au budget, en disparaissent jamais, la Chambre les considérant justement comme des dettes d'honneur. Les pensions servies à ce titre, s'élèvent annuellement à 1,225 francs, elles sont réparties sur trois têtes.

XXII

MATÉRIEL

En décrivant le procédé Talabot-Persoz-Rogeat, nous avons fait connaître l'organe essentiel de l'industrie du conditionnement. L'ensemble de l'outillage comprend 36 appareils à foyer isolé, divisés en trois groupes de douze chacun.

Les douze appareils composant un groupe, sont disposés circulairement. Le vide central est occupé par deux caisses en tôle, recevant la chaleur perdue du calorifère situé au-dessous du groupe. Chacune de ces caisses, dans l'intérieur desquelles la température est légèrement supérieure à 100 degrés, peut contenir six lots de 500 grammes. Cela constitue, moins les balances, douze autres appareils de dessiccation, dans lesquels une série d'opérations se prépare, pendant qu'une autre se termine dans les dessiccateurs proprement dits. Au centre est le conduit par lequel s'échappent les produits de la combustion; les cornets, dans lesquels se dégagent les courants d'air, qui ont agi dans les dessiccateurs, se réunissent dans un collecteur, enveloppant le tuyau de fumée; de là, l'air chaud se répand au dehors.

Au-dessous de chaque groupe, se trouve le calorifère destiné à lui fournir l'air chaud. Ces calorifères, construits sur les plans de Rogeat père, sont combinés de manière à utiliser la plus grande somme possible du combustible consommé. Les produits de la combustion, avant de se répandre dans l'atmosphère, traversent une série de tubes destinés à augmenter la surface de chauffe, contre laquelle l'air prend la température qu'il doit atteindre, avant d'arriver aux appareils.

Les six appareils à foyer intérieur, et l'appareil à gaz, dont nous avons parlé déjà, constituent un groupe spécial. Chacun des 43 appareils dessiccateurs porte une balance de précision, destinée à reconnaître le poids de la soie, dans l'étuve même où s'opère la dessiccation.

Quatre balances de précision servent à déterminer les poids des échantillons destinés aux épreuves.

Deux grandes balances, à bassins, pour l'établissement des poids d'arrivée, deux balances plus petites pour les tares, et deux bascules pour la vérification des poids de sortie, complètent le matériel servant au conditionnement proprement dit.

A ce matériel, il convient d'ajouter le générateur qui

fournit la vapeur aux services du décreusage et du titrage dont il sera ultérieurement parlé; il alimente la machine destinée à mettre en marche un élévateur, par lequel les ballots arrivent du rez-de-chaussée au premier étage.

Cet élévateur se compose de deux trains solidaires, dont l'un s'élève pendant que l'autre s'abaisse. Ces deux éléments se faisant équilibre, le moteur n'a, en réalité, à vaincre que le poids qu'il doit élever, augmenté de la résistance due aux frottements.

Le travail à produire par l'élévateur étant essentiellement un travail intermittent, le mouvement lui fut tout d'abord communiqué par une machine Lenoir; elle avait le grand avantage de ne dépenser que lorsqu'il y avait un effet utile à produire. L'inconvénient de mettre en mouvement l'énorme volant de la machine, à l'arrivée de chaque ballot, l'irrégularité de marche, due à la qualité du gaz, qui encrassait rapidement les inflammateurs, firent renoncer à l'emploi de ce moteur.

Le développement des opérations du bureau de titrage exigeait d'ailleurs que le générateur fût toujours en pression, pour alimenter la machine à vapeur qui, donnant le mouvement à l'atelier, fonctionnait d'une manière continue. Il était tout naturel d'assurer le service de l'élévateur par une machine à vapeur, desservie par la chaudière, constamment en pression.

Une modification importante a été apportée à cette organisation dans le cours de 1877. Jusque-là, le générateur était alimenté uniquement par l'eau que la compagnie des eaux fournit à ses abonnés. Dans les moments de grands arrosages, nécessités par les chaleurs de l'été, la pression de la compagnie, faiblissant, ne permettait plus l'alimentation de la chaudière. La vapeur manquait au décreusage, le moteur de l'essai devait s'arrêter, l'élévateur ne pouvait plus fonctionner. On a obvié à ces nombreux inconvénients, en recourant, pour l'alimentation, à l'eau de la citerne, placée au centre de la Condition. Une pompe élévatoire, commandée par la machine à vapeur, amène cette eau dans un réservoir, d'où un injecteur Giffard la refoule dans le générateur, en permettant d'alimenter à toute pression. On a obtenu, de la sorte, deux résultats importants ; le premier est de pouvoir alimenter toujours, de n'avoir plus ces temps d'arrêt qui se renouvelaient si fréquemment ; le second est d'éviter, en grande partie, les dépôts calcaires qui, avec l'eau du Rhône, se forment dans les générateurs, et sont, on le sait, la cause la plus générale de l'explosion des chaudières, en même temps qu'ils accroissent, dans une notable proportion, la dépense du combustible.

Tel est l'outillage, avec lequel la Condition rend des arrêts sur un ensemble de matières premières dont l'importance, en moyenne annuelle, n'est pas inférieure à 300 millions de francs.

Ce matériel est assuré pour une somme de 102,000 francs. Lors de la récente expertise qui a eu lieu pour l'évaluation de la valeur locative de la Condition, les experts sont tombés d'accord pour porter à 72,000 francs la valeur de cet outillage, dont le prix locatif, calculé sur le pied de 10 pour cent, se trouve être ainsi de 7,200 francs.

XXIII

COMPTABILITÉ

Chaque année, depuis la création de l'établissement, le Directeur adresse à la Chambre de commerce, qui le transmet à l'approbation du Ministre, le budget prévisionnel des recettes et des dépenses de l'exercice suivant.

Les dépenses ordinaires, comprenant les frais généraux de l'exploitation, ont un caractère variable, comme les recettes auxquelles elles sont proportionnelles.

Les dépenses extraordinaires ne rentrent pas directement dans les attributions de la Condition, qui ne joue là qu'un simple rôle de trésorerie. Ces dépenses représentent l'emploi de l'excédant des produits sur les frais d'exploitation. Elles ne sont payées que sur mandats spéciaux, délivrés par la Chambre de commerce, ces mandats étant préalablement soumis à l'approbation de l'Autorité, quand la dépense n'a pas été prévue au budget.

A la fin de chaque trimestre, la commission administrative de la Condition, composée de membres de la Chambre de commerce, et présidée par le président de cette Chambre, se réunit à la Condition pour apurer le compte trimestriel.

Les registres de conditionnement ont été préalablement contrôlés par un membre de la Chambre de commerce, pour assurer l'exactitude de la recette. Les dépenses ne sont approuvées que sur le vu de mémoires dûment quittancés.

Chaque compte trimestriel est ensuite adressé, en copie, à la Chambre de commerce qui, dans sa réunion la plus prochaine, approuve le *quitus* partiel donné au directeur comptable par la commission spéciale.

A la fin de chaque exercice, un compte général, qui n'est que l'ensemble des quatre comptes trimestriels, est remis à la Chambre; il est adressé, par elle, au Gouvernement, avec toutes les pièces justificatives des dépenses. Ce compte, approuvé, constitue le *quitus* définitif du directeur, pour l'exercice auquel il se rapporte.

XXIV

PRODUITS DE LA CONDITION

Deux éléments concourent à former la recette : le poids et la taxe. L'un est connu déjà, le second sera fourni par le relevé chronologique des tarifs. Un relevé détaillé des recettes encaissées par la Condition, serait sans grand intérêt, car, par le fait de la variation des taxes, les recettes ne correspondent pas toujours au mouvement de l'établissement. De plus, sous l'empire du même tarif, on remarque des anomalies entre le produit et le poids des soies entrées à la Condition. Sous le régime du conditionnement à l'italienne, en vigueur jusqu'en 1842, beaucoup de soies étaient soumises à l'épreuve du repassage, et donnaient lieu à la perception d'un double droit, alors que les statistiques ne mentionnaient que leur poids simple.

Depuis le développement considérable pris par les opérations de pesage, le même fait se produit : il arrive parfois qu'à un poids plus fort correspond une recette moindre, et inversement.

Le total des recettes encaissées par la Condition, de 1805 à la fin de 1877, a été de 14,250,867 fr. 41 c.

XXV

TARIFS

Le décret organique de la Condition des soies, en date du 23 germinal, an XIII, avait fixé, à l'article 12, le prix du conditionnement à cinq centimes par kilogramme, et à 1 fr. 25 c. pour toute partie de soie au-dessous de vingt-cinq kilogrammes.

Pour un second conditionnement de vingt-quatre heures, le droit était doublé.

Pour dénouer les masses de trames, il était perçu cinq centimes par kilogramme, chaque fois que l'acheteur exigeait cette manipulation.

La seconde épreuve de conditionnement était obligatoire, lorsque la soie avait perdu 3 pour cent.

Le 4 fructidor, an XIII, la Chambre de commerce exposait au gouvernement que, ce tarif étant insuffisant, il y avait urgence à le porter à huit centimes.

Une décision ministérielle du 14 brumaire, an XIII, autorisa cette élévation de taxe. Un second conditionnement de 48 heures devint obligatoire, à partir de cette époque, pour les soies ayant perdu 4 1/2 pour cent à la première épreuve.

Le décret impérial, du 17 avril 1806, confirma la décision ci-dessus, en approuvant cette augmentation du tarif.

En novembre 1808, à raison des charges qui pesaient sur elle, ainsi que pour mettre ses tarifs en harmonie avec le système décimal, la Chambre de commerce demandait que la taxe du conditionnement fût portée de huit à dix centimes par kilogramme, et que toute partie inférieure à douze kilogrammes acquittât un droit uniforme de un franc.

Un décret du 2 février 1809, donna à cette requête une satisfaction partielle : le tarif général fut élevé à dix centimes : il ne fut rien innové quant aux petites parties présentées au conditionnement.

En 1813, à la suite d'accidents, survenus dans la construction des bâtiments, qui nécessitèrent l'émission d'un troisième emprunt, la Chambre de commerce demanda une augmentation de taxe de un centime par kilogramme.

Le décret du 5 août 1813, autorisant le troisième emprunt d'une valeur de 78,000 francs, approuva aussi la perception proposée (art. 6) de onze centimes.

Un arrêté préfectoral, conforme aux vues de la Chambre, régla la perception de ce droit de onze centimes : 1, 2,

3 et 4 centimes n'étant pas payés, 5, 6, 7, 8 et 9 payant comme 10 centimes, pour la facilité des appoints.

Le même arrêté fixa, pour les parties au-dessous de vingt-cinq kilogrammes, une taxe uniforme de 1 fr. 30 c.

En 1818, la faiblesse des recettes de la Condition, ainsi que la difficulté où la Chambre se trouvait de faire face à ses engagements, l'obligèrent à demander, pour une période de *six années*, une augmentation de taxe de deux centimes, par kilogramme, et un tarif unique de 2 fr. 40 c. pour toute partie au-dessous de vingt kilogrammes.

Cette proposition ne fut pas admise sans résistance, ce ne fut que le 17 mars 1819 qu'intervint une ordonnance royale, portant le tarif à douze centimes seulement. A partir de cette époque, les dépenses de la Chambre de commerce, qui avaient été, jusque-là, supportées par la Condition des soies, ne furent plus à la charge de cet établissement, elles furent soldées à l'aide d'allocations spéciales, autorisées par l'article 90 de la loi du 15 mai 1818.

En 1820, la Chambre de commerce, ayant reconnu l'opportunité d'assurer le bâtiment de la Condition, ainsi que les marchandises qui y étaient déposées, demanda au Gouvernement l'autorisation de percevoir un droit fixe de dix centimes par balle de soie, pour couvrir ce supplément de frais d'exploitation. Une ordonnance royale, du 30 août 1820, autorisa cette perception.

Une décision du ministre des finances, du 23 avril 1823, ayant assujetti au droit de timbre les bulletins de Condition, la Chambre de commerce laissa ce droit à la charge des négociants. Le droit étant alors de 45 centimes, il fut perçu seulement 40 centimes par épreuve de conditionnement, la différence de cinq centimes fut laissée à la charge de l'établissement.

En 1826, la période de six années, pour laquelle le tarif de douze centimes avait été autorisé, étant expirée depuis près d'un an, et l'accroissement des recettes de la Condition ne laissant aucun doute sur la possibilité de faire face aux engagements contractés, le tarif fut réduit à dix centimes, et à deux francs pour les parties au-dessous de vingt kilogrammes.

En 1827, la situation continuant à s'améliorer, le droit de dix centimes, perçu sur chaque balle, pour couvrir les frais d'assurance contre l'incendie, cessa d'être à la charge du commerce, et rentra dans l'ensemble des frais généraux d'exploitation.

Le 26 juillet 1829, parut une ordonnance royale, qui soumettait à un second conditionnement de 24 heures les ballots ayant perdu plus de 2 1/2 pour cent à une première épreuve, le droit double perçu dans ce cas étant supporté, moitié par l'acheteur, moitié par le vendeur.

A la fin de 1829, la libération des emprunts se trouvant assurée par les ressources de la Condition, le tarif fut abaissé à huit centimes pour les organsins, à douze centimes pour les trames; celles-ci furent exemptées du double droit pour les secondes épreuves de conditionnement. (Arrêté de la Chambre du 24 décembre 1829, approuvé le 12 janvier 1830).

En 1842, à l'adoption du système Talabot, la variété des taxes n'avait plus de raison d'être, les épreuves, auxquelles la soie était soumise, restant identiques, quelle qu'en fût la nature. Aussi vit-on paraître, à cette époque, le premier tarif uniforme de dix centimes par kilogramme. Le droit pour les parties au-dessous de vingt kilogrammes fut fixé à deux francs.

En 1843, l'état prospère de la Condition permit d'abolir le droit de timbre, supporté jusque-là par le commerce. Ce droit, quelques variations qu'il ait subies depuis cette époque, est toujours resté à la charge de l'établissement.

En 1845, l'augmentation des recettes permit un nouvel abaissement du tarif, qui tomba de dix à huit centimes. Les parties au-dessous de 20 kilogrammes n'acquittèrent plus que le droit réduit de 1 fr. 50.

Ce dernier tarif a subsisté jusqu'en 1850, époque de la création de la Société de secours mutuels des ouvriers en soie. Pour faire face aux engagements pris envers cette société, le tarif fut surélevé de six centimes par kilogramme, les parties au-dessous de vingt kilogrammes acquittèrent le droit nouveau de 2 fr. 60. Ces dispositions, en vigueur encore à l'heure présente, furent sanctionnées par un décret du Président de la République, en date du 10 août 1850.

XXVI

DESTINATION DES PRODUITS

Le décret organique du 23 germinal, an XIII, avait réglé, à l'art. 22, l'emploi des produits de la Condition. Ils devaient, avant tout, servir à payer les frais d'exploitation et l'indemnité de 9,000 francs accordée à chacun des quatre entrepreneurs de Conditions dépossédés, cette indemnité étant, aux termes de l'article 17, payable par sixième, en six ans, soit à raison de 6,000 francs par an. L'excédant (art. 22) était affecté aux dépenses de la Chambre de commerce, jusqu'au prorata de la somme allouée pour cet objet.

Le budget de la Condition était établi, en l'an XIII, comme il suit ;

RECETTE		DÉPENSE	
Produits de la Condition.	30,000 fr.	Personnel.	10,800 fr.
		Loyer.	3,000
		Chauffage.	3,200
		Éclairage.	1,000
		Indemnité.	6,000
	30,000 fr.	ENSEMBLE.	24,000 fr.

A cette époque, des prétentions se produisirent sur l'emploi à donner aux excédants à prévoir. Le Conseil d'État confirma, en 1813, les dispositions du décret organique du 23 germinal, an XIII, et le décret impérial du 5 août 1813, relatif au troisième emprunt, régla, à l'article 7, que jamais il ne pourra être distrait une partie quelconque des produits de la Condition, pour subvenir aux dépenses municipales.

En 1828, voyant l'heure où toutes ses dettes seraient amorties, la Chambre prenait, dans sa séance du 23 mai, une délibération fixant d'une manière invariable, pour l'avenir, l'emploi des produits de la Condition. Ces produits devaient être affectés *aux perfectionnements, aux progrès, à l'extension de toutes les branches de la fabrique de soieries, à l'amélioration du sort des ouvriers et à tout ce qui peut contribuer à maintenir la fabrique dans la supériorité qu'elle possède.*

Ce programme a, depuis cette époque, toujours été fidèlement suivi.

XXVII

INDEMNITÉS

Le premier soin de la Condition publique fut de faire face aux engagements contractés en son nom. Le décret organique avait fixé l'indemnité de chaque entrepreneur dépossédé, à la somme de 9,000 francs, payable par sixième, en six ans.

Ces entrepreneurs étaient au nombre de quatre : MM. Rast-Maupas, Charay, Donzel, Mallet.

Le 1er avril 1806, chacun d'eux reçut le premier terme auquel il avait droit, la seconde et la troisième portion furent payées au mois de mars des années 1807 et 1808, les quatrième et cinquième termes en mai des années 1809 et 1810, le solde en mai 1811.

La Chambre de commerce, ayant liquidé les indemnités allouées aux industriels dépossédés, pouvait se croire à l'abri de toutes réclamations ultérieures. Il n'en fut rien ; M. Rast-Maupas, ne s'estimant pas suffisamment indemnisé par les sommes qu'il avait reçues, s'adressait en 1819 à la Chambre des députés, pour obtenir une nouvelle indemnité sur les produits de la Condition publique. Sa réclamation était basée sur cette double considération : qu'il avait été le fondateur du conditionnement de la soie en France et à Lyon ; que le Gouvernement lui avait accordé, en 1800, un brevet d'invention créant, en sa faveur, un privilége dont il se donnait comme indûment dépouillé par le décret du 5 avril 1805.

En parlant des Conditions privées, nous avons vu que ce brevet avait été sans valeur entre les mains du titulaire, puisqu'après la Révolution il existait, à Lyon, trois autres Conditions privées. Ce brevet ne l'avait pas mieux servi dans ses protestations contre la Condition publique, au moment de sa création. Il n'en pouvait être autrement ; car il était, comme nous l'avons dit, nul et de nul effet, et avait été jugé tel par les tribunaux, à la suite de contestations entre M. Rast et ses concurrents.

Si M. Rast-Maupas n'était point un véritable inventeur, on ne pouvait du moins lui contester le mérite d'avoir, le premier, importé à Lyon le conditionnement de la soie, d'après la méthode italienne. Sa vie, toute d'honneur et de travail, avait été signalée par de nombreux services rendus à l'industrie. Aussi, en réponse à la pétition qu'il avait adressée à la Chambre des députés, la Chambre de commerce proposa-t-elle de lui allouer une récompense de 25,000 fr., avec cette réserve que la dite somme serait comptée seulement après la libération complète des emprunts contractés pour la construction de la Condition, c'est-à-dire en 1835.

M. Rast-Maupas refusa cette indemnité, qu'il jugeait dérisoire. Les choses en restèrent là jusqu'en 1834, où apparut une nouvelle demande, formulée par ses héritiers; l'indemnité réclamée était de 300,000 francs. La Chambre de commerce se laissa assigner devant les tribunaux; les héritiers Rast s'étant désistés des poursuites qu'ils avaient commencées, il fut décidé en 1835, que la Chambre, s'en référant aux promesses contenues dans sa délibération du 24 septembre 1819, tiendrait à leur disposition, sans y rien vouloir ajouter, l'indemnité de 25,000 fr. après un acte de désistement de toutes prétentions de leur part. Cet acte intervint en 1836, il contenait le désistement absolu, de la part des héritiers Rast, de toute réclamation passée ou future envers l'État, la ville de Lyon et la Chambre de commerce de Lyon.

Suivant l'exemple de M. Rast, M. Charay, un des entrepreneurs dépossédés, avait adressé, en 1820, une pétition pour obtenir une prime semblable à celle que sollicitait son ancien concurrent. Cette pétition resta sans effet, par la double raison que M. Charay avait reçu, sans faire aucune réserve, l'indemnité accordée par le décret du 23 germinal, an XIII; qu'il n'était pas dans le cas de M. Rast-Maupas, que son initiative, dans cette importante question du conditionnement, signalait au légitime intérêt des pouvoirs publics.

Les 36,000 francs alloués aux industriels dépossédés, et la récompense de 25,000 francs accordée aux héritiers Rast-Maupas, portent à 61,000 francs les indemnités payées par la Condition publique, pour l'achat de son monopole.

XXVIII

EMPRUNTS

Le premier emprunt, contracté pour la construction du bâtiment de la Condition des soies et l'achat des terrains, était de 150,000 francs ; il fut autorisé par une loi du 9 septembre 1807 ; il comprenait 75 actions de 2,000 l'une, remboursables en dix ans (de 1812 à 1821) avec primes variant depuis 80 jusqu'à 860 francs et formant le total de 27,130 francs.

Le deuxième emprunt, autorisé par décret impérial du 13 août 1810, était de la même importance. Il comprenait, comme le premier, 75 actions de 2,000 francs, remboursables en six années (de 1822 à 1827) avec primes variant de 300 à 450 francs, s'élevant en totalité à 27,600 francs.

Les ressources ayant été insuffisantes pour assurer le complet achèvement des travaux, un décret impérial rendu à Dresde, le 5 août 1813, autorisa un troisième emprunt de 78,000 francs ; les actions, au nombre de 39, étaient de 2,000 francs. L'emprunt était remboursable en trois ans (de 1828 à 1830) avec primes, allant de 400 à 500 francs, montant ensemble à 17,550 francs.

Sur ces 39 actions, 13 furent émises en 1813, l'émission du complément n'eut lieu qu'en 1814.

En 1816, le déficit qui s'accentuait, chaque jour, dans les recettes de la Condition, rendit nécessaire un quatrième emprunt. Une ordonnance royale, en date du 22 janvier 1817, autorisa l'émission, au fur et à mesure des besoins, pendant une période de quinze années, de 50 actions de 2,000 francs, représentant un capital de 100,000 francs. Sept actions de cet emprunt furent émises, par voie de tirage au sort, en 1817 ; huit en 1818, sept en 1819, trois en 1820 ; ensemble 25 actions. Ce fut le dernier appel fait au crédit pour le compte de la Condition ; à la fin de cette année 1820, les bénéfices de l'établissement lui permettaient de voter le remboursement anticipé de cinq actions.

De ces quatre emprunts, les trois premiers avaient servi exclusivement à l'édification du bâtiment. Le quatrième avait eu pour but de combler un déficit momentané.

En 1858, la Chambre de commerce qui, dès l'année précédente, avait prélevé un demi-million sur les excédants disponibles de la Condition, pour coopérer à l'érection du

Palais du commerce, fut autorisée, en vertu d'un décret du 9 décembre 1854, à contracter un emprunt d'un million pour sa part contributive à l'achèvement de ce Palais. Cet emprunt comprenait 2,000 obligations de 500 fr. portant intérêt à 5 pour cent, et remboursables au pair. 1,600 obligations seulement furent émises, représentant un capital de 800,000 fr. Les intérêts et l'amortissement furent faits avec les produits de la Condition ; le remboursement, commencé en 1862, fut entièrement terminé en 1873.

Un autre emprunt de 600,000 francs, autorisé par une loi du 26 juin 1861, fut contracté près la Caisse des dépôts et consignations. Sur cette somme, 500,000 francs furent versés dans la caisse municipale, pour solder les dépenses restant à la charge de la Chambre de commerce dans la construction du Palais du commerce ; l'excédant fut consacré à l'organisation du Musée d'art et d'industrie.

Cet emprunt fut remboursé à l'aide de centimes additionnels perçus sur les patentés ; si nous en parlons ici, c'est parce que le service de trésorerie en fut fait à la Condition.

XXIX

IMPOTS

Nous ne reviendrons pas sur l'impôt du timbre, qui a néanmoins son importance, puisque, de 1823 à 1877, il a fait entrer dans les caisses de l'État la somme de 574,292 fr. 65 cent.

Nous nous bornerons à l'énumération des divers impôts demandés à la Condition des soies, dans ces dernières années.

En 1845, l'administration des contributions directes fit une première tentative pour faire payer une patente à cet établissement, par application de la nouvelle loi sur les patentes, promulguée en 1844. Le 31 octobre 1845, le Conseil de préfecture du Rhône décidait que la Condition avait été indûment imposée; son arrêté était motivé dans les termes suivants :

« La Condition est publique. Personne ne l'exploite à son profit. Il n'y a que des administrateurs et un directeur à appointements fixes. Cet établissement n'est pas au rang des industries imposables. »

Jusqu'à ces dernières années, il ne fut plus question du droit de patente, jamais l'administration ne songea même à réclamer à la Condition la contribution foncière et des portes et fenêtres.

En 1873, la Condition fut inscrite pour la seconde fois au rôle des patentes. Elle fut moins heureuse devant le Conseil de préfecture, qui, le 7 novembre 1873, rejeta sa demande en décharge. Appel de cette décision fut porté devant le Conseil d'État. Tout ce que l'on put obtenir fut le renvoi devant le Conseil de préfecture, pour être statué, après nouvelle instruction, sur les bases du droit proportionnel. Quant au principe de la patente, il demeurait consacré par la jurisprudence du Conseil d'État (7 août 1875).

L'évaluation de la valeur locative de la Condition fut un travail long et minutieux ; ce fut le 9 février 1877 que le Conseil de préfecture se prononça sur cette question importante. La valeur locative de l'immeuble, devant servir de base au droit proportionnel, fut fixée, pour 1873, aux chiffres suivants :

Bâtiment.	15,823 fr. 20
Outillage.	7,200 »
ENSEMBLE	23,023 fr. 20

Ce chiffre est fort éloigné des prétentions administratives : (M. le contrôleur des contributions, dans son rapport du 24 juillet 1876, estime la valeur locative de l'édifice à

32,800 francs, et celle de l'outillage à 7,200 francs, ensemble 40,000 francs), il diffère très-peu de celui auquel M. Clair Tisseur, architecte de la Condition, expert désigné par la Chambre de commerce, est arrivé dans son rapport.

Pendant que cette première affaire suivait son cours devant les tribunaux administratifs, les années se succédaient, avec elles les demandes d'impositions inconnues jusqu'à cette époque.

A partir de 1874, ce n'est plus seulement de patente qu'il est question : le fisc réclame à la Condition la contribution foncière et des portes et fenêtres, plus celle des biens de main-morte. Mêmes exigences en 1875 et 1876.

Pour chaque nature d'impositions, le Conseil de préfecture du Rhône est saisi de réclamations en temps opportun.

Il ajourne à statuer pour ces trois années, jusqu'à ce qu'il se soit prononcé sur la question, restée en suspens, de la valeur locative de la Condition, dont le Conseil d'État lui a remis la solution.

Enfin le 9 février 1877, en même temps que l'arrêté ci-dessus rapporté, concernant exclusivement la patente pour 1873, il prend trois décisions, réglant pour les années 1874, 1875 et 1876, le total des impôts dûs par la Condition.

Pour ces quatre années, le total des taxes acquittées avait été de 52,575 francs. Les dégrèvements alloués par le Conseil de préfecture ont atteint le chiffre de 28,256 fr.

64 cent. Ces chiffres disent assez combien l'administration s'est montrée rigoureuse avec le nouveau contribuable qu'elle avait ménagé jusque-là.

La Condition se trouve et sera peut-être longtemps encore, grevée d'une charge annuelle d'environ 6,500 fr.

XXX

FRAIS GÉNÉRAUX D'EXPLOITATION

Après les indemnités d'expropriation, les remboursements d'emprunts et les impôts, les frais généraux constituent une dépense importante, que nous allons examiner.

La recette étant variable avec les tarifs, ce n'est point au produit de la Condition qu'il convient de comparer les dépenses de l'exploitation ; c'est au poids de la matière première éprouvée.

L'existence de la Condition peut se diviser en trois phases distinctes, correspondant aux trois modes de conditionnement successivement usités.

Première période, de 1805 à 1841, pendant laquelle le conditionnement à la mode italienne était seul en vigueur.

Deuxième période, de 1842 à 1853, pendant laquelle la Condition a fonctionné avec les appareils Talabot.

Troisième période, de 1854 à ce jour, pendant laquelle le procédé Talabot-Persoz-Rogeat a été seul usité.

Voici quels ont été, pour chacune de ces époques, le travail produit et les dépenses faites pour l'exploitation :

	KILOG. EXPLOITÉS	FRAIS D'EXPLOITATION.	
1re Période.	19,178,839	1,239,183 fr. 48 c.	ou 6 fr. 46 par 100 kil.
2o —	21,177,590	877,165 96	ou 4 fr. 14 par 100 —
3o —	73,784,739	3,047,654 23	ou 4 fr. 13 par 100 —

L'année 1877 n'est pas comprise dans la dernière période, les dépenses de cet exercice n'étant point encore arrêtées.

Si l'on tient compte de l'augmentation du prix de toutes choses pendant la dernière période, de l'aggravation des droits de timbre, des impôts réclamés, depuis 1873, à la Condition, qui en avait été affranchie jusque-là, on arrive à cette conclusion, que le procédé Talabot-Persoz-Rogeat, qui a sur le procédé Talabot l'avantage de la rapidité, offre encore celui d'une économie sensible.

Dans ces frais généraux ne sont compris ni le loyer de l'immeuble, ni celui de l'outillage industriel.

XXXI

DÉPENSES EXTRAORDINAIRES

Une histoire de la Condition serait incomplète, si nous ne passions en revue, sommairement, les dépenses extraordinaires que la Chambre de commerce a pu faire avec les produits de cet établissement, et les grandes œuvres qu'elle a menées à bonne fin.

Sans parler des encouragements accordés à l'industrie, des allocations de bienfaisance, qui se renouvellent pour ainsi dire chaque jour, il y a lieu de mentionner en premier lieu le concours apporté aux Expositions universelles.

En 1845 et 46, une Exposition de soieries étrangères ne coûta pas moins de 40,000 francs; en 1847, une somme de 16,000 francs fut votée pour les frais de l'Exposition chinoise.

En 1851, la première Exposition universelle de Londres donna lieu à une dépense de près de 70,000 francs.

En 1855 l'Exposition de Paris coûta plus de 103,000 francs.

La seconde Exposition anglaise, en 1862, occasionna une dépense de 62,000 francs qui, par le fait d'une allocation de 35,000 francs, votée par le Conseil général du Rhône, se réduisit à 27,000 francs.

L'Exposition de Porto coûta près de 5,000 francs en 1865.

Pour l'Exposition universelle de 1867, il fut dépensé 93,000 francs.

Celle du Havre, en 1868, a coûté 7,000 francs; celle de 1870, à Rome, a coûté 5,000 francs; celle de 1872, à Lyon, 10,000 francs.

L'Exposition universelle de Vienne, en 1873, est revenue à 90,000 francs; la dernière, celle de Philadelphie, à 54,000 francs.

Ces diverses allocations représentent une somme de plus d'un demi-million.

Il est quatre grandes œuvres, notamment, que les produits de la Condition ont permis à la Chambre de commerce de conduire à bien : ce sont : la création de la Société de secours mutuels des ouvriers en soie; l'édification, en participation avec la ville, du Palais du commerce; la fondation du Musée d'art et d'industrie, et le concours important prêté à l'institution de l'École supérieure de commerce.

La Société de secours mutuels et la caisse des retraites des ouvriers en soie ont reçu de la Condition, depuis leur création, la somme de 2,965,970 fr. 29 cent.

La Chambre de commerce a contribué, pour une somme de deux millions, à l'érection du Palais du commerce; les trois quarts de cette somme ont été fournis par la Condition; le dernier quart a été demandé aux contribuables, sous forme d'une imposition additionnelle au principal des patentes.

Il en est de même d'une somme de cent mille francs, consacrée à l'organisation du Musée d'art et d'industrie. Mais la part prise par la Chambre de commerce à la création et au dévelopspement de cette institution, avec les ressources que lui procurait directement le budget de la Condition, n'en reste pas moins très-large; elle était à la fin de 1877 de 338,794 fr. 70. En tenant compte des cent mille francs payés par les patentés, cette institution a coûté, à ce jour, plus de 400,000 francs.

En 1872, la Chambre de commerce a souscrit deux cents actions de l'École de commerce, soit la somme de cent mille francs. Sur ce capital, improductif de revenus jusqu'ici, il a été versé 60,000 francs. En 1877, la Chambre a voté une somme de 50,000 francs, pour la création d'une école de tissage, annexée à l'établissement.

Sans parler des allocations accordées chaque année à cette institution, c'est une somme de cent cinquante mille francs, qui a été consacrée à une création digne d'intérêt entre toutes.

Ces diverses subventions représentent un total de plus de cinq millions.

XXXII

TAUX DE REPRISE DE LA SOIE

Puisque le poids absolu de la soie pouvait être aisément déterminé, grâce aux découvertes de M. Talabot, et aux perfectionnements de ses procédés par MM. Persoz et Rogeat, il semble, aux esprits peu versés en ces questions, que le rôle des Conditions aurait dû se borner à fixer ce poids absolu, lequel eût servi de base légale aux transactions.

La soie n'existe jamais naturellement à l'état anhydre; aussi prétendre asseoir les opérations commerciales sur un poids absolu, toujours impossible à reproduire, eût été leur donner une base essentiellement fictive, dans la plupart des cas, inintelligible. La chose eût été possible encore, si partout où l'on trafique de cette matière précieuse, il eût existé des Conditions. Comme il n'en est pas ainsi, on a été tout naturellement conduit à ajouter au poids absolu un quantum fictif, qui donnât un poids vénal, se rapprochant autant que possible, du poids de la matière, dans son état le plus régulier.

De très-nombreuses expériences, ayant établi que la soie normale renfermait 10 pour cent d'humidité, et cette proportion étant très-sensiblement celle que la soie retenait, en moyenne, au sortir de l'ancienne Condition, l'hésitation n'était pas possible sur le taux de reprise à adopter : 100 parties de soie se réduisant à 90, il fallait, pour revenir au poids de départ, ajouter 10 à ce poids absolu de 90, le taux de reprise résultait de la proportion suivante :

$$90 : 10 :: 100 : X \text{ d'où } X = 11, 11.$$

Pour simplifier les calculs on s'en tint à 11 pour cent. Cette solution avait le double mérite de donner des poids marchands, susceptibles d'un certain contrôle (puisqu'ils peuvent toujours être approximativement reproduits, en exposant la soie à l'air libre dans une salle de température moyenne), en second lieu, de fournir sur le poids vénal des indications qui concordaient assez exactement avec celles résultant des premiers procédés de conditionnement. La transition de l'ancien système au nouveau se trouvait ainsi des plus faciles, elle n'amenait aucune perturbation dans les prix.

Au Congrès de numérotage, réuni à Turin en 1875, cette reprise a été incidemment combattue par les producteurs de soie, comme insuffisante. Il est possible, probable même, que si jamais un Congrès semblable se réunit dans un centre industriel, il formulera une proposition inverse.

Une reprise quelconque est toujours, de sa nature, chose un peu fictive et conventionnelle, elle vaut surtout par l'acceptation qui en est consentie par les intéressés ; celle de 11 pour cent, adoptée en 1841, ayant pour elle la sanction de la logique, offrait en même temps l'avantage inappréciable de n'apporter aucun trouble dans les usages du commerce. La modifier, aujourd'hui qu'elle est universellement admise, serait vouloir amener le bouleversement dans les cours de la soie : toute innovation aurait pour conséquence immédiate et fatale un mouvement dans les prix qui ramènerait les choses au point où elles étaient antérieurement.

Pour le cas où ce projet de réforme viendrait à faire l'objet d'un nouvel examen, il nous a paru utile de mettre, en regard de la perte en Condition, la proportion d'humidité correspondante.

RAPPORT ENTRE LA PERTE CENTÉSIMALE
EN CONDITION
ET LA PROPORTION CENTÉSIMALE D'HUMIDITÉ
CONTENUE DANS LA SOIE

En appelant X la proportion pour cent d'eau contenue dans la soie, le poids net 100 donne un poids absolu de $100 - X$ et un poids conditionné de $100 - X + \frac{11}{100}(100 - X)$; la perte en Condition Z est fournie par la formule $Z = \frac{111}{100}X - 11$.

De cette formule, dérive le tableau ci-dessous :

PROPORTION P. 0/0 D'HUMIDITÉ VALEUR DE X	PERTE P. 0/0 EN CONDITION VALEUR DE Z	PROPORTION P. 0/0 D'HUMIDITÉ VALEUR DE X	PERTE P. 0/0 EN CONDITION VALEUR DE Z
8,00	—2,12	13,00	3,43
8,25	—1,8425	13,25	3,7075
8,50	—1,565	13,50	3,985
8,75	—1,2875	13,75	4,2625
9,00	—1,01	14,00	4,54
9,25	—0,7325	14,25	4,8175
9,50	—0,455	14,50	5,095
9,75	—0,1775	14,75	5,3725
10,00	+0,1	15,00	5,65
10,25	0,3775	15,25	5,9275
10,50	0,655	15,50	6,205
10,75	0,9325	15,75	6,4825
11,00	1,21	16,00	6,76
11,25	1,4875	16,25	7,0375
11,50	1,765	16,50	7,315
11,75	2,0425	16,75	7,5925
12,00	2,32	17,00	7,87
12,25	2,5975	17,25	8,1475
12,50	2,875	17,50	8,425
12,75	3,1525	17,75	8,7025

XXXIII

DE LA CONCORDANCE DES CONDITIONS

Une des questions qui préoccupent le plus justement le commerce, est la concordance entre les résultats des diverses Conditions. Espérer une harmonie parfaite entre ces établissements, serait chimérique, la même Condition ne paraissant pas toujours d'accord avec elle-même.

Le principe du conditionnement n'étant pas absolu, l'application de ce principe ne saurait donner des résultats mathématiquement exacts. Les règlements de 1841, sur le service intérieur, considèrent comme satisfaisants les résultats du conditionnement, quand les deux épreuves qui le constituent ne diffèrent pas de plus d'un demi pour cent; ce qui conduit, en définitive, à une approximation d'un quart pour cent, puisque c'est de la moyenne de ces deux épreuves que ressort le résultat final.

Dans la pratique de la Condition de Lyon, on ne se contente plus actuellement de cette approximation; quand les deux épreuves réglementaires diffèrent de plus de 0-35 pour cent, ce qui donne une précision de 0,17 pour cent, on procède à une troisième expérience.

Telle est la précision que les procédés en usage à Lyon, permettent d'atteindre pour les conditionnements successifs dont une même balle peut être l'objet; tel devrait être aussi le degré de concordance des diverses Conditions.

Mais les diverses Conditions, surtout celles de l'étranger, sont soumises aux régimes les plus divers; le poids des lots destinés aux épreuves est souvent réduit à un minimum plus qu'insuffisant; en outre la température, à laquelle se font les expériences, est loin d'être partout uniforme; il en résulte parfois des divergences qui excèdent de beaucoup la limite de tolérance qu'implique le principe du conditionnement.

Le manque d'uniformité dans le prélèvement des lots à éprouver est, à notre sens, une des causes principales de ces variations. Outre que les échantillons doivent toujours être prélevés, avec soin, sur toutes les parties du ballot dont ils sont la représentation au point de vue hygrométrique, il importe que le poids de ces échantillons soit le plus élevé possible; la tendance des Conditions devrait être non pas à le réduire, mais à l'augmenter. Il n'en est rien malheureusement, les Conditions privées, obligées de compter avec les intérêts de leurs actionnaires, opèrent souvent sur des lots de 300 à 350 grammes, qui, abrégeant la durée des opérations, procurent une économie de combustible.

Un autre facteur important du conditionnement est la température du courant dessiccateur. Si l'humidité que la soie absorbe, en vertu de son pouvoir hygrométrique était à l'état libre, il suffirait, pour l'éliminer, d'arriver à 100 degrés, point d'ébullition de l'eau sous la pression normale de 760 millimètres. Mais la soie retient l'eau avec une telle énergie, que cette température doit être sensiblement dépassée. Avec le système à vapeur, on opérait à 108 degrés centigrades ; les expériences duraient trois et quatre heures. Avec les appareils Talabot-Persoz-Rogeat, la température dans l'intérieur des étuves est de 125 à 130 degrés centigrades, la durée d'une épreuve n'excède pas 45 minutes. Ce n'est pas tout que la température du courant dessiccateur soit uniforme, encore faut-il que la vitesse de ce courant le soit également. On conçoit, en effet, qu'à température égale, l'action qu'il exercera sera proportionnelle à la vitesse ; qu'à vitesse égale, l'action croîtra avec la température. Il est difficile, pour ne pas dire impossible, de régler le courant d'air chaud, de telle sorte que sa vitesse soit uniforme ; on y supplée, en prenant le temps pour auxiliaire, on augmente ou diminue la durée de la dessiccation, ce qui revient, en d'autres termes, à faire agir sur la soie la même somme d'unités de chaleur.

Si l'on se conforme à cette règle, on trouve que, dans le même établissement, le poids absolu d'un lot de soie reste identique, aux variations près qui sont inséparables de l'habileté des opérateurs et du degré de précision des balances.

Ces écarts, de minime importance, prennent un caractère plus accentué, quand le même échantillon est successivement éprouvé dans diverses Conditions. Cela tient à l'inégalité de température à laquelle se font les expériences de conditionnement. On peut évidemment conditionner la soie tout aussi exactement à 115 qu'à 130 degrés, puisqu'on la conditionnait jadis à 108 degrés ; mais alors les expériences ne duraient pas moins de trois heures et demie ; à la température de 115 degrés, la matière devrait séjourner au moins deux heures dans les appareils, pour arriver à la siccité parfaite. Lors d'expériences comparatives, faites en 1863, à la demande de la Chambre de commerce de Saint-Étienne, la Condition d'Avignon mettait, dans certains cas, trois heures pour arriver à l'absolu, même à la température de 130 degrés ; cela parce que le tirage de la cheminée d'appel était insuffisant.

La vitesse du courant d'air chaud n'étant pas susceptible d'une évaluation précise, comme la température obtenue dans les étuves, on sera toujours sûr de remédier à l'inconvénient que présenterait un courant trop faible, en forçant la chaleur, en ayant soin d'attendre que la balance, par son immobilité, constatée à plusieurs reprises, annonce que la dessiccation est bien arrivée à son point extrême.

M. Löse, le savant directeur de la Condition de Crefeld,

estime que ces températures élevées peuvent agir sur certains principes constituants de la soie. A l'appui de cette opinion, il fait l'expérience suivante : Il relève les poids absolus d'un échantillon à 110 degrés d'abord, puis à 130 ; cet échantillon ayant été exposé à l'air libre, il le conditionne de nouveau à 110 degrés. Ne revenant pas au poids absolu qu'il avait primitivement constaté à cette température de 110 degrés, il en conclut que la seconde expérience, faite à 130 degrés, altérant le fil, lui a enlevé soit de l'eau de combinaison, soit un autre principe constituant. M. Löse nous permettra de lui objecter, avec toute la déférence due à son autorité, que l'on pourrait aussi conclure de ce fait, que la première expérience, faite à 110 degrés, n'ayant pas dépouillé la soie de toute l'humidité qu'elle contenait, les dernières traces en ont été éliminées à la température de 130 degrés, que dès lors il n'est pas surprenant que la nouvelle épreuve, faite à 110 degrés, ne donne pas un résultat identique à la première.

Les nombreux essais qui ont précédé l'adoption du système Talabot, ont établi surabondamment que la soie n'éprouvait aucune altération d'une température élevée, que le poids absolu constituait une base de conditionnement d'une valeur scientifique incontestable. La difficulté d'arriver à l'exacte détermination de ce poids absolu est la vraie cause des divergences dont nous parlons. Sans les supprimer entièrement, l'adoption d'une température uniforme, suffisamment élevée, aurait l'avantage d'en atténuer l'importance.

Pour ceux qui ne considèrent dans le poids absolu qu'un poids relatif, c'est-à-dire un poids dépendant des circonstances particulières dans lesquelles il est obtenu, il y aurait identité, au point de vue thermique, entre les milieux où s'effectuent les pesées ; ce serait une chance de plus pour assurer l'identité des résultats.

II

PESAGE DE LA SOIE

I

HISTORIQUE

Le décret organique du 23 germinal an XIII ne contient aucune disposition relative au pesage simple de la soie ; néanmoins, cette opération paraît avoir, de tout temps, fait partie des attributions de la Condition. Le seul document officiel ayant trait à ce sujet, est une délibération de la Chambre de commerce, de 1824, que le lecteur trouvera dans la série des documents officiels annexés à ce travail. Antérieurement à 1831, le pesage s'effectuait à raison de 0,50 cent. par balle au-dessous de 50 kilog.

et de 1 franc quand ce poids était dépassé. A cette époque, la Condition de Saint-Étienne demanda et obtint l'autorisation de procéder au pesage simple de la soie, avec le tarif en vigueur à Lyon.

Jusqu'à 1855 inclusivement, le commerce eut rarement recours au pesage ; le produit annuel des opérations de ce genre, venant s'ajouter aux recettes de la Condition, varia de 25 à 48 francs. En 1856, 291 ballots furent présentés au pesage, ils produisirent 170 francs ; en 1857, le nombre en fut de 1219; la recette s'éleva à 780 francs ; en 1858 cette recette atteignit 2,966 francs.

Cette augmentation a été due aux arrivages, toujours croissants, des soies de Chine et du Bengale sur le marché de Lyon.

Ces soies, donnant lieu à beaucoup d'opérations de spéculation, reparaissaient plusieurs fois à la Condition. Pour éviter des frais trop considérables, on se bornait à faire conditionner quelques balles, prises au hasard sur le lot objet d'une transaction ; les intéressés reportaient eux-mêmes, par le calcul, le résultat de ce conditionnement partiel sur le reste du lot, dont la Condition se bornait à leur indiquer le poids authentique.

Dans le courant de 1858, les importeurs de soies asiatiques réclamèrent contre le tarif unique adopté pour cette opération. Les balles d'organsins de Chine, qui arrivaient alors en très-grande quantité, pesaient toutes assez régulièrement de 52 à 54 kilog. ; elles devaient acquitter la même taxe que si elles avaient pesé 100 kilog. Il était anormal que pour quelques kilogrammes, excédant le poids minimum, elles fussent frappées d'une surtaxe qui doublât le droit. Une anomalie semblable se remarquait pour d'autres qualités de soie, dont le poids variait entre 50 et 100 kilogrammes.

Il était plus logique d'avoir un tarif gradué, de façon que la taxe perçue fût, comme pour le conditionnement, proportionnelle à l'importance du service rendu.

La Chambre de commerce décida, dans sa séance, du 16 décembre 1858, que le tarif serait, à partir du 1er janvier 1859, de 50 centimes au-dessous de 50 kilog. avec une surtaxe de 10 centimes par chaque dizaine de kilog. en sus. Au-dessus de 100 kilog. la taxe fut uniformément fixée à 1 fr. 10 cent.

Le pesage simple de la soie a eu pour résultat de faire baisser, dans une proportion notable, le rendement moyen du kilogramme exploité. On aurait tort de croire qu'on pourrait, en le supprimant, faire refluer au conditionnement les balles qui ne sont aujourd'hui que simplement pesées. Acheteurs et vendeurs se borneraient à en reconnaître le poids à l'amiable, le nombre des opérations de conditionnement ne s'en trouverait pas sensiblement augmenté.

Le pesage répond du reste si bien aux exigences commerciales, qu'il a été successivement adopté dans toutes les Conditions de France et de l'Étranger.

II

ORGANISATION DU SERVICE

Le service du pesage est fait par le personnel de la Condition.

Le poids de chaque balle est reconnu avec la même précision, les mêmes instruments que celui des balles présentées au conditionnement. Il en est de même pour la tare, lorsqu'elle est demandée. Après quoi, la balle est pesée de nouveau, à la sortie, sur une bascule ; ce poids doit être la confirmation du poids d'entrée (à la différence près du degré de précision que comportent les appareils de pesage). Ainsi se trouvent prévenues toutes les erreurs qui seraient le fait de la négligence des employés ou d'instruments défectueux. Deux bulletins accompagnent la balle ; l'un est destiné à l'acheteur, l'autre au vendeur.

Les produits du pesage viennent s'ajouter aux recettes de la Condition ; ils figurent dans les comptes trimestriels que le Directeur soumet à la Chambre de commerce.

Le service étant assuré avec le personnel et le matériel

de la Condition, les dépenses relatives au pesage se trouvent confondues dans l'ensemble des frais généraux d'exploitation.

Il n'y a pas de comptabilité distincte pour le pesage.

On peut affirmer que, si cette institution était complétement indépendante de la Condition, elle arriverait à peine à se suffire. Si elle n'exige pas un très-nombreux personnel, le service n'en peut être assuré qu'avec de vastes locaux. Dans ces dernières années, le mouvement du pesage s'est élevé au tiers du mouvement total de la Condition. Ce n'est pas exagérer que de distraire de la valeur locative totale de 16,000 francs, un quart, soit 4,000 francs, pour l'ensemble des locaux qu'exige la manipulation des balles à peser. Pour assurer le pesage de 1,200,000 kilog. produisant environ 12,000 francs, le personnel suivant est nécessaire :

```
1 Chef de bureau. . . . . . . . . 1,800 fr.
1 Commis. . . . . . . . . . . . 1,500
4 Hommes de peine. . . . . . . . 4,800
                                  ─────
            ENSEMBLE. . . . 8,100 fr.
```

Ces frais, venant s'ajouter à ceux du loyer, conduisent à une dépense totale de 12,000 francs, sensiblement égale à la recette; encore n'a-t-il pas été tenu compte des frais de chauffage, d'éclairage, d'impression des bulletins, etc. Le tarif actuel est la dernière expression du bon marché ; il ne saurait être abaissé sans de graves inconvénients.

III

MOUVEMENT DU BUREAU DE PESAGE

ANNÉES	MOUVEMENT TOTAL DE LA CONDITION	MOUVEMENT DU PESAGE	PROPORTION P. 0/0
	kilog.	kilog.	
1859	2,900,967	287,607	9,91
1860	2,897,454	308,617	10,65
1861	2,600,087	309,275	11,89
1862	3,623,400	574,326	15,85
1863	3,342,035	518,159	15,50
1864	3,508,632	528,477	15,06
1865	2,923,953	616,327	21,07
1866	2,605,625	393,370	15,09
1867	2,795,134	491,719	17,59
1868	3,222,807	761,360	23,62
1869	3,324,862	794,737	23,90
1870	2,364,221	539,076	22,80
1871	3,096,182	576,661	18,62
1872	3,388,862	717,800	21,18
1873	3,161,828	727,958	29,34
1874	4,016,470	1,064,387	26,50
1875	4,601,813	1,289,340	28,01
1876	5,820,872	1,829,811	31,43
1877	3,399,761	1,306,610	38,43
	63,594,965	13,635,617	21,44

Nous nous sommes bornés à donner le tableau d'ensemble des opérations de pesage ; il eût été sans intérêt d'en exposer le détail. Les soies présentées au pesage se réduisent presque exclusivement aux soies gréges, qui représentent les huit dixièmes du mouvement général ; parmi celles-ci figurent, à peu près uniquement, les provenances de l'extrême Orient.

Ce que la statistique du pesage met surtout en évidence, c'est la diminution graduelle de rendement du kilogramme exploité. Étant donnés les tarifs de 14 centimes au conditionnement et de 1 centime au pesage, les seuls en vigueur depuis 1859, on trouve que le kilogramme exploité a produit en moyenne :

En 1859.	12 c., 71
1873.	10 c., 18
1874.	10 c., 55
1875.	10 c., 35
1876.	9 c., 91
1877.	9 c., 00

En considérant l'ensemble des cinq dernières années, on reconnaît que les pesages représentent 30,47 pour cent du mouvement total de la Condition, ce qui, pour cette période, a réduit le rendement moyen du kilogramme exploité à 10 fr. 03 cent.

Ces chiffres sont bons à mettre en relief, comme réponse aux attaques dirigées journellement contre le tarif de la

Condition, lequel est, dans son ensemble, beaucoup moins élevé qu'on serait tenté de le croire.

Si jamais un remaniement des tarifs venait à l'étude, ce fait devrait être pris en sérieuse considération. Avec la tendance de plus en plus marquée de la place de Lyon à devenir l'entrepôt central des soies d'Asie, le développement des opérations de pesage ne peut aller qu'en croissant. Un abaissement des taxes qui ne tiendrait pas compte de cette éventualité, pourrait, avec le temps, réagir d'une manière fâcheuse sur la situation financière de l'établissement.

III

DÉCREUSAGE DE LA SOIE

I

HISTORIQUE

La soie, telle que le ver la sécrète, est un corps complexe. La fibre soyeuse est recouverte d'une enveloppe dont la composition chimique est analogue à celle de l'osséine ; cette enveloppe imperméable constitue le grès de la soie. La nature, en mère prévoyante, a voulu qu'il en fût ainsi, pour que la chenille qui vivait à l'origine à l'air libre, se trouvât, grâce à cette cuirasse protectrice, à l'abri des intempéries atmosphériques, dans le cocon où s'opèrent ses dernières transformations.

La première analyse qualitative de la soie remonte au commencement de ce siècle : elle est due à Roard, directeur des Gobelins. Ce savant opérait comme il suit : il traitait la soie par l'eau bouillante, et analysait le résidu de l'opération. Il fut ainsi conduit à trouver dans la soie, une substance azotée, soluble dans l'eau froide, une matière soluble dans l'alcool bouillant, et en outre, dans les soies jaunes, un principe colorant, soluble dans l'alcool à froid. Il est probable que les deux premières substances ne sont qu'un seul et même corps, modifié par l'ébullition prolongée, qui suffit à altérer profondément les matières animales.

Mulder de Rotterdam a fait, en 1836, une analyse de la soie qui fait encore autorité à l'époque où nous sommes.

Son procédé consiste à traiter la soie par l'acide acétique concentré et bouillant ; il arrive à un résidu insoluble : la fibroine, qui est blanche, sans ténacité, sans éclat.

Les eaux de lavage étant évaporées, on sépare par l'alcool et l'éther les matières grasses et cireuses ; il reste la gélatine soluble dans l'eau bouillante, ainsi que l'albumine, insoluble.

Mulder est arrivé, de cette façon, à fixer la composition chimique de la soie comme il suit :

	SOIE JAUNE	SOIE BLANCHE
Fibroine.	53,37	54,04
Gélatine soluble dans l'eau.	20,66	19,08
Albumine.	24,43	25,47
Cire, résine, graisse.	1,49	1,41
Principe colorant.	0,05	0,00
	100,00	100,00

Mulder a de plus analysé la fibroïne, la gélatine, l'albumine de la soie, il est arrivé aux résultats suivants :

	FIBROÏNE	GÉLATINE	ALBUMINE
Carbone.	49,49	49,18	54,00
Hydrogène.	6,36	6,51	7,27
Azote.	19,19	17,60	15,46
Oxygène.	24,96	26,71	23,27
	100,00	100,00	100,00

Si bien qu'aient pu être faites ces analyses, elles laissent évidemment à désirer ; elles passent sous silence la présence dans la soie de substances minérales qui s'y trouvent contenues.

En incinérant la soie, on obtient un résidu moyen de 0,80 pour cent ; l'analyse spectrale de ce résidu décèle la présence du fer et de la chaux ; la proportion des cendres diffère peu de celle indiquée par le dictionnaire de chimie de Wurtz : d'après lui, les matières minérales, contenues dans la soie brute, s'élèvent à la dose de 0,64 pour cent, elles renferment :

Chaux.	0,52
Alumine et oxyde de fer.	0,12

L'exactitude des résultats obtenus par Mulder a été contestée par M. Paul Francezon, filateur à Alais, dans une étude chimique sur le cocon et ses dérivés, parue en 1875

(Imprimerie du *Moniteur des Soies* de Lyon). Suivant lui, il n'y aurait dans la soie ni gélatine ni albumine ; la proportion de fibroïne ne serait pas celle indiquée.

La soie étant le produit du dévidage du cocon dans l'eau à 80 degrés, la gélatine, si elle existait sur le cocon, ne pourrait se retrouver sur le fil dévidé : à raison de sa solubilité, elle serait restée dans les bassines. Quant à l'albumine, qui se coagule vers 75 degrés, elle ne pourrait se présenter que dans sa modification insoluble sur le fil provenant de cocons étouffés à une température supérieure.

En faisant d'ailleurs digérer dans l'eau distillée, à 25 degrés, des cocons frais, on ne trouve aucune trace de gélatine ni d'albumine.

Pour ce qui est de la proportion de fibroïne constatée dans la soie par Mulder, M. Francezon reproche à ce savant d'avoir donné des résultats tout aussi inexacts ; d'après lui, le grès de la soie ne dépasse pas en poids 27 pour cent.

Son procédé d'analyse consiste à traiter la soie par le savon bouillant, puis par l'acide acétique, pour enlever la partie de grès que le savon aurait été impuissant à éliminer : le produit obtenu par cette méthode est la fibroïne pure des chimistes.

D'après Staedeler et Cramer, il n'y a dans les glandes du ver à soie qu'une substance unique, la fibroïne molle, qui se transforme en séricine sous l'influence de l'air, par oxydation et hydratation. La fibroïne répond à la formule $C^{15} H^{23} Az^5 O^6$; l'enduit gommeux ou séricine a pour formule $C^{15}\ H^{25}\ Az^5\ O^8$, il dérive de la fibroïne en vertu de l'équation suivante :

$$C^{15}\ H^{23}\ Az^5\ O^6 + O + H^2\ O = C^{15}\ H^{25}\ Az^5\ O^8.$$

Quelle que soit la composition chimique du grès, la première opération de l'industrie est d'éliminer cette matière pour obtenir la soie éclatante, ayant le toucher si connu de tous, que l'on appelle la soie cuite.

Le décreusage ou cuite par lequel on dépouille la soie du grès qu'elle contient, n'est pas toujours poussé à fond : traitée d'une façon particulière, la matière ne perd qu'une partie de son grès ; à cet état, elle constitue le souple, employé sur une si large échelle. Les procédés d'assouplissage, contenus, en germe, dans les remarquables travaux de l'abbé Collomb, ont été notablement améliorés, vers 1820, par un nommé Pons ; en souvenir des services rendus à l'industrie par cet inventeur, la Chambre de commerce servait, il y a deux ans encore, une pension à sa veuve.

Que la soie doive être employée en cuit ou en souple, on conçoit quel intérêt présente le décreusage à l'industriel qui la transforme en tissu. En le fixant sur le déchet qui se produira à la teinture, il lui permet d'établir exactement ses prix de revient.

On surcharge souvent la soie pour en faciliter l'ouvraison ; le décreusage, en faisant justice des matières étrangères, comme le conditionnement fait justice de l'excès d'humidité, complète l'ensemble des garanties que la Condition offre au commerce.

Cette opération importante a de tout temps préoccupé les esprits.

La première trace que l'on retrouve de ces préoccupations remonte à l'année 1761, bien avant la fondation de la Condition : les sieurs Speisser, Suisse, et Jourdan, Français, proposent un nouveau procédé pour le décreusage des soies à l'eau froide, sans savon. Cette innovation fait l'objet d'un rapport : il conclut en faveur de l'ancienne méthode; le nouveau procédé altère le nerf de la soie, il est difficile de tisser avec des fils ainsi préparés, l'étoffe obtenue est d'ailleurs beaucoup moins belle.

En mars 1809, M. Raymond, professeur de chimie au conservatoire, publie un travail sur la teinture; on voit, à cette occasion, surgir pour la première fois l'idée d'un décreusage public.

En 1825, M. le Dr Ozanam demande l'autorisation d'essayer, à la Condition, un nouveau procédé pour le décreusage des soies et l'assouplissage des tramès.

Ces expériences donnent lieu à un rapport reconnaissant la possibilité d'organiser un décreusage public susceptible de rendre au commerce de grands services.

Le Dr Ozanam ayant sollicité, en avril 1829, l'autorisation d'installer dans le local de la Condition un établissement de ce genre d'après ses méthodes, sa demande fut rejetée, son procédé n'étant jugé, après de nombreux essais, ni efficace ni praticable.

Dans l'intervalle, le sieur Christophe Coulont, teinturier à Avignon, s'était présenté comme inventeur d'un nouveau mode de cuite des soies, sans savon. A la fin de 1827, il proposait à la Chambre de commerce de venir expérimenter à Lyon son procédé ; ces essais avaient lieu en 1828 ; un rapport établissait la valeur de cette innovation, à laquelle certains perfectionnements paraissaient toutefois nécessaires. Des étoffes tissées avec des soies ainsi préparées conservèrent leur fraîcheur et leur éclat, le procédé sembla appelé à un certain succès ; l'inventeur s'étant obstiné à tenir ses pratiques secrètes, rien ne prouvait qu'il n'opérait pas uniquement d'après les méthodes connues.

Aussi la demande faite par lui, en 1829, d'établir un décreusage public dans une de ses propriétés aux environs d'Avignon, n'obtint-elle aucun succès ; sur les avis de la Chambre de commerce de Lyon, le Gouvernement décida qu'il n'y avait pas lieu de s'occuper des propositions du sieur Coulont.

En 1842, la Chambre de commerce chargeait le Directeur de la Condition de l'étude de cette importante question. En 1846, ce fonctionnaire lui soumettait le résultat de ses travaux ; en 1847, la Chambre décidait la création d'un bureau public de décreusage, annexé à la Condition des soies, elle votait les crédits nécessaires pour cette création. La taxe du décreusage était fixée à 1 fr. 50 cent., prix du conditionnement d'une partie inférieure à 25 kilogr. En 1848, première année du fonctionnement de cette institution, le nombre des épreuves de décreusage fut de 74 ; à la fin de 1855, il avait atteint le chiffre de 355.

Le 1er juin 1856, cette annexe de la Condition commença à prendre un certain développement : à cette date le règlement du 28 décembre 1855 fut mis en vigueur ; le commerce n'eut plus à supporter les frais du décreusage, pratiqué d'office et gratuitement sur toutes les soies présentées au conditionnement.

II

DES DIVERS PROCÉDÉS DE DÉCREUSAGE

On peut décreuser la soie :
1° Avec les acides.
2° Avec les alcalis caustiques faibles.
3° Avec les carbonates, sulfures ou silicates alcalins.
4° Avec le savon.

1° La cuite aux acides a plutôt fait l'objet de recherches de laboratoire que d'essais vraiment pratiques. M. Marius

Moyret, dans un remarquable traité de teinture des soies, paru en 1877 (Imprimerie du *Moniteur des Soies* de Lyon), relate des expériences faites par lui, de concert avec M. Lembert, dans les usines de MM. Gillet.

La soie, préalablement plongée dans un bain d'acide chlorhydrique étendu et tiède, s'y dépouillait de la chaux qu'elle contient, elle était ensuite traitée par l'acide arsénique : on arrivait par une ébullition complète à une cuite parfaite ; le fil ainsi préparé avait le double inconvénient d'être d'un blanc moins pur, de prendre moins bien la charge en teinture.

En ajoutant au bain du carbonate de chaux, on précipitait l'acide ; il restait une dissolution de grès qui pouvait, par évaporation, constituer un engrais, ou, par précipitation à l'aide d'un sel ferrique, donner un produit servant à la fabrication du prussiate de potasse.

2° La cuite aux alcalis, employée pour les grosses soies, est impraticable pour les soies fines ; pour peu que l'action de la potasse ou de la soude soit prolongée, elle conduit non plus à la soie industrielle, mais au produit que les chimistes appellent la fibroïne, qui n'est d'aucun emploi pratique.

3° La cuite aux alcalis faiblement saturés par les acides carbonique ou silicique, donnerait de meilleurs résultats ; c'est la cuite chinoise ; elle exige les soins les plus minutieux.

La soie est traitée, dans un bain à 80 degrés, par le carbonate de soude, dans la proportion de 10 à 12 pour cent de son poids.

L'inconvénient de ce mode d'opérer tient à l'impossibilité d'arriver au point d'ébullition ; la pratique a établi que les soies ainsi cuites se comportent beaucoup mieux en teinture.

4° La cuite au savon, telle qu'elle a été pratiquée de temps immémorial, est la seule universellement admise.

Le décreusage dans les ateliers de teinture comprend deux opérations : le dégommage et la cuite proprement dite.

Le dégommage a pour but de dépouiller la soie de son grès, et de son principe colorant s'il s'agit de soie jaune. Il se fait de la manière suivante : la soie, passée en bâtons, est plongée dans un bain, maintenu à 100 degrés, qui contient en savon blanc 33 pour cent du poids de la soie. Elle y séjourne trois quarts d'heure environ ; alors elle est purgée de son grès.

L'opération de la cuite se fait dans un second bain, contenant 17 pour cent de savon neuf : elle dure plusieurs heures suivant la nature de la soie et la teinture qu'elle doit recevoir.

Le savon de cuite, additionné de savon neuf, sert pour un dégommage subséquent.

A la Condition de Lyon, le décreusage se compose également de deux opérations. Elles sont toutes deux d'égale durée ; dans chaque opération, la dose de savon est identique : 25 pour cent.

Pour que la précision des résultats soit indiscutable, la soie est conditionnée avant et après la cuite ; la perte au décreusage résulte de l'écart entre les poids absolus.

Le procédé usité est décrit d'une façon détaillée dans le règlement de l'institution, reproduit dans la série des documents officiels.

Deux questions principales s'imposent à l'attention du lecteur :

1° La durée de la cuite de la soie influe-t-elle sur la perte au décreusage, et dans quelle proportion ?

Il serait trop long de rapporter toutes les expériences faites à ce sujet ; elles ont établi que deux cuites, de vingt minutes chacune, étaient insuffisantes et donnaient un résultat inférieur de 1 pour cent à deux cuites d'une demi-heure. Deux cuites de 40, de 50 et de 60 minutes donnent des résultats sensiblement identiques.

En traitant par l'acide acétique la soie ayant subi deux cuites d'une demi-heure, on ne trouve plus trace du grès, dont la présence est facile à reconnaître par l'emploi de réactifs appropriés.

2° La quantité de savon employée influe-t-elle sur le décreusage, et dans quelle mesure ?

En faisant varier, pour des échantillons de même provenance, la dose de savon entre les limites de 25 et 75 pour cent du poids absolu de la soie soumise à la cuite, on constate que les expériences faites avec la dose de savon maximum, donnent les plus faibles pertes au décreusage ;

le dosage de 25 pour cent à chaque opération conduit à la cuite la plus parfaite.

On a été amené à faire cuire la soie deux fois : on emploie pour chaque bain, d'une demi-heure, la dose de 25 pour cent de savon, ce qui correspond à la proportion de 50 pour cent employée par le teinturier, tant au dégommage qu'à la cuite.

Une amélioration a été apportée, dans ces dernières années, au décreusage de la Condition de Lyon.

L'eau du Rhône est une eau très-calcaire ; elle a été remplacée par l'eau distillée. Ce liquide est toujours de composition identique, le savon employé est toujours de même qualité, les résultats du décreusage ont donc une valeur relative qu'on ne saurait leur contester ; ce qui le prouve, mieux que tous les raisonnements, c'est le progrès de l'établissement, dont l'importance a presque doublé en 20 ans.

Le matériel est celui que tout le monde a vu dans les ateliers de teinture. Des cuves en cuivre à double fond, de capacités variées, sont installées au-dessous d'un réservoir d'eau distillée ; l'employé préposé à ce service choisit celle dont le volume est le plus en harmonie avec le nombre d'expériences qu'il doit faire. La cuve étant, aux trois quarts, remplie d'eau distillée, il suffit d'ouvrir un robinet, pour que la vapeur, circulant dans le double fond, porte cette eau à l'ébullition. On fait dissoudre une quantité de savon, égale au quart du poids absolu de la soie à décreuser ; les échantillons, préalablement disposés dans un sac en toile très-claire, sont immergés dans le bain, où ils séjournent une demi-heure. Un léger filet de vapeur circule dans le double fond pour maintenir une température voisine de cent degrés, puis il va se condenser dans le réservoir d'eau distillée.

Après la première cuite, la soie est tordue et chevillée pour en dégager le savon ainsi que le grès dissous.

Une seconde cuite succède à la première ; elle est suivie d'un lavage à grande eau, dans une barque en bois. Un tube, qui se raccorde au conduit de vapeur, aboutit dans cette barque ; il permet de surélever un peu la température du bain, ce qui facilite l'expulsion des dernières parcelles de savon. Pour corriger la dureté relative de l'eau, on l'additionne d'une légère quantité de carbonate de soude.

Le conditionnement des échantillons, avant et après le décreusage, les calculs, la rédaction des bulletins sont faits par le personnel de la Condition.

Le décreusage, ne donnant lieu à la perception d'aucune taxe, n'exige aucune tenue de comptabilité ; quant aux frais qu'il entraîne, ils se trouvent confondus dans l'ensemble des frais généraux de l'exploitation.

III

MOUVEMENT DU BUREAU DE DÉCREUSAGE

	SOIES OUVRÉES PRÉSENTÉES AU CONDITIONNEMENT	NOMBRE DE DÉCREUSAGES	PROPORTION CENTÉSIMALE
1856............	25,868	6,652	25,71
1857............	19,429	4,857	24,99
1858............	27,471	3,537	12,87
1859............	24,639	2,759	11,19
1860............	23,931	2,801	11,70
1861............	20,672	3,233	15,63
1862............	26,350	4,179	15,85
1863............	24,365	5,172	21,22
1864............	25,543	5,983	23,42
1865............	19,468	5,507	28,28
1866............	18,772	5,973	31,81
1867............	19,927	6,967	34,96
1868............	22,157	8,797	39,70
1869............	22,398	9,127	40,74
1870............	17,061	6,529	38,26
1871............	20,937	6,006	28,68
1872............	21,948	7,977	36,34
1873............	20,351	8,351	41,03
1874............	24,761	10,365	41,86
1875............	27,299	11,785	43,17
1876............	31,071	13,023	41,91
1877............	16,453	6,924	42,08
Total......	500,871	146,504	29,25

PERTE CENTÉSIMALE DES SOIES AU DÉCREUSAGE

Moyenne des résultats obtenus à la Condition pendant les trois dernières années

PROVENANCES		GRÈGES	TRAMES	ORGANSINS
France.	Blanc...	19,68	20,91	20,32
	Jaune...	22,84	23,91	24,34
Espagne.	Blanc...	20,20	»	21,04
	Jaune...	23,37	»	24,20
Piémont.	Blanc...	19,86	21,69	20,45
	Jaune...	23,21	23,43	23,40
Italie.	Blanc...	19,81	20,51	21,01
	Jaune...	22,91	23,85	24,23
Brousse.	Blanc...	20,32	21,44	21,87
	Jaune...	21,53	23,04	22,86
Syrie.	Blanc...	20,36	21,96	21,89
	Jaune...	21,25	22,32	23,08
Grèce, Volo, etc.	Blanc...	19,78	20,20	23,74
	Jaune...	20,57	21,99	23,56
Bengale.	Blanc...	22,95	24,49	25,03
	Jaune...	21,46	24,29	24,21
Chine.	Blanc (A).	21,07	21,90	22,63
	Jaune (B).	25,00	26,72	27,30
Canton.	Blanc (C).	21,70	23,25	23,63
	Jaune...	»	26,10	»
	Vert...	22,73	24,74	25,21
Japon.	Blanc (D).	17,71	19,78	19,85
	Jaune...	»	»	»
Tussah.	Jaune...	»	19,07	19,75

(A) Les grèges natives perdent en moyenne 16 %, les redévidées 30 %.
(B) — — = — 22 %, — 31 %.
(C) — — — — 18 %, — 25 %.
(D) — — — — 17 %, — 22 %.

IV

SERVICES RENDUS AU COMMERCE PAR LE DÉCREUSAGE

Le nombre des expériences de décreusage ayant été, de 1856 à 1877, de 146,504, des balles de soies ouvrées, en nombre égal, ont bénéficié de ces épreuves. Le poids moyen étant de 70 kilog., le prix moyen pouvant être, sans exagération, évalué pour cette période à 70 fr., ces balles représentent une valeur d'au moins 720 millions de francs.

Si l'on réfléchit que le décreusage fait perdre ordinairement à la soie 1,50 pour cent en sus de la perte normale, on arrive au chiffre d'environ onze millions de francs pour expression des services rendus au commerce par cette institution. C'est là un bénéfice net, puisque ces expériences ne donnent lieu à aucune rétribution.

Les progrès de la science servent malheureusement la cause du mal comme celle du bien ; la fraude a su les exploiter à son profit. Dans ces dernières années, la Fabrique de Lyon s'est beaucoup préoccupée de surcharges minérales qui peuvent être ajoutées à la soie, et n'être pas éliminées par le décreusage au savon.

En 1876, la Chambre syndicale des soieries signalait cet état de choses; la Chambre de commerce, gardienne jalouse des intérêts de l'industrie lyonnaise, décidait immédiatement l'annexion à la Condition d'un laboratoire, dont les opérations devaient suppléer à ce que le décreusage ordinaire avait d'insuffisant. La délibération, en date du 10 août, fut approuvée, le 2 décembre 1876, par la dépêche ministérielle suivante :

« Monsieur le Préfet,

« Vous m'avez transmis la délibération, en date du 10 août dernier, par laquelle la Chambre de commerce de Lyon a demandé qu'un laboratoire de chimie fût annexé au bureau de décreusage de la Condition publique des soies.

« L'examen de cette demande n'ayant donné lieu à aucune observation, j'autorise la Chambre à établir un laboratoire chimique au bureau de décreusage. Je vous serai obligé de l'en informer, et de la prier de m'adresser des propositions pour les diverses dépenses qu'entraînera la création de ce laboratoire.

« Je dois d'ailleurs rappeler que, s'il est nécessaire de modifier le règlement intérieur du bureau de décreusage approuvé par décision ministérielle du 28 décembre

1855, le nouveau règlement devra être soumis à mon approbation.....

« Recevez, etc.

« Le Ministre de l'Agriculture et du Commerce.

« TEISSERENC DE BORT. »

Les travaux d'installation de ce laboratoire étaient terminés dans l'été de 1877 ; ils ont été soldés sur un crédit spécial inscrit au budget de cet exercice, dûment approuvé. Après de nombreuses expériences préparatoires, l'institution est en mesure de fonctionner et d'apporter aux transactions de nouveaux éléments de sécurité.

V

ANALYSE CHIMIQUE DE LA SOIE

La soie pouvant être surchargée de mille façons différentes, l'analyse de cette matière semble devoir présenter des difficultés insurmontables.

La question se simplifie, quand on réfléchit que les

surcharges doivent n'altérer en rien l'aspect du filé, sous peine d'être immédiatement découvertes.

Les matières employées pour charger les soies sont des corps organiques ou des substances minérales. Ceux-là cèdent, comme le grès lui-même, sous l'action du savon bouillant ; les manipulations auxquelles la soie est soumise, dans les opérations de la cuite ou de l'assouplissage, en ont facilement raison.

Le point véritablement capital est la recherche des substances minérales étrangères à la soie. La plupart de ces substances sont éliminées par le savon ; d'autres donnent lieu à la formation de savons insolubles, elles peuvent apporter du trouble dans les opérations de la teinture, ou déterminer ultérieurement des avaries dans le produit fabriqué. Il en existe qui, obtenues par double décomposition de sels solubles formant dans la fibre un composé insoluble, sont plus ou moins réfractaires à l'action du savon bouillant.

On peut, dans l'analyse d'une soie, se proposer de rechercher la nature des substances étrangères, ou avoir en vue de déterminer tout à la fois la nature et la proportion de ces subtances.

L'analyse qualitative de la soie se fait de la manière suivante :

On incinère, dans un creuset de platine ou de porcelaine, cinq grammes environ de la soie soumise à l'analyse. L'emploi d'une capsule en porcelaine est préférable, la soie pouvant contenir des phosphates qui, au cours de l'opération, attaqueraient le platine. On se sert, comme source de chaleur, d'un brûleur de Bunsen. L'incinération étant terminée, on traite les cendres par l'acide chlorhydrique, on examine la solution au spectroscope. Celui qui sert au laboratoire de Lyon sort des ateliers de Duboscq, il est à lunette horizontale et à un seul prisme. L'inspection des raies indique immédiatement la nature basique des substances étrangères.

Si l'on veut se contenter d'un examen superficiel, on opère comme il suit : Après avoir enroulé sur un fil de platine une certaine quantité de soie, on l'incinère dans la flamme d'un brûleur à gaz. Quand le charbon a disparu, on trempe le fil dans l'acide chlorhydrique, on le présente au spectroscope ; les raies caractéristiques des substances apparaissent instantanément.

Certains sels ne colorent pas les flammes, il est bon de contrôler, par une analyse faite par la voie humide, les résultats que fournit l'analyse spectrale.

Ce mode d'investigation peut laisser dans l'ombre quelques charges données avec des sels minéraux volatils qui disparaîtraient à l'incinération : ce sont des sels ammoniacaux, des sels mercuriels, ou des chlorures qui se sublimeraient. En laissant dégorger dans l'eau distillée un petit échantillon de soie, puis traitant les eaux de lavage, par des réactifs appropriés, on retrouve aisément toutes ces matières. La présence des chlorures est décelée par le nitrate d'argent, celle des sels mercuriels est accusée par l'acide chlorhydrique ; en faisant bouillir les eaux de lavage avec de la potasse, la présence d'un sel ammoniacal est révélée par un dégagement d'ammoniaque, facile à reconnaître aux vapeurs blanchâtres qui se produisent à l'approche d'un agitateur trempé dans l'acide chlorhydrique.

L'analyse quantitative, quand il y a lieu d'y procéder, s'effectue de la même façon. L'échantillon sur lequel on opère est préalablement pesé dans l'étuve, avec une balance très-précise. Les cendres sont pesées avec la même précision, l'écart qu'elles présentent sur la proportion normale fait connaître la quantité de la surcharge minérale fixe.

Le dosage des substances organiques ou des corps inorganiques volatils se fait par voie de lavages. La soie n'étant pas détruite dans cette expérience, on peut opérer sur de plus grandes quantités. Deux matteaux, du poids de 100 grammes environ, sont lavés successivement dans l'eau distillée à 20 degrés, puis dans l'eau distillée additionnée de 10 pour cent de carbonate de soude; l'écart entre les poids absolus avant et après cette épreuve fait connaître la quantité de la surcharge.

Plus de deux cents lavages ont été faits à la Condition, en 1877, sur des soies commerciales ; les surcharges qu'ils ont révélées ont toujours concordé très-régulièrement avec celles qu'accusait le décreusage effectué par la méthode ordinaire.

Nous n'avons pu qu'effleurer cet intéressant sujet de

l'analyse chimique des soies, nous comptons y revenir dans une étude spéciale.

Le peu que nous en avons dit suffira, nous l'espérons, à faire comprendre l'importance des garanties que cette nouvelle annexe de la Condition doit assurer aux transactions.

IV

TITRAGE DE LA SOIE

I

HISTORIQUE

Si le conditionnement de la soie s'impose au commerce et à l'industrie, à raison des propriétés hygrométriques de cette matière, la détermination de la grosseur de ce filé est d'une importance au moins égale.

On pourrait, à la rigueur, se dispenser du conditionnement, sachant que l'épreuve se traduit, en moyenne, par un déchet de 1,50 à 2 pour cent sur le poids net de la matière; il ne saurait en être de même, quand il s'agit d'apprécier non-seulement la grosseur, mais encore la régularité du brin de soie, double opération que l'œil et la main les mieux exercés ne peuvent mener à bien.

Il existe deux manières d'évaluer la grosseur d'un filé quelconque : la première consiste à peser une longueur connue de ce filé, la seconde à déterminer la longueur nécessaire pour produire un poids donné ; c'est le premier mode d'épreuve qui a prévalu pour la soie.

M. Natalis Rondot, dont la compétence en ces matières ne saurait être contestée, a consacré dans le *Dictionnaire universel du commerce et de la navigation* un article spécial au *titrage* ou *essai* de la soie. Suivant lui, cette épreuve a, comme le conditionnement, pris naissance à Turin, vers 1775 ; les premiers appareils, destinés à titrer ou essayer la soie, sont dus à un mécanicien de cette ville, nommé Mathey. L'importation à Lyon de cette découverte eut lieu vers la fin du siècle dernier ; pendant longtemps, les appareils piémontais furent seuls employés dans cette ville.

Avant cette importation, le fabricant essayait ses soies de la manière suivante : il levait, sur l'ourdissoir, une portée de 80 fils de 120 aunes de longueur, ensemble 9,600 aunes, il pesait cette longueur de fil en deniers. Le grain étant la vingt-quatrième partie du denier, Mathey eut l'idée de prendre la vingt-quatrième partie de la longueur, soit 400 aunes ; le nombre de grains par ces 400 aunes se trouvait correspondre identiquement au nombre de deniers par 9,600 aunes. Ce sont les bases sur lesquelles ce constructeur imagina les appareils dont le principe s'est conservé jusqu'à maintenant. Pour ne rien changer aux termes usités, tout en adoptant le nouveau mode d'essai, on conserva l'ancienne appellation de deniers.

Le titre usuel de la soie s'entend ainsi du poids en grains (0^{gr} 0531) d'une longueur de 400 aunes de fil ou 476 mètres (l'aune étant de 1^m 19).

Le brin de soie n'est pas régulier, plusieurs épreuves sont nécessaires pour donner le titre d'une manière exacte ; le résultat est d'autant plus précis que le nombre des épreuves est plus considérable. Le prélèvement et le pesage des échevettes d'essai, ainsi que la détermination de la ténacité, de l'élasticité, des torsions du fil, constituent l'ensemble des renseignements que le commerce demande aux essayeurs de soie.

II

LES ESSAIS PRIVÉS

Jusqu'en 1858, l'industrie privée opérait seule le titrage de la soie ; il y a peu de temps encore, l'essayeur gardait, comme prix de son travail, la soie qu'il avait prélevée pour son expérience. On peut dire hardiment qu'un tel usage était des plus vicieux. Si la corporation des essayeurs a pu arriver jusqu'à nous, entourée de considération, le mérite en est aux hommes, non pas à l'institution, dont les pratiques pouvaient, entre des mains déloyales, faire peser sur le public un impôt onéreux. Cet usage avait un inconvénient non moins grave: les soies retenues par les essayeurs, à titre d'honoraires, étaient vendues pour la plupart, par petites parties, en titres mélangés ; cette industrie honnête se trouvait servir, à son insu, de couverture aux larcins du piquage d'once, ce fléau du commerce de Lyon. Depuis plusieurs années, cet inconvénient n'existe plus, le payement en espèces ayant généralement remplacé le payement en nature.

Les ballots de soie n'arrivaient jamais, sur le marché de Lyon, sans avoir subi une préparation spéciale, pour être mis à la vente. La soie du titre le plus fin était placée en tête du ballot, la balle était cordée pour ne pas laisser *déflorer* la marchandise ; il en résultait que l'acheteur ne pouvait prélever son essai que dans la petite partie qui lui était ouverte. Il arrivait souvent, à la reconnaissance de la marchandise, que la seconde épreuve ne concordait pas avec la première ; de là une multiplicité abusive d'essais qui, en apparence, incombaient au producteur, et, en fin de compte, étaient supportés par le consommateur.

Ces inconvénients, dont les uns étaient inhérents aux pratiques des essayeurs privés, dont les autres ne pouvaient être conjurés par eux, ne tardèrent pas à leur susciter de nombreux adversaires.

L'idée de créer un établissement d'essai modèle offrant toutes les garanties de sincérité et de capacité, devait nécessairement surgir.

III

CRÉATION DU BUREAU PUBLIC DE TITRAGE

La première trace des préoccupations excitées par la question de l'essai des soies remonte à l'année 1836. Dans la séance du 19 mai, cédant à la pression de l'opinion publique, la Chambre de commerce examinait la convenance de solliciter du Gouvernement l'autorisation de créer un Bureau public pour le titrage des soies.

En janvier 1840, la Chambre demandait que les essayeurs fussent assujettis à la vérification des poids et mesures.

En mars 1843, elle fut saisie d'une pétition de 38 négociants demandant l'établissement d'un Essai public.

Émus de ce mouvement de l'opinion, les essayeurs firent une vigoureuse opposition à cette proposition qui menaçait leurs intérêts. Comme correctif aux abus dont se plaignait le commerce, ils proposèrent de se constituer en corporation, sous la surveillance et le contrôle de la Chambre de commerce ; ce ne pouvait être qu'un palliatif sans efficacité.

Aussi, dans la séance du 18 juillet 1844, la Chambre fut-elle unanime à proclamer l'utilité et la nécessité d'un Essai public, fonctionnant sous son contrôle direct, comme la Condition des soies, et servant d'annexe à cet établissement.

Ce vœu ayant soulevé de nombreuses protestations de la part des intéressés, le Gouvernement invita, en 1845, la Chambre à surseoir à l'exécution de son projet.

En 1847, de nouvelles pétitions, émanant des négociants les plus honorables de la place, réclamèrent avec instance la création d'un établissement officiel de titrage.

Le 9 novembre 1854, la Chambre renouvela les vœux qu'elle avait antérieurement adressés à l'Administration. Au nombre des innovations qu'elle se proposait d'introduire dans le titrage, elle indiquait, outre l'abolition du payement en nature, le prélèvemeut direct des essais, lequel supprimant l'intervention des parties intéressées, assurait la sincérité et la régularité de l'opération ; une autre amélioration devait résulter du titrage à l'absolu, qui reposant, comme le conditionnement, sur une donnée scientifique, offrait au public des garanties inconnues jusque-là.

Ces vœux, tant de fois exprimés, devaient recevoir satisfaction : un décret impérial, du 25 juin 1856, autorisa la création du Bureau public de titrage annexé à la Condition : une décision ministérielle en fixa les statuts ; un règlement d'administration intérieure en régla les méthodes.

A l'inverse du décret du 23 germinal, an XIII, qui avait monopolisé le conditionnement entre les mains de la Chambre de commerce, le décret du 25 juin 1856 laissa toute liberté à l'industrie du titrage. L'Essai public se présenta aux Essais privés, comme un concurrent ordinaire, avec cette différence, toute en sa défaveur, que les pratiques nouvelles qu'il venait inaugurer, étaient en opposition directe avec des usages, datant de trois quarts de siècle. Le mérite des créateurs de cette institution est d'avoir pressenti que la méthode qu'ils intronisaient, finirait par convaincre les esprits les plus rebelles, par amener une révolution dans les habitudes du commerce.

Les faits ont pleinement justifié ces prévisions : en 1872, le commerce des soies emprunta au Bureau de titrage l'innovation qu'il avait introduite dans le mode de payement des essais ; la prééminence utile de l'institution fut définitivement établie, en même temps que le régime des Essais privés fut amélioré.

IV

CONSTRUCTION DU BUREAU DE TITRAGE

Les travaux d'installation du Bureau de titrage furent commencés en 1856, sous la direction de M. l'architecte Hotelard. Le bâtiment de la Condition fut surélevé d'un étage sur toute son étendue. On obtint, par là, une surface bâtie de 660 mètres carrés, elle paraissait excessive au début, et n'est que suffisante aujourd'hui pour les besoins de l'exploitation. Cette construction fut menée rapidement: le 12 avril 1858, la nouvelle annexe de la Condition ouvrit ses portes au public.

Les frais s'élevèrent à la somme de 49,780 fr. 43 suivant le détail ci-dessous:

Menuiserie.	21,852 65
Maçonnerie.	15,617 20
Plomberie pour Gaz et Eau.	722 »
Couverture du bâtiment.	612 19
Papiers peints.	1,273 ».
Plâtrerie et peinture.	9,703 39
TOTAL.	49,780 43

D'après l'arrêt du conseil de préfecture du Rhône, en date du 9 février 1877, la valeur locative de ces ateliers doit être calculée à raison de 5 fr. 55 par mètre superficiel, ce qui, pour les 660 mètres d'occupation, conduit au chiffre de 3,500 fr. environ.

V

PROCÉDÉS DE TITRAGE

Les procédés de titrage sont les mêmes pour la soie moulinée et pour la soie grége. Pour celle-ci, une opération préalable est nécessaire : le dévidage du fil sur des roquets que l'on présente ultérieurement à la machine à titrer; la soie grége, à raison de son guindrage et de son peu de ténacité, ne peut pas être de suite dévidée sur l'éprouvette. L'essai de ces soies n'a d'ailleurs pas pour but unique d'en déterminer le titre; il doit aussi fournir des renseignements sur la façon dont elles se dévident; pour cela, il faut procéder à un dévidage préliminaire, analogue à celui qui sera fait au moulin.

Le titrage de la soie ouvrée s'effectue de la manière suivante :

La flotte de soie à titrer est disposée sur une tavelle mobile autour d'un axe horizontal. Cette tavelle est formée de six lames minces, évidées à leur partie supérieure ; chaque lame se termine par deux tiges, lesquelles sont reliées par une bande de caoutchouc. Ces bandes, étant mobiles le long des tiges, permettent de proportionner le périmètre de la tavelle au guindrage de la soie à essayer. Il est essentiel que la flotte forme un polygone régulier autour de la tavelle, pour que celle-ci se trouve en équilibre dans toutes les positions qu'elle peut occuper. Sans cette précaution, la tension du fil se trouverait trop forte à certains instants, trop faible à d'autres, ce qui amènerait l'arrêt du compteur, soit par rupture, soit par le fait du porte-bout dont il sera parlé, et qui a pour but d'assurer l'exactitude de la longueur dévidée.

Le fil de soie, en se développant de la tavelle, vient s'enrouler sur un guindre placé au-dessous, dans le même plan vertical, mesurant exactement 1^m 25 de périmètre. Ce guindre, auquel le mouvement est donné par friction, est mobile autour d'un axe horizontal : cet axe est muni d'une roue dentée qui commande une série d'engrenages mettant en marche un compteur. Lorsque l'aiguille du compteur a exécuté une révolution complète, correspondant à 400 tours du guindre, un appendice adapté à l'axe de cette aiguille, détermine l'arrêt instantané de la machine par le soulèvement du guindre, lequel ne communique plus avec le disque de friction.

Entre les deux tavelles, le fil passe par un porte-bout que la tension du brin maintient à l'état vertical. Le fil vient-il à se rompre, le porte-bout tombe immédiatement ; en agissant par son extrémité inférieure sur une série de leviers articulés, il intercepte la communication du guindre avec l'arbre moteur.

Grâce à ces précautions, l'échevette obtenue représente 400 fois le périmètre du dévidoir de $1^m 25$, ou 500 mètres.

Il est, pour chaque essai, prélevé vingt échevettes semblables.

Le poids en est reconnu à une balance de précision : les vingt échevettes sont pesées ensemble à une seconde balance, par d'autres employés ; si cette pesée finale diffère du total fourni par l'addition des poids partiels de plus de 200 milligrammes, les échevettes sont pesées à nouveau. Le degré de précision, auquel on arrive par cette méthode est, pour le titre moyen, de 10 milligrammes ou d'un cinquième de denier.

Pendant que les poids ainsi constatés sont transcrits sur un registre à souche et sur les bulletins destinés au public, les échevettes d'essai sont soumises à la dessiccation absolue dans un appareil à foyer intérieur ; on obtient par là le titre conditionné, que les bulletins mentionnent à la suite du titre ordinaire.

S'il s'agit d'organsins, on détermine, à l'aide du compteur d'apprêts, les deux torsions données au fil. L'instrument se compose de deux pinces distantes l'une de l'autre de 50 centimètres; l'une est fixe, l'autre se relie à un compteur. On détord le fil, jusqu'à ce qu'une aiguille puisse le parcourir librement dans toute sa longueur ; en doublant l'indication du compteur, on a le nombre de tours au mètre ou le tors. Un des brins étant brisé, on procède de la même manière en ayant soin de détordre en sens inverse ; on obtient le filage. Il est nécessaire de faire cuire le fil sur lequel on opère : le tors s'obtient aisément sans cette précaution ; il n'en est pas de même du filage : la grége ou fil élémentaire étant le produit de plusieurs brins de cocons soudés l'un à l'autre, on ne peut arriver à les séparer qu'en soumettant la soie à un décreusage préalable au savon ou au carbonate de soude.

Pour les soies de cette nature, le commerce attache une grande importance aux épreuves d'élasticité et de ténacité. Le sérimètre est l'appareil employé pour cette double détermination. Il se compose, à sa partie supérieure, d'un ressort dynamométrique : un cercle gradué indique la tension correspondant au point où s'arrête l'indicateur. A cinquante centimètres de l'extrémité du dynamomètre, sur la même verticale, se trouve un curseur mobile le long d'une échelle graduée ; à l'intérieur est un contrepoids donnant le mouvement au curseur: ce contrepoids dépend d'un levier se terminant à l'extérieur par une tige, sur laquelle il suffit d'exercer une légère pression, pour que le levier laisse échapper le contre-poids et le curseur; celui-ci s'arrête instantanément, dès que la tige abandonnée à elle-même reprend sa position initiale.

Le fil de soie, attaché au dynamomètre et au curseur, est passé sur cette tige : par le fait de la tension, le levier laisse échapper le contre-poids, le brin s'allonge jusqu'au moment où, la rupture se produisant, la machine s'arrête d'elle-même. Il suffit de lire l'indication du dynamomètre pour connaître le poids qui a déterminé la rupture; en doublant le chemin parcouru par le curseur, on a l'allongement au mètre, ou l'élasticité.

L'élasticité ou ductilité de la soie est d'environ 15 à 20 pour cent, elle est supérieure à celle du coton qui n'en est guère que le quart; il en est de même de celle du laiton; celle du fer s'en rapprocherait assez, tout en lui restant inférieure; le cheveu est deux fois au moins aussi ductile que la soie.

Le ténacité du fil soyeux est connue de tous : une grége de dix deniers supporte aisément un poids de 50 grammes sans se rompre.

Il existe des liens assez directs entre la ténacité de la soie, sa provenance, son degré hygrométrique, les procédés de filature, etc. Des relations non moins intéressantes se remarquent entre la ténacité et la ductilité.

Ces détails nous entraîneraient trop loin de notre sujet; ils seront mieux à leur place dans une étude consacrée à l'analyse de la soie.

La série des opérations qui précèdent étant terminée, les vingt échevettes d'essai sont remises au guindrage des matteaux d'où elles ont été extraites. Les reflotteurs, qui servent à cette manipulation complémentaire, se composent de deux rangées de tavelles superposées : celles du haut reçoivent les flottillons; celles du bas, dont on peut faire varier le diamètre à l'aide de vis de pression, sont mises au guindrage voulu : la soie se développe sur leur pourtour; un curseur, mis en mouvement par un excentrique, lui imprime une croisure moyenne; les échevettes reflottées ne présentent, à l'emploi, aucune différence avec les matteaux d'où elles proviennent.

Le titrage de la trame se fait identiquement comme celui de l'organsin, avec cette différence que la torsion, seul apprêt donné à cette qualité de soie, n'est indiquée que lorsqu'elle est demandée.

L'essai de la grège comprend deux opérations, le dévidage et le titrage proprement dit.

Le dévidage a pour but d'apprécier la façon dont la soie doit se comporter au moulin. Lorsque les flottes sont mises en marche, on les laisse tourner pendant deux heures, en notant toutes les ruptures qui se produisent, en recueillant soigneusement le déchet auquel donne lieu chaque rupture. Les roquets, sur lesquels la soie s'enroule, sont pesés avant et après l'expérience; la différence des poids indique la quantité de soie dévidée; la bourre produite pendant l'opération pesée à une balance de précision permet de calculer le déchet que fera la matière, lors de sa mise en œuvre.

Le nombre de ruptures, qui a été relevé, fait connaître approximativement le nombre de tavelles qu'une ouvrière pourra conduire. Supposons que les cinq flottes d'essai aient cassé N fois en deux heures, chaque flotte aura cassé en moyenne par heure $\frac{N}{10}$. Si l'on admet qu'une ouvrière peut faire 60 nœuds à l'heure, ou réparer 60 ruptures du fil, elle pourra conduire un nombre de tavelles représenté par $\frac{600}{N}$.

En même temps qu'il fournit ces indications, l'expert préposé au titrage des gréges les fait suivre de ses appréciations personnelles sur le degré de propreté de la matière, la croisure, la nature des procédés de filature, etc.

L'ensemble de ces renseignements est pour le commerce d'une importance égale à celle qu'il attache à la connaissance du titre exact de la soie grége.

Les roquets chargés de soie sont ensuite présentés à la machine à titrer, qui en extrait les échevettes réglementaires de 500 mètres. Le brin se déroule ici naturellement, sans aucune tension, le porte-bout ne peut servir pour arrêter l'appareil en cas de rupture. L'ouvrière est obligée de tenir à la main, ou de suivre du regard, le fil qui se développe, et d'arrêter elle-même la machine, dès qu'il vient à se rompre.

Le reste des opérations se fait comme pour les soies ouvrées ; des reflotteurs spéciaux ramènent les échevettes d'essai au périmètre des flottes qui les ont fournies. Cette manipulation ne peut se faire comme pour les trames ou les organsins ; les vingt échevettes doivent retourner à l'atelier de dévidage; elles y sont remises sur des roquets d'où le reflotteur tire la soie pour la rétablir dans son guindrage initial.

La grége, n'ayant aucune torsion, ne donne lieu qu'aux expériences complémentaires faites au sérimètre.

Pour les textiles autres que la soie (parmi ceux-ci le Bureau public de titrage n'a jamais eu à opérer que sur le coton), on prélève également 20 échevettes de 500 mètres, on les pèse à une balance de précision, du poids on déduit le numéro lequel est, pour le coton, le nombre de mille mètres au demi-kilogramme.

Divers perfectionnements ont été tentés dans les procédés de titrage. Une innovation, essayée avec un certain succès en 1877 sur une petite échelle, consiste à produire directement l'échevette de 500 mètres, à un guindrage quelconque, sans avoir besoin de la reflotter. Le reflottage est une opération aussi longue que le tirage des échevettes d'essai; ces échevettes n'ayant pas de croisure, la recherche du bout, en cas de rupture du brin, est difficile et nécessite un certain temps. L'appareil à titrer et à reflotter simultanément comporte, entre la tavelle supérieure d'où le fil se développe et le guindre inférieur à diamètre mobile qui le reçoit, une tavelle intermédiaire sur laquelle il s'enroule: cette pièce se rélie directement au compteur : le reste du mécanisme diffère peu de celui de la machine ordinaire à titrer. Cet appareil, à raison de la tension qu'il donne au fil, obligé de passer sur un guindre intermédiaire, est inapplicable aux soies gréges ; il a donné pour les soies ouvrées d'assez bons résultats.

On procède, en ce moment, à l'installation d'une balance trieuse devant substituer le pesage automatique aux procédés ordinaires. Cette curieuse machine, inventée par M. Gottelmann, se compose de vingt-cinq balances disposées sur une ligne horizontale ; chacune d'elles porte à l'une de ses extrémités un poids connu ; l'autre extrémité est destinée à recevoir les flottes de soie qui sont, par le fait même de la marche de l'appareil, présentées successivement à toutes les balances. Dès que la flotte se trouve en regard du poids auquel elle fait équilibre, un levier s'abaisse, elle est reçue dans le compartiment correspondant à son poids. La trieuse automatique a été primée par la Chambre de commerce en 1875 ; l'Académie de Lyon lui a décerné le prix Lebrun en 1876.

VI

MOUVEMENT DU BUREAU DE TITRAGE

ANNÉES	ORGANSINS	TRAMES	GRÈGES	SOIES DIVERSES	NUMÉROTAGES	TOTAL	PRÉLÈVEMENTS	PROPORTION p. 0/0	ENVOIS DIRECTS	PROPORTION p. 0/0
1858	565	599	491	40	14	1,709	546	20,25	1,163	79,25
1859	875	704	276	30	»	1,894	678	35,79	1,216	64,21
1860	1,268	806	702	77	8	2,861	1,106	38,66	1,755	61,34
1861	1,060	648	827	54	11	2,600	873	33,58	1,727	66,42
1862	1,158	848	1,145	69	2	3,222	1,400	43,45	1,822	56,55
1863	899	875	773	67	3	2,617	1,032	39,43	1,585	60,57
1864	1,056	862	774	79	1	2,772	1,481	53,43	1,291	46,57
1865	1,674	820	661	113	1	3,278	2,230	68,03	1,048	31,97
1866	2,455	1,243	1,040	152	14	4,904	3,563	72,65	1,341	27,35
1867	4,438	1,923	1,562	118	4	8,045	6,253	77,73	1,792	22,27
1868	7,771	2,933	2,582	179	5	13,470	10,827	80,38	2,643	19,62
1869	8,616	3,788	2,496	333	16	15,249	12,667	83,06	2,582	16,94
1870	6,569	3,097	1,808	161	13	11,648	9,891	84,91	1,757	15,09
1871	10,515	4,923	3,218	169	8	18,833	15,428	81,92	3,405	18,08
1872	15,110	6,751	5,103	229	17	27,210	21,792	80,08	5,418	19,92
1873	16,135	5,998	4,938	201	32	27,304	21,902	80,22	5,402	19,78
1874	18,221	6,639	5,143	134	142	30,279	26,414	87,24	3,865	12,76
1875	20,857	8,558	5,904	89	206	35,614	32,105	90,15	3,509	9,85
1876	22,318	8,492	5,353	61	152	36,376	32,214	88,56	4,162	11,44
1877	13,115	4,468	4,787	107	323	22,800	18,550	81,36	4,250	18,64
Total..	154,675	64,984	49,583	2,471	972	272,685	220,952	81,03	51,733	18,97

Les vingt années qui se sont écoulées depuis la création du Bureau de titrage, peuvent se diviser en trois périodes distinctes. De 1858 à 1866 inclusivement, l'établissement est stationnaire ; c'est la phase de la lutte contre les vieux usages. De 1867 à 1871, on voit se dessiner un progrès marqué, dû à la confiance que l'institution commence à inspirer. En 1872, la réforme du mode de payement des essais vient en assurer le succès définitif.

Pour la première période de neuf années, le nombre annuel moyen des essais a été de 2,873 ; pour la seconde il s'est élevé à 13,449, ce qui correspond à une augmentation de 368 pour cent.

La troisième période a donné une moyenne annuelle de 29,930 essais, il en ressort un progrès sur la précédente de 122 pour cent.

Il faut noter aussi l'énorme développement pris par les prélèvements ; au début, ils ne représentaient que 20 pour cent du mouvement total, aujourd'hui, ils dépassent 80 pour cent.

Ces chiffres disent mieux que de longs commentaires, combien le commerce apprécie cette institution du prélèvement direct des essais, lequel met la sincérité de l'épreuve à l'abri de toute contestation.

VII

PERSONNEL

Le Bureau de titrage est régi, sous la surveillance de la Chambre de commerce, par le Directeur de la Condition : le personnel en est nommé par la Chambre, sur la présentation de ce fonctionnaire.

Ce personnel, très-modeste au début, se composait de six ouvrières et d'un manœuvre. Il comprend aujourd'hui treize employés de tout rang et vingt ouvrières, sans compter les auxiliaires parmi lesquels se recrute le personnel fixe de l'établissement, au fur et à mesure des vacances qui viennent à se produire. Un chef de bureau, chargé des fonctions de caissier, est attaché à la direction du titrage des soies ouvrées.

En 1873, lors de l'élévation des tarifs, la Chambre de commerce tint à doter l'institution des derniers développements qu'elle comportait, et à donner au commerce, en retour des sacrifices qui lui étaient imposés, toutes les garanties désirables ; un moulinier fut attaché à l'établissement, pour y diriger exclusivement le service de l'essai des soies gréges. Ces opérations se développent tous les jours ; de nombreux essais de cette nature sont fréquemment demandés au Bureau de titrage par les places étrangères, surtout par celle de Marseille.

VIII

MATÉRIEL

Nous avons décrit précédemment les divers appareils servant au titrage de la soie.

L'outillage complet comprend 86 compteurs, 62 reflotteurs pour les soies ouvrées, 230 tavelles pour le dévidage des soies gréges, 16 reflotteurs pour les soies de cette nature. Six balances de précision servent au pesage des échevettes d'essai ; trois sérimètres et deux compteurs d'apprêts assurent le service des épreuves complétant le titrage proprement dit.

Deux petites machines à vapeur, fonctionnant à tour de rôle, mettent en marche cette nombreuse série d'appareils.

Le local est divisé en deux ateliers. Le premier comprend les machines à titrer et les reflotteurs des soies grèges et ouvrées. Chaque banque est reliée à l'arbre moteur par une transmission spéciale ; elle peut être mise en marche isolément ou simultanément avec toutes les autres banques.

Le second atelier est affecté au dévidage des grèges. Il comprend 6 banques de 30 tavelles et deux autres de 25. L'arbre principal de mouvement porte, en regard de chaque rangée de tavelles, un disque métallique perpendiculaire à son axe. L'arbre de chacune des banques se termine par un galet de friction qui, venant s'appliquer contre le disque métallique, en reçoit le mouvement ; ce galet, susceptible de déplacement dans le sens horizontal, est-il rapproché de l'arbre moteur, la vitesse de la banque se trouve diminuée ; le met-on en contact avec l'extrémité du disque, la vitesse atteint son maximum. Le mouvement de chaque rangée de tavelles est, par le fait de cette disposition, complétement indépendant : on peut le faire varier à volonté, suivant que la soie doit être dévidée lentement ou peut supporter un tournage rapide.

Au début, les frais de premier établissement furent réduits au minimum le plus strict. L'avance faite de ce chef par la Condition ne s'éleva qu'à 6,544 fr. 50 cent.

L'Essai commençant à prospérer, une première machine à vapeur vint remplacer, en 1866, le manœuvre qui avait jusque-là donné le mouvement à l'atelier. Ce fut surtout à partir de 1872 que l'accroissement de l'outillage prit des proportions considérables.

Les achats de matériel faits depuis l'ouverture de l'Essai public jusqu'à ce jour, qu'il a soldés de ses deniers, s'élèvent au chiffre de 34,375 fr. 35 cent. En ajoutant à cette somme celle de 6,544 fr. 50 cent, avancée en 1858 par la Condition, et remboursée depuis, on arrive pour la valeur totale de l'outillage à 40,919 fr. 85 cent. Ce matériel, dont la valeur diminue chaque jour, malgré l'entretien constant dont il est l'objet, figure sur les polices d'assurance pour une somme de 30,000 francs; au taux de 10 pour cent, la valeur locative en serait de 3,000 francs.

IX

COMPTABILITÉ

Les règles de la comptabilité du Bureau public de titrage sont les mêmes que celles de la Condition. Chaque année, le Directeur adresse à la Chambre de commerce, qui le soumet à l'approbation du Ministre, le budget prévisionnel des recettes et des dépenses de l'exercice suivant.

Les comptes de l'institution sont apurés tous les trois mois, en même temps que ceux de la Condition, par la Commission administrative de l'établissement. Le compte annuel est, à la fin de chaque exercice, adressé à la Chambre de commerce, avec les pièces justificatives des dépenses ; il est soumis ensuite à l'approbation de l'Administration.

La comptabilité du bureau de titrage est distincte de celle de la Condition ; cependant les excédants annuels font retour à la caisse de cet établissement.

L'article 4 des Statuts annexés au décret de fondation stipule que « *les produits du titrage des soies et autres matières textiles appartiennent à la Chambre de commerce chargée des frais de loyer, d'outillage, d'installation, d'exploitation et d'administration.* »

Quand ces frais divers n'étaient pas couverts par les recettes de l'Essai public, la Chambre y subvenait à l'aide des ressources que lui procurait la Condition : les déficits avaient pesé sur cet établissement, il était juste que les bénéfices lui fussent acquis.

Le Bureau public de titrage n'est en réalité qu'une annexe de la Condition des soies, vivant de son appui dans les temps critiques, lui apportant, aux jours du succès, le tribut de sa prospérité.

X

TARIFS

L'annexe au décret du 25 juin 1856 avait fixé au chiffre uniforme de 1 fr. 50 le titrage de toute soie grége ou moulinée et à 1 fr. l'opération du numérotage.

Ce tarif n'a été modifié qu'une fois, dans les circonstances suivantes : Le 18 juillet 1872, le syndicat des marchands de soie décida qu'il paierait désormais en espèces, les essais qu'il demandait à l'industrie privée, à raison de 2 fr. 50 pour les soies ouvrées, de 6 fr. pour les soies gréges. Le coût de l'essai en nature étant estimé de 2 fr. 50 à 3 fr. pour la soie ouvrée, et de 8 et 15 francs pour la grége, l'écart était moins sensible entre le nouveau tarif des essayeurs et celui du Bureau de titrage.

L'industrie privée, qui n'avait pas réclamé contre les taxes de l'Essai public, tant qu'elle était admise à se payer en nature, s'empressa de demander à la Chambre de commerce d'élever ses tarifs.

Après avoir pris l'avis des syndicats des soies et des soieries, les meilleurs juges des besoins du commerce et de l'industrie, la Chambre, qui n'avait jamais eu l'idée de monopoliser le titrage, et n'avait eu en vue, dans la création de son Essai, que l'intérêt général, proposa pour ne pas faire concurrence aux Essais privés, de porter le prix des épreuves à 2 fr. 50 pour les soies ouvrées et à 5 fr. 50 pour les soies gréges. Ces propositions furent approuvées par un décret du 24 juin 1873 ; le nouveau tarif entra en vigueur le 1er juillet.

XI

ÉTAT DES RECETTES ET DES DEPENSES

Étant donnés les deux seuls tarifs qui aient été appliqués depuis l'ouverture du Bureau public de titrage, ainsi que le mouvement détaillé de l'établissement, il eût été facile d'en reconstituer la recette. Il nous a paru préférable de grouper, dans un tableau synoptique, les produits de l'Essai et les dépenses auxquelles a donné lieu l'exploitation.

TABLEAU DES RECETTES ET DES DÉPENSES

ANNÉES	RECETTES	DÉPENSES	DÉFICIT	EXCÉDANT
1858.	2,563 50	6,751 10	4,187 60	» »
1859.	2,921 »	8,401 90	5,480 90	» »
1860.	4,561 50	8,030 45	3,468 95	» »
1861.	4,178 65	7,752 15	3,573 50	» »
1862.	5,126 »	8,064 65	2,938 65	» »
1863.	4,083 »	7,810 45	3,727 45	» »
1864.	4,363 »	8,118 95	3,755 95	» »
1865.	5,197 »	8,437 60	3,240 60	» »
1866.	7,770 »	9,483 50	1,713 50	» »
1867.	12,067 50	11,735 40	» »	332,10
1868.	20,884 50	14,830 20	» »	6,054 30
1869.	23,473 50	14,517 45	» »	8,956 05
1870.	17,472 »	14,952 70	» »	2,519 30
1871.	28,249 50	16,704 85	» »	11,544 65
1872.	41,609 50	29,868 92	» »	11,740 58
1873.	58,647 »	40,871 06	» »	17,775 94
1874.	91,133 50	40,672 91	» »	50,460 59
1875.	106,438 »	57,224 12	» »	49,213 88
1876.	106,771 »	53,682 35	» »	53,088 65
TOTAL	547,509 65	367,910 71	32,087 10	211,686 04

L'excédant des recettes sur les dépenses est de. . 179,598 94
Il en faut déduire les frais de premier établissement auxquels la Condition avait dû pourvoir
au début. 56,324 93

Reste. 123,274 01

pour expression du bénéfice net réalisé par l'établissement à la fin de l'exercice 1876.

XII

DIVERS MODES DE TITRAGE

Nous avons dit que le titre de la soie était exprimé par le poids d'une longueur déterminée de ce fil. Les unités de poids et de longueur varient d'un pays à l'autre, bien que présentant des différences peu sensibles.

En France, on titre habituellement la soie par 400 aunes de 1^m, 1884 ou 1^m, 19, soit 476 mètres ; le poids choisi pour unité est le grain valant 0 g. 0531.

L'ancien titre de Milan avait pour bases une longueur de 476 mètres et le poids de 0 g. 0511.

L'ancien titre piémontais reposait sur 476 mètres et 0 g. 0533.

Ces types furent remplacés en 1853 par les suivants : 450 mètres et 0 g. 050 ; après la guerre de 1859 ce dernier titre devint de règle dans le Milanais.

L'Italie tout entière l'a depuis adopté ; c'est également le titre admis par la Suisse, qui tire de ce pays la plupart des soies qu'elle consomme.

A l'heure présente, il y a deux modes usuels de titrage pour la soie.

Le premier, usité en France et en Allemagne, consiste à peser en grains de 0 g. 0531 des échevettes de 476 mètres; le second, employé en Italie et en Suisse, exprime le titre par le poids en demi-décigrammes de l'échevette de 450 mètres.

Les résultats fournis par ces deux méthodes diffèrent peu, comme on va le voir.

En appelant d'une manière générale T le titre dans le système de titrage où P est l'unité de poids et L l'unité de longueur, L pesant $T \times P$, l'unité pèse $\frac{T \times P}{L}$. En appelant T', P', L' les quantités correspondantes dans un autre système de titrage, la même unité pèsera $\frac{T' \times P'}{L'}$. Comme le poids de cette unité est identique dans les deux cas, on a l'équation : $\frac{T \times P}{L} = \frac{T' \times P'}{L'}$.

d'où $$T' = T \times \frac{P}{P'} \times \frac{L'}{L}.$$

Si l'on prend pour unité le système français, c'est-à-dire si l'on fait $P = 0$ g. 0531 et $L = 476^m$, le titre italien qui repose sur les types de 450 mètres et de 5 centigrammes, est exprimé par la formule :

$$T' = T \times \frac{531}{500} \times \frac{450}{476} = T \times 1,0039.$$

En supposant $T = 100$ on a $T' = 100,39$ ce qui revient à dire que ces deux modes de titrage fournissent des résultats sensiblement identiques.

14

L'équation générale $T' = T \times \frac{P}{P'} \times \frac{L'}{L}$ permet de retrouver aisément le rapport entre l'ancien titre milanais et le titre usuel français. En prenant celui-ci pour unité, on a $\quad T' = T \times \frac{531}{511} \times \frac{470}{476} = T \times 103,93$.
si $T = 100 \qquad\qquad T' = 103,93$.

L'ancien titre milanais était d'environ 4 pour cent supérieur au titre français; comme il est aujourd'hui complétement abandonné, ce rapport ne présente plus qu'un intérêt historique.

Les deux tableaux suivants font connaître le rapport du titre légal italien et du titre usuel français.

TITRE FRANÇAIS	TITRE ITALIEN	TITRE ITALIEN	TITRE FRANÇAIS
1.	1,0039	1.	0,996
10.	10,039	10.	9,96
20.	20,078	20.	19,92
30.	30,117	30.	29,88
40.	40,156	40.	39,84
50.	50,195	50.	49,80
60.	60,234	60.	59,76
70.	70,273	70.	69,72
80.	80,312	80.	79,68
90.	90,351	90.	89,64
100.	100,39	100.	99,6

XIII

MODE DE TITRAGE DE LA CONDITION

Lorsque la Chambre de commerce demanda au Gouvernement l'autorisation d'annexer à la Condition un Bureau de titrage, elle se proposait de combattre les abus résultant du mode de rémunération des essais, et d'assurer la sincérité des épreuves par le prélèvement direct ; elle visait aussi un autre but, l'introduction du système décimal dans un genre d'opérations avec lequel il semblait peu compatible. A cet effet, elle fixa la longueur de l'échevette d'essai à 500 mètres ; le poids de cette échevette fut indiqué en grammes et fractions du gramme. Comme les nombres exprimant les pesées décimales s'éloignaient trop des titres avec lesquels le commerce était familiarisé, les bulletins d'essai mentionnèrent, en regard du poids métrique, le poids correspondant en deniers.

Cette innovation contenait en germe la réforme qui devait être proposée plus tard par les congrès de numérotage. L'échevette d'essai ayant 500 mètres, l'essai se composant de vingt épreuves, le total des pesées partielles donne en grammes le poids de dix mille mètres, lequel est identiquement le même que le poids du kilomètre en décigrammes, ou *titre décimal*.

Les critiques n'ont pas manqué à cette réforme: on a objecté que si l'on voulait changer un des facteurs du titrage, l'élément longueur, il eût fallu faire varier en sens inverse l'autre facteur, le poids type, pour que le titre restât le même.

Cette objection aurait été fondée si, par cette méthode de titrage, on eût voulu reproduire les titres anciens. Il n'en était pas ainsi: on avait en vue d'initier le commerce à un nouveau mode de titrer la soie, qui, s'éloignant peu du mode usuel, présentât tous les avantages inhérents au système décimal.

L'essai du fil de soie a un double but: faire connaître le titre, et mettre en évidence le plus ou moins de régularité du brin. Si les titres partiels se trouvent, dans le nouveau système, augmentés de 5 pour cent, leurs variations sont affectées dans la même mesure; les échevettes de 500 mètres font ressortir, aussi exactement que celles de 476 mètres, le degré de régularité du filé.

Quant au titre, il est, comme les titres partiels dont il représente la moyenne, de 5 pour cent supérieur au titre usuel; un calcul des plus primitifs permet de revenir de ce titre nouveau au titre ancien; d'ailleurs, pour épargner toute recherche et toute perte de temps, les bulletins officiels délivrés par le Bureau public de titrage mentionnent, en regard du titre par 500 mètres, le titre correspondant par 476 mètres.

Si le mode de titrage adopté par la Condition présente l'inconvénient d'altérer les titres et leurs écarts, dans la mesure que nous venons d'indiquer, il offre en retour de précieux avantages.

Il supprime les pesées faites avec les deniers, c'est-à-dire avec des poids n'ayant plus d'existence légale, ne pouvant être contrôlés par les vérificateurs des poids et mesures. Le total P des vingt pesées partielles, en grammes et fractions du gramme, correspondant à 20 fois 500 mètres ou 10,000 mètres, l'industriel qui connaît la longueur métrique L qu'il doit mettre en teinture, en trouve aisément le poids en grammes, en établissant la proportion ci-dessous :

$$10,000 : P :: L : X.$$

Il n'y a qu'à multiplier le poids total des vingt échevettes par la longueur du fil ; les tableaux de teinture deviennent ainsi superflus.

Toute chance d'erreur sera écartée, si, après la mise en mains, qui consiste à séparer, à l'œil et au toucher, le fin le moyen et le gros, on fait à nouveau essayer chaque lot devenu à peu près homogène.

XIV

DU TITRE CONDITIONNÉ

Le règlement du Bureau public de titrage prescrit de mentionner sur les bulletins, en regard du titre ordinaire ou titre à l'air libre, le titre conditionné.

En théorie, rien n'est plus vrai; en pratique, rien n'est aussi peu important.

De même que le gramme est le poids d'un centimètre cube d'eau distillée, prise à la température de quatre degrés un dixième au-dessus de zéro, de même le titre de la soie doit être apprécié dans des conditions toujours identiques, présentant un caractère absolu de fixité. Ces conditions se trouvent tout naturellement indiquées, à la suite des progrès que le procédé Talabot a introduits dans le mode de peser ce précieux textile. De même que le poids de la soie, faisant loi entre acheteur et vendeur, est le poids conditionné, c'est-à-dire le poids anhydre augmenté de 11 pour cent, de même le titre précis, indiscutable, doit être le titre absolu, additionné de la même reprise conventionnelle de 11 pour cent. En théorie, cela ne saurait soulever aucune contradiction; en cas de contestation, c'est le seul titre qui doive être admis par des experts ou par des tribunaux, chargés d'arriver à la connaissance exacte de la vérité.

Voilà pour le principe. Que se passe-t-il en pratique?

Dans l'opération du titrage, la soie en se développant de la tavelle supérieure et en s'enroulant sur l'éprouvette, est soumise à une double ventilation qui lui fait perdre, en moyenne, l'humidité qu'eût éliminée le conditionnement; dans la plupart des cas, le titre à l'air libre diffère très peu du titre conditionné. Cela ressort de l'examen du tableau ci-après, mentionnant les résultats de soixante expériences relevées au hasard sur les registres du Bureau public de titrage, en janvier, avril, juillet et octobre de l'année 1877, à des époques présentant les plus grands écarts thermométriques et hygrométriques.

La connaissance du titre conditionné est d'importance insignifiante dans la généralité des transactions. En présence du temps considérable qu'exige le conditionnement des échevettes d'essai, le commerce qui a surtout besoin que l'opération du titrage soit faite rapidement, ne tarda pas à demander que cette épreuve, sans utilité pour lui, disparût des pratiques de l'Essai public.

Après la formation des chambres syndicales, l'Union des marchands de soie de Lyon fit, auprès de la Chambre de commerce, des démarches en vue d'obtenir la suppression du titre conditionné, toutes les fois que cette indication ne serait pas demandée.

La Chambre transmit ce vœu au Gouvernement en octobre 1873, se basant, pour le faire accueillir, sur ce que la loi du 13 juin 1866 sur les usages commerciaux, postérieure au décret d'institution du Bureau public de titrage, ne spécifiait pas que le conditionnement dût être le complément nécessaire de l'essai. Le Comité consultatif des arts et manufactures, à qui la question fut soumise, n'admit pas que le décret de 1858 pût être considéré comme implicitement abrogé par la loi du 13 juin 1866, cette loi ayant eu surtout en vue de faire cesser, dans l'industrie des soies, l'emploi de poids et mesures n'ayant plus cours légal. La manière de faire fonctionner un poids public avec toute la précision désirable n'étant pas une question d'usage, le Comité conclut à ce qu'il ne fût rien changé aux prescriptions du décret d'institution.

Ces conclusions furent adoptées par le Ministre de l'agriculture et du commerce ; l'essai conditionné fut maintenu dans le Bureau public de la Condition.

La vraie solution de cette question nous paraît devoir être demandée au principe de liberté. De même que le conditionnement de la soie, celui de l'essai ne peut être rendu obligatoire ; il faut que l'épreuve, toujours exigible, reste facultative. Pourquoi imposer au commerce des garanties dont il n'a que faire? On peut s'en remettre aux intérêts privés du soin d'en réclamer le bénéfice le jour où ils y trouveront avantage.

RAPPORT ENTRE LE TITRE ORDINAIRE ET LE TITRE CONDITIONNÉ

DATES		GRÉGES			ORGANSINS			TRAMES		
		Numéros d'ordre	TITRE Ordinaire	TITRE Conditionné	Numéros d'ordre	TITRE Ordinaire	TITRE Conditionné	Numéros d'ordre	TITRE Ordinaire	TITRE Conditionné
1877 Janvier		456	12 04	11 90	458	26 45	26 00	462	23 05	28 26
»	»	490	14 49	14 31	492	26 03	26 00	500	28 52	28 52
»	»	572	13 22	13 05	584	25 18	24 85	590	28 10	27 80
»	»	619	11 85	11 75	631	30 50	30 15	643	27 34	27 38
»	»	1103	11 81	11 59	1139	27 44	27 20	1212	44 67	44 34
»	Avril	304	11 38	11 22	336	18 64	18 28	354	47 40	47 34
»	»	394	12 61	12 42	426	45 85	44 82	448	50 04	49 85
»	»	500	11 05	11 01	514	24 75	24 56	538	32 66	33 33
»	»	341	11 19	11 13	387	51 78	51 82	451	50 32	50 05
»	»	501	11 15	11 13	519	47 12	46 49	551	26 21	26 23
»	Juillet	342	12 00	11 84	378	26 54	26 26	392	54 89	54 91
»	»	480	11 95	12 07	544	37 09	37 30	502	49 43	49 52
»	»	758	11 01	10 92	776	69 34	69 80	838	50 18	50 26
»	»	1181	14 49	14 52	1191	52 20	52 67	1197	26 40	26 00
»	»	1553	11 67	11 75	1567	24 38	24 38	1641	44 25	44 82
»	Octobre	279	12 52	12 42	289	25 98	26 06	299	31 16	30 92
»	»	381	11 85	11 80	413	20 57	20 53	469	51 69	51 62
»	»	483	12 19	12 11	501	26 92	26 95	499	53 24	53 40
»	»	94	12 56	12 53	136	28 95	28 83	248	49 33	49 56
»	»	356	11 15	11 13	358	24 99	24 91	402	24 47	24 29
			242 18	240 60		660 70	657 91		798 35	798 49
Moyenne			12 10	12 03		33 03	32 89		39 91	39 92

XV

NUMÉROTAGE DES FILS AUTRES QUE LA SOIE

Tandis que le titrage de la soie a pour bases une longueur fixe et un poids variable, celui des autres filés repose sur un poids fixe, la longueur en est l'élément variable; le numéro d'un filé est le nombre d'unités de longueur nécessaire pour produire un poids donné.

Ici les usages sont bien plus variés que pour la soie; ils changent d'un pays à l'autre, d'un filé au suivant.

En France, le numéro du coton est le nombre de mille mètres au demi-kilogramme, ou de mètres au demi-gramme.

En Angleterre, le numéro de ce filé est le nombre de fois 840 yards (de 0^m 914) ou 767^m 76 nécessaire pour produire la livre anglaise de 453 grammes.

Ces deux modes de numérotage donnent des résultats peu différents. Si nous appelons N le numéro français, N mètres pesant 0^{gr} 5, un mètre pèse $\frac{0^{gr.}5}{N}$. En appelant A le numéro anglais du même filé, A fois 767^m 76 pèsent

453^{gr}, un mètre pèse $\frac{453 \text{ gr.}}{A \times 767{,}76}$ d'où l'équation $\frac{5}{N} = \frac{4.530}{A \times 767{,}76}$ qui donne :

$$N = A \times 0{,}8474 \text{ et } A = N \times 1{,}18.$$

A l'aide de ces deux formules, il est facile d'établir les tableaux de corrélation suivants :

NUMÉRO FRANÇAIS	NUMÉRO ANGLAIS	NUMÉRO ANGLAIS	NUMÉRO FRANÇAIS
1	1,18	1	0,8474
10	11,8	10	8,474
20	23,6	20	16,948
30	35,4	30	25,422
40	47,2	40	33,896
50	59,0	50	42,370
60	70,8	60	50,844
70	82,6	70	59,318
80	94,4	80	67,792
90	106,2	90	76,266
100	118,0	100	84,74

Le numéro belge du coton est de 10 pour cent plus fort que le numéro anglais, ainsi :

$$N° 100 \text{ anglais} = N° 109{,}87 \text{ belge.}$$

Les bases du numérotage de la laine cardée et de la soie schappe sont le kilomètre pour la longueur, le kilogramme pour le poids ; un de ces filés, n° 60, est un filé dont 60 kilomètres pèsent un kilogramme, ou dont 60 mètres pèsent un gramme.

Pour la laine peignée, la longueur de l'échevette est de 600 aunes ou 720 mètres pour 500 grammes. Le n° 1 indique 720 mètres, le n° 10 7,200 mètres pour un demi-kilogramme.

On se sert généralement pour le jute, le lin, l'étoupe, le chanvre, du numérotage anglais. Le numéro indique le poids à la livre anglaise d'une longueur de 300 yards ou 274 mètres. Le n° 1 est celui dont 274 mètres pèsent 453 grammes, le n° 100 celui dont 100 fois 274 mètres correspondent à ce même poids de 453 grammes.

XVI

LES CONGRÈS INTERNATIONAUX DE NUMÉROTAGE

A mesure que les relations internationales se sont développées, les inconvénients résultant de la grande variété des modes de numérotage sont devenus chaque jour plus sensibles. En 1873, les industriels et les savants que l'Exposition universelle avait attirés à Vienne, eurent l'idée de se concerter pour mettre fin à cet état de choses. Telle fut l'origine des congrès internationaux de numérotage. Nous n'avons pas la prétention d'écrire leur histoire, il nous a paru intéressant de résumer à grands traits leurs études et leurs travaux.

La réunion de Vienne posa les bases de la réforme; en

adoptant pour principe général du numérotage, quel que soit le filé, le kilomètre comme unité de longueur et le kilogramme comme unité de poids, le numéro d'un filé devant être exprimé par le nombre de kilomètres au kilogramme.

Un tel régime ne peut s'appliquer au fil de soie.

Aussi, dès le mois de décembre 1873, la Chambre de commerce de Lyon prit-elle l'initiative d'un congrès spécial, en vue d'arriver à l'uniformité dans les divers modes de titrer ce textile. Tous les intéressés firent à ces ouvertures l'accueil le plus empressé ; ce congrès allait se réunir, lorsque les décisions prises par le congrès international dans sa réunion à Bruxelles, en septembre 1874, en firent ajourner la convocation. Le congrès de Bruxelles avait, en effet, adopté pour le titrage de la soie, les données que la Chambre de commerce appliquait en partie depuis seize ans ; parfaitement éclairé sur cette question par un rapport très-remarquable de M. le commandeur Ferrero délégué de la Chambre de commerce de Turin, il avait admis pour la soie un régime particulier, résumé dans les deux résolutions suivantes :

« 1° Le numérotage des fils de soie grége et moulinée aura mille mètres pour unité de longueur fixe et le décigramme pour unité de poids variable.

« 2° Afin de tenir compte des usages commerciaux de tous les pays séricicoles, l'échelle des numéros pour la soie sera basée sur le poids variable de l'unité de longueur fixe, les essais seront autorisés sur les longueurs de 500 mètres pesés par 50 milligrammes. »

Le congrès international avait laissé cette question du titrage de la soie à l'ordre du jour de sa troisième et dernière session, qui devait être tenue à Turin. Le comité permanent de Vienne proposa, dans l'intervalle, de substituer à la définition adoptée à Bruxelles, celle que voici :

« Le titre de la soie grége ou moulinée sera déterminé par le nombre de grammes correspondant à un fil de dix mille mètres de longueur. »

Cette rédaction avait l'avantage de conserver une des unités du système métrique, *le gramme;* elle apparut pour la première fois dans le projet de loi soumis par le comité autrichien au gouvernement austro-hongrois. Elle fut adoptée sans controverse à Turin, toute discussion n'eût été qu'une querelle de mots. Du moment que les types pratiques du titrage sont définis, savoir le demi-kilomètre et le demi-décigramme, le titre en dérive comme l'effet de la cause. Il est, à volonté, le nombre de demi-décigrammes au demi-kilomètre, le nombre de décigrammes au kilomètre, le nombre de grammes au myriamètre, comme le numéro d'un filé indique indistinctement le nombre de kilomètres au kilogramme ou le nombre identique de mètres au gramme.

Le congrès de Turin se proposa encore de fixer les degrés d'humidité légalement admissible dans le commerce pour chaque espèce de filés.

Le numéro d'un filé quelconque est variable avec l'état hygrométrique de ce filé. Il fut reconnu que le titrage conditionné présente seul toutes les garanties voulues, mais qu'il doit, comme le conditionnement, conserver un caractère essentiellement facultatif, et n'être obligatoire, qu'en cas de contestation, ou à la demande d'une des parties.

Nous passons sous silence, comme ne se rattachant pas à notre sujet, les résolutions de ce congrès relatives au numérotage uniforme des fils retors et des fils teints ou blanchis.

Deux autres questions d'une importance considérable ont occupé son attention. Il s'agissait de fixer les meilleures méthodes de numérotage, ainsi que la limite de tolérance pouvant être admise dans les manques des divers filés, et de donner une sanction à toutes les résolutions adoptées à Vienne, Bruxelles et Turin.

Pour ce qui est de la fixation des méthodes de numérotage, le problème est plus complexe qu'il ne le paraît. Toute opération de titrage ou de numérotage exige un pesage et un mesurage. On arrive à déterminer les poids avec justesse par la méthode des doubles pesées due à Borda, et la dessiccation donne le poids absolu des matières hygrométriques pouvant retenir plus ou moins d'eau, laquelle vicie d'autant la pesée à l'air libre. Mais si le poids d'un filé peut être obtenu avec précision à l'état naturel, ou à l'état anhydre, comment arriver à en connaître la longueur avec le même degré d'exactitude ? Tous les filés sont élastiques ; comme on ne peut les mesurer, qu'en les développant sur un dévidoir de périmètre connu, on voit de suite que la quantité de fil enroulé sera variable, suivant la tension avec laquelle le fil se dévidera.

A quelle tension doit-on dévider un filé dans l'opération du titrage? Ceux-ci veulent la tension minimum, ceux-là réclament la tension maximun, d'autres enfin, avec plus de logique, mais d'une façon plus indéterminée, se rallient à une tension moyenne.

La tension n'est pas la seule cause des erreurs possibles dans la détermination de la longueur. A mesure que les spires du filé se superposent sur le dévidoir, la longueur enroulée augmente à chaque révolution ; cette augmentation est d'autant plus sensible que le filé a une section plus considérable.

Pour la soie, que cette étude a surtout en vue, aucun de ces deux inconvénients n'est à redouter. Le fil se développe sur l'éprouvette, à l'état normal ; une tension trop forte ou trop faible s'opposerait au dévidage : le trembleur, qui soutient le fil dans sa marche, est dans un état constant d'oscillation, correspondant à une tension moyenne.

Quant à l'altération de longueur résultant de la superposition des spires, il n'y a pas lieu de s'en préoccuper dans le titrage de la soie : ce filé est tellement ténu que cela ne saurait modifier d'une manière sensible la longueur dévidée.

En appelant R le rayon d'un dévidoir circulaire, de 1 ^{m} 25 de périmètre, E l'épaisseur du brin de soie, en admettant de plus que toutes les spires au nombre de 400 se superposent, la longueur totale serait la somme des termes de la progression arithmétique ci-dessous :

$$2 \pi R + 2 \pi (R + E) + \ldots + 2 \pi (R + 399 E)$$
$$\text{ou } 2 \pi R \times 400 + \pi \times E \times 399 \times 400$$

La longueur normale étant de $2 \pi R \times 400$, l'erreur commise serait de $E \times 501383$.

L'épaisseur ou diamètre maximum, étant d'après Bolley et Kopp, (*Manuel de recherches chimiques appliquées aux arts et à l'industrie*) de $0^{mm},034$, la flotte d'essai serait trop longue de $5013,83 \times 3^{mm},4$ ou $17^m,04$.

Si l'on réfléchit que, le brin de soie étant de forme cylindrique, ou plutôt tronc-conique, les spires glissent les unes sur les autres, en s'étalant à droite et à gauche, on peut affirmer que l'erreur, commise dans la longueur mesurée, n'excède pas le cinquième de cette quantité, soit 3 mètres environ ; elle rentre dans la série des erreurs négligeables.

Ce n'est pas tout que des assemblées libres, même les plus autorisées, proposent les réformes les plus logiques ; encore faut-il que leurs résolutions, pour ne pas rester lettre morte, et n'offrir qu'un intérêt d'ordre spéculatif, passent du domaine de la théorie dans celui de la pratique.

Cette sanction a généralement manqué jusqu'ici aux innovations des congrès de numérotage. A l'Allemagne revient l'honneur des premières démarches en vue de réaliser la réforme projetée. Au lendemain du congrès de Bruxelles, le 24 octobre 1874, l'assemblée des délégués de toutes les Chambres de commerce de l'Empire se déclarait en parfaite communauté de vues avec ce congrès ; elle chargeait une commission de s'entendre avec le comité permanent de Vienne, pour que ses décisions prissent force de loi, dans le plus bref délai possible. A cet effet, une assemblée composée de 18 personnes, représentant les centres commerciaux les plus importants de l'Allemagne, se réunissait le 23 avril 1875 à Francfort-sur-le-Mein ; cette assemblée, à laquelle assistait le Président du comité permanent de Vienne, soumettait à l'approbation du Gouvernement allemand les propositions suivantes :

1° « Le titre de tout filé, à l'exception de la soie grége ou moulinée, sera déterminé par le nombre de mètres au gramme.

2° « La longueur de la flotte sera déterminée, pour tous les filés, à 1,000 mètres avec subdivisions décimales. »

Le projet de loi autrichien, présenté le 12 septembre 1875 au Gouvernement austro-hongrois, était identique au fond ; il y était, en plus, question du titrage de la soie, lequel encore réservé en Allemagne, y faisait l'objet de discussions spéciales.

Aux clauses ci-dessus, ce projet de loi ajoutait les suivantes, relatives à la soie:

1° « Le titre de la soie sera déterminé par le nombre de grammes donné par le poids d'un fil de 10,000 mètres de longueur.

2° « Pour la détermination du titre de la soie grége ou moulinée, la flotte de 500 mètres est adoptée comme unité de longueur, et le demi-décigramme comme unité de poids. »

En juillet 1874, le Gouvernement italien avait annoncé au comité permanent de Vienne son intention de faciliter l'introduction en Italie des méthodes nouvelles.

Elles avaient trouvé le même accueil favorable en Suisse, en Belgique, en Suède, en Russie, en Espagne et en Danemarck.

En France, la Chambre de commerce de Lyon, ayant vu adopter par le congrès de Bruxelles les idées qu'elle espérait faire prévaloir dans le congrès spécial, dont elle avait pris l'initiative, se rallia aux décisions de cette assemblée ; elle demanda au Gouvernement, le 4 mars 1875, de modifier les dispositions de la loi du 13 juin 1866 sur les usages commerciaux, en vue de les mettre en harmonie avec les innovations projetées; à la date du 5 mai 1875, la Chambre de commerce de Tarare formula une demande analogue dans le fond. Le Gouvernement renvoya la question à l'étude du Comité consultatif des arts et manufactures. Organe de ce Comité, M. Alcan, professeur au Conservatoire des arts et métiers, conclut, dans un rapport, en date du mois d'août 1875, à la mise en vigueur de toutes les réformes proposées, non-seulement pour le titrage de la soie, mais aussi pour le numérotage uniforme des filés de toute nature.

XVII

DU TITRAGE ET DU NUMÉROTAGE DÉCIMAL

Le numéro métrique indique le nombre de mètres au gramme : la longueur correspondant à un poids donné est le produit du numéro par ce poids ; inversement, le poids correspondant à une longueur connue s'obtient en divisant cette longueur par le numéro. Telles sont les principales facilités du numérotage décimal ; il n'apporte pas aux méthodes actuellement en vigueur des modifications si profondes qu'on puisse redouter de voir échouer cette réforme. Nous allons examiner quelques-unes des conséquences qu'elle aurait en France et en Angleterre.

En France, les principaux textiles auxquels elle puisse s'appliquer sont le coton et la laine. Le numéro actuel du coton est le nombre de kilomètres par 500 grammes : ce numéro se trouvera doublé dans le nouveau système, où il représentera le nombre de kilomètres, non plus par 500 grammes, mais par kilogramme. Ainsi du n° 60 deviendra du n° 120 ; réciproquement, pour revenir du système décimal au système actuel, il n'y aura qu'à dédoubler les numéros.

Les bases du numérotage étant, pour la laine cardée et pour la schappe, le kilomètre et le kilogramme, ces deux filés auront le même numéro que par le passé.

Nous avons dit que, pour la laine peignée, le n° 1 indique 600 aunes ou 720 mètres pour 500 grammes ; dans ce système, un mètre de filé n° N pèse $\frac{500 \text{ gr.}}{720 \times N}$; dans le système de numérotage décimal, le même mètre de fil, qui portera le numéro N', pèsera $\frac{1 \text{ gr.}}{N'}$. On aura l'équation : $\frac{50}{72 \times N} = \frac{1}{N'}$, d'où N' = N × 1,44, et N = N' × 0,694.

En partant de ces données, il est facile d'obtenir, pour ce filé, les deux tableaux de concordance ci-dessous, qui permettent de passer d'un mode de numérotage à l'autre.

LAINE-PEIGNÉE

NUMÉRO FRANÇAIS	NUMÉRO DÉCIMAL	NUMÉRO DÉCIMAL	NUMÉRO FRANÇAIS
1. . .	1,44	1. . .	0,694
2. . .	2,88	2. . .	1,388
3. . .	4,32	3. . .	2,082
4. . .	5,76	4. . .	2,776

NUMÉRO FRANÇAIS	NUMÉRO DÉCIMAL	NUMÉRO DÉCIMAL	NUMÉRO FRANÇAIS
5...	7,20	5...	3,470
6...	8,64	6...	4,164
7...	10,08	7...	4,858
8...	11,52	8...	5,552
9...	12,96	9...	6,246
10...	14,4	10...	6,94

Pour le jute, le lin, l'étoupe et le chanvre, on se sert du numérotage usité en Angleterre; il a pour bases l'échevette de 300 yards ou 274 mètres (correspondant à 220 révolutions du dévidoir anglais de 1 m 25), et la livre anglaise de 453 grammes.

Un mètre de filé n° N pèse dans ce système $\frac{453 \text{ gr.}}{N \times 274}$; dans le système de titrage décimal le même mètre de filé portera le numéro N', pèsera $\frac{1 \text{ gr.}}{N'}$; on aura $\frac{453}{N \times 274} = \frac{1}{N'}$, d'où $N' = N \times \frac{274}{453}$ et $N = N' \times \frac{453}{274}$.

Ces deux formules, traduites en chiffres, donnent les résultats ci-dessous :

LIN, ÉTOUPE, CHANVRE, JUTE

NUMÉRO FRANÇAIS	NUMÉRO DÉCIMAL	NUMÉRO DÉCIMAL	NUMÉRO FRANÇAIS
1...	0,6048	1...	1,6532
2...	1,2096	2...	3,3064
3...	1,8144	3...	4,9596
4...	2,4192	4...	6,6128
5...	3,0240	5...	8,2660
6...	3,6288	6...	9,9192
7...	4,2336	7...	11,5724
8...	4,8384	8...	13,2256
9...	5,4432	9...	14,8788
10...	6,048	10...	16,532

En Angleterre, les modifications apportées au régime actuel pour le numérotage de ces divers filés seraient celles que nous venons de signaler, puisque c'est le mode anglais qui fait règle, en France, pour ces textiles.

Pour le coton, le numéro anglais étant le nombre de fois 840 yards (de $0^m,914$) ou $767^m 76$ correspondant à la livre anglaise de 453 grammes, le rapport du numérotage anglais au numérotage décimal est donné par la proportion suivante :

$$453^{gr} : 767^m 76 : : 1^{gr} : x, \text{ d'où } x = 1,6948$$

de là dérivent ces deux tables de conversion :

COTON FILÉ

NUMÉRO ANGLAIS	NUMÉRO DÉCIMAL	NUMÉRO DÉCIMAL	NUMÉRO ANGLAIS
1.	1,6948	1.	0,59
2.	3,3896	2.	1,18
3.	5,0844	3.	1,77
4.	6,7792	4.	2,36
5.	8,4740	5.	2,95
6.	10,1688	6.	3,54
7.	11,8636	7.	4,13
8.	13,5584	8.	4,72
9.	15,2532	9.	5,31
10.	16,948	10.	5,9

En ce qui concerne le fil de laine, pour trouver le rapport entre le numéro anglais et le numéro français, il faut multiplier le numéro anglais par $1129^m,6192$, le produit indique le nombre de mètres au kilogramme.

Les numéros correspondants seraient, pour ce filé, représentés par les chiffres du tableau suivant:

LAINE FILÉE

NUMÉRO ANGLAIS	NUMÉRO DÉCIMAL	NUMÉRO DÉCIMAL	NUMÉRO ANGLAIS
1. . .	1,1296	1. . .	0,8852
2. . .	2,2592	2. . .	1,7704
3. . .	3,3888	3. . .	2,6556
4. . .	4,5184	4. . .	3,5408
5. . .	5,6480	5. . .	4,4260
6. . .	6,7776	6. . .	5,3112
7. . .	7,9072	7. . .	6,1964
8. . .	9,0368	8. . .	7,0816
9. . .	10,1664	9. . .	7,9668
10. . .	11,296	10. . .	8,852

Il existe à l'heure présente, avons-nous dit, trois manières de titrer la soie:

En appelant I le titre légal italien,

» F le titre usuel français,

» C le titre de la Condition,

» D le titre décimal, et appliquant l'équation générale: $T' = T \times \frac{P}{P'} \times \frac{L'}{L}$

On a les trois relations suivantes:

$$D = I \times \frac{500}{450} \times \frac{500}{500} = I \times 1,1111$$
$$D = F \times \frac{531}{500} \times \frac{500}{476} = F \times 1,1155$$
$$D = C \times \frac{531}{500} \times \frac{500}{500} = C \times 1,062$$

Les titres usuels de France et d'Italie étant à-peu-près

identiques, on peut dire que le titre décimal est l'équivalent de chacun de ces titres, augmenté de 11 pour cent, et qu'il est de 6 pour cent plus fort que le titre de la Condition de Lyon.

Ces formules sont traduites en chiffres dans les six tableaux suivants :

RELATIONS ENTRE LE TITRE DÉCIMAL
ET LES TITRES USITÉS

TITRE DÉCIMAL	TITRE ITALIEN	TITRE ITALIEN	TITRE DÉCIMAL
10.	9	10.	11,111
20.	18	20.	22,22
30.	27	30.	33,33
40.	36	40.	44,44
50.	45	50.	55,55
60.	54	60.	66,67
70.	63	70.	77,78
80.	72	80.	88,89
90.	81	90.	100,00
100.	90	100.	111,11

TITRE DÉCIMAL	TITRE FRANÇAIS	TITRE FRANÇAIS	TITRE DÉCIMAL
10.	8,964	10.	11,155
20.	17,93	20.	22,31
30.	26,89	30.	33,46
40.	35,85	40.	44,62
50.	44,82	50.	55,77
60.	53,78	60.	66,93
70.	62,74	70.	78,08
80.	71,71	80.	89,24
90.	80,67	90.	100,39
100.	89,64	100.	111,55

TITRE DÉCIMAL	TITRE DE LA CONDITION DE LYON	TITRE DE LA CONDITION DE LYON	TITRE DÉCIMAL
10.	9,416	10.	10,62
20.	18,83	20.	21,24

TITRE DÉCIMAL	TITRE DE LA CONDITION DE LYON	TITRE DE LA CONDITION DE LYON	TITRE DÉCIMAL
30. . .	28,24	30. . .	31,86
40. . .	37,66	40. . .	42,48
50. . .	47,08	50. . .	53,10
60. . .	56,49	60. . .	63,72
70. . .	65,91	70. . .	74,34
80. . .	75,32	80. . .	84,96
90. . .	84,74	90. . .	95,58
100. . .	94,16	100. . .	106,20

D'excellents esprits se sont montrés très-opposés à l'application du système métrique au titrage de la soie ; on a prétendu que c'était jeter le trouble dans les habitudes du commerce.

Nous n'admettons pas qu'un projet de réforme, s'il a pour lui la logique, doive s'incliner en présence des usages les plus invétérés. Si l'on se fût arrêté devant cette considération, jamais le système décimal, malgré les facilités qu'il présente, n'eût pris le lieu et place des anciens poids et mesures. Qui regrette aujourd'hui le régime passé ?

La transition du titrage actuel au titrage décimal se fera plus aisément encore que n'a pu se faire celle des anciennes mesures aux nouvelles. Les titres surtout employés sont le titre usuel français et le titre légal italien, à peu près identiques ; pour avoir le titre nouveau, il faut à chacun d'eux ajouter 11 pour cent, ce qui n'exige pas un calcul bien compliqué.

Cette augmentation de 11 pour cent n'est pas une nouveauté pour le monde de la soie ; c'est la reprise de ce textile au conditionnement, et il n'est personne qui n'ait eu occasion de l'appliquer maintes fois, en vérifiant les bulletins de Condition ; c'est un calcul tellement simple, si bien entré dans les habitudes, que nous ne saurions voir là un argument décisif contre le titrage décimal.

Si le titre d'ensemble se trouve plus fort que l'ancien de 11 pour cent, il en est de même des titres partiels, et des écarts qu'ils présentent entre eux. C'est la comparaison de ces écarts qui fixe sur la régularité du brin, second but que l'on poursuit dans l'opération du titrage. Une soie qui a 8 deniers d'écart, en aura 8.88 avec le nouveau système ; on ferait injure à l'intelligence du commerce, en supposant qu'il puisse un instant s'arrêter devant ces difficultés.

Si ce titrage était adopté par les intéressés, il aurait l'avantage d'un langage uniforme, avantage inappréciable à notre époque, où les transactions internationales vont grandissant chaque jour. L'unification des usages commerciaux peut, avec le temps, contribuer à faire régner dans l'ordre moral l'harmonie qu'elle introduit dans le monde des intérêts matériels.

Au point de vue spécial qui doit nous occuper, le titrage décimal offre, comme tout ce qui dérive du système métrique, les plus merveilleuses ressources. Le titre étant le poids en grammes du myriamètre, fournit à l'industrie les facilités dont nous avons parlé déjà, à propos du mode d'essai adopté, depuis 1858, par la Condition.

Le rapport entre le numéro et le titre décimal est des plus simples : le numéro N étant le nombre de mètres au gramme, un mètre pèse $\frac{1 \text{gr.}}{N}$, 10,000 mètres pèsent $\frac{10,000 \text{ gr.}}{N}$; c'est précisément là le titre décimal D.

On a donc $D = \frac{10,000}{N}$ et $N = \frac{10,000}{D}$.

Ce qui permet de passer du numérotage au titrage décimal avec une extrême rapidité.

L'adoption du titrage décimal conduirait, sans doute, les producteurs de soie à choisir pour leurs guindres un périmètre unique, en harmonie avec le système métrique, de façon à ne plus produire que des flottes à tours comptés, dont un simple pesage indiquerait le titre.

Ce progrès se réalisant, la matière première qu'on ne saurait trop ménager, à raison de son prix élevé, n'aurait plus à supporter les frais multipliés d'essai, dont elle est actuellement grevée.

Avec les soies à tours comptés, le fabricant verrait diminuer ses frais de mise en mains, les balances trieuses automatiques remplaçant avec succès les yeux et les doigts les plus exercés dans l'art des triages.

Ces améliorations désirables ne sont qu'en germe dans la réforme projetée. Elles ne peuvent être réalisées qu'au prix de modifications, plus ou moins coûteuses, apportées à l'outillage actuel des usines. Ce n'est pas au moment où l'industrie du moulinage est si éprouvée qu'on peut espérer d'elle de tels sacrifices.

L'introduction du titrage décimal ne présente pas ce

grave inconvénient ; aux avantages qu'il offre, il n'est pas superflu d'ajouter qu'il n'entraînerait que des frais insignifiants pour les Essais privés. Ils n'auraient qu'à porter la circonférence de leurs éprouvettes de 119 à 125 centimètres ; le maniement des poids décimaux est aussi simple que celui des deniers. Les essayeurs se trouveraient ainsi, en France, en règle avec la loi ; ils ne seraient plus exposés aux poursuites incessantes des vérificateurs des poids et mesures, pour contravention aux règlements sur le système métrique.

C'est l'Allemagne qui, la première, a appliqué le nouveau mode de titrage de la soie ; depuis le 1er juillet 1875, les Conditions de Crefeld et d'Elberfeld titrent par 500 mètres et 5 centigrammes. La Suisse, où vient d'être introduit le système métrique, n'attend, pour adopter le numérotage décimal, que sa mise en pratique sur les places de Lyon, Milan et Turin. Ces deux dernières villes, où le titrage se fait presque exclusivement dans les diverses Conditions, sont prêtes à suivre la métropole de la soie, dès qu'elle aura rompu avec les vieilles traditions ; à la France est réservé l'honneur de diriger ce mouvement, et c'est justice, puisqu'il s'agit d'une nouvelle application de notre système national de poids et mesures, appelé à faire le tour du monde.

V

CONDITIONNEMENT DE LA LAINE

I

HISTORIQUE

La laine est beaucoup plus hygrométrique que la soie : producteurs et consommateurs de ce textile trouvèrent, dans la découverte de M. Talabot, le moyen d'assurer à leurs transactions la régularité et la précision qui leur avaient fait défaut jusque-là.

A peine le nouveau mode de conditionnement de la soie fut-il en vigueur à Lyon, que le commerce des laines s'empressa d'envoyer à la Condition de cette ville des échantillons de toutes provenances et qualités, pour être soumis à la dessiccation absolue. Ces essais, uniquement inspirés par une pensée d'intérêt public, établirent de la manière la plus positive, ainsi que l'on pouvait s'y attendre, qu'il était possible de traiter la laine par les mêmes procédés que la soie. De 1841 à 1846, de nombreuses expériences furent faites pour le commerce à titre gratuit. Le nombre de ces épreuves augmentant toujours, la Chambre de commerce décida, en 1847, que la laine subirait à l'avenir les mêmes manipulations que la soie, que chaque partie de ce filé présentée au conditionnement, serait enregistrée sur les livres de la Condition, donnerait lieu à la délivrance d'un bulletin officiel, et à la perception de la même taxe que la soie. Aucune disposition ne s'opposait à ce qu'il en fut ainsi : le conditionnement ayant un caractère facultatif, et néccessitant l'adhésion de l'acheteur et du vendeur, une matière quelconque, autre que la soie, pouvait, du commun accord des intéressés, être assimilée à ce textile, en acquittant les droits réglementaires. C'est en vertu du même principe qu'on a toujours conditionné, vides aussi bien que chargées de soie, les bobines en bois ou en métal, sur lesquelles on devide le fil servant à la fabrication des crêpes.

Ces dispositions furent appliquées à la date du 1er avril 1847. La reprise adoptée pour ce genre d'épreuves était la même que pour les soies, c'est-à-dire de 11 pour cent; aucune prescription légale n'avait rendu ce taux obligatoire, des résistances ne tardèrent pas à se manifester, de la part des vendeurs, dès que ce conditionnement prit un caractère officiel.

De 1847 à 1855 on vécut sous ce régime plutôt toléré que vraiment légal.

Pendant ce temps, la ville de Reims se livrait à des études très-consciencieuses et très-suivies sur le conditionnement de la laine. Un décret en date du 20 juillet 1853 autorisait l'ouverture, en cette ville, d'un Bureau public pour le conditionnement de ce textile. La Condition de Paris, autorisée par décret du 2 mai 1853, avait été ouverte en juillet de la même année.

Il n'en reste pas moins acquis que c'est Lyon qui a été le berceau du conditionnement de la laine. Il s'y pratiquait, il est vrai, avec un taux de reprise dont la science et l'industrie ont été unanimes à demander la modification; mais cela ne saurait rien enlever au mérite de son initiative, une reprise quelconque étant, de sa nature, chose fictive et conventionnelle.

Après la création des Conditions publiques de Reims et de Paris, la Chambre de commerce de Lyon voulut mettre ses méthodes en harmonie avec celles de ces deux centres importants de l'industrie lainière, elle demanda au Gouvernement un décret consacrant l'existence officielle de son Bureau de conditionnement pour la laine, auquel avait jusque-là manqué la sanction administrative.

La délibération par laquelle la Chambre de commerce sollicita cette concession, porte la date du 19 janvier 1854; quelques objections furent faites par le Gouvernement au sujet de différences entre les statuts adoptés à Paris et les statuts proposés pour Lyon ; à la suite d'explications fournies à ce sujet, la Chambre de commerce vit ses propositions approuvées par un décret impérial du 22 juin 1855.

REPRISE AU CONDITIONNEMENT DE LA LAINE

L'article 6 des statuts du Bureau de conditionnement des laines avait fixé à 15 pour cent la reprise de ce textile au conditionnement.

Cette disposition a été abrogée par la loi du 13 juin 1866, qui substituait à ce chiffre celui de 17 pour cent.

Il n'est pas sans intérêt de faire connaître par quelles phases a passé cette question de la reprise au conditionnement des laines; elle est d'une importance considérable dans les transactions dont ce textile est l'objet.

Depuis le décret organique du 22 juin 1855, il n'y a qu'un décret intéressant la Condition de Lyon; il porte la date du 7 juillet 1861, il supprime les reprises au conditionnement pour la soie et pour la laine, en prescrivant que l'on s'en tienne désormais à constater le poids absolu. Sur les réclamations du commerce de Lyon et de Paris, cette innovation ne fut pas mise en pratique ; la Condition de Roubaix seule s'y conforma pendant quelque temps.

Ce décret devait, dans le principe, à la demande du Comité consultatif des arts et manufactures et des Chambres de commerce de Paris et de Reims, fixer la reprise des laines à 17 pour cent, quand une lettre de M. Maumenée, chimiste de Reims, exposa au Ministre qu'en raison du désaccord des diverses places intéressées (Roubaix demandait 18 et Tourcoing 20), le mieux était de ne donner au commerce que l'absolu seul. Le Ministre se rangea à cet avis, et, tranchant la question, sans la résoudre, fit rendre ce décret du 7 juillet 1861 qui, resté à l'état de lettre morte, s'est trouvé tacitement abrogé par la loi du 13 juin 1866.

Le *Moniteur Universel* du 27 mai 1866 relate une discussion fort intéressante à laquelle donna lieu l'élaboration de ce projet de loi. Un des adversaires de cette réforme, M. Cosserat, demandait que la reprise fût portée de 17 à 18 1/4, se basant sur ce que tel était l'usage des places de Tourcoing, Roubaix, Amiens, etc. M. de Lavenay, conseiller d'État, chargé de la défense du projet de loi, présenta sur cette question les plus judicieuses observations; en résumant son argumentation, nous n'avons qu'un regret, celui de la dépouiller du charme dont il l'avait si bien enveloppée. « La laine, comme tous les filés, renferme toujours une certaine quantité d'humidité ; il importe de savoir ce qu'elle en contient d'abord, et ce ce qu'elle doit en contenir à l'état normal. Tel est, en deux mots, dit M. de Lavenay, l'objet du conditionnement, et le but que l'on poursuit en fixant le chiffre de la reprise. »

La science n'admet pas que ce chiffre doive excéder 14 pour cent.

La Chambre de commerce de Paris, à la suite de très-nombreuses expériences, était arrivée au taux de 15 pour cent.

Celle de Reims concluait au taux de 17 pour cent, comme représentant la moyenne de vingt-cinq mille expériences faites avec le soin le plus minutieux.

Les places du Nord continuaient à réclamer un chiffre de reprise plus élevé.

Le Gouvernement voulut faire trancher cette question par les intéressés ; c'est ainsi qu'il avait procédé pour l'ensemble de la loi ; il en confia le soin à une commission composée des délégués des Chambres de commerce de Lyon, Paris, Reims, Amiens, Rouen, Saint-Quentin, Mulhouse, Elbeuf et Bayonne. La discussion se renferma entre les deux limites extrêmes de 15 et de 18 1/4, proposées, la première par la Chambre de commerce de Paris, la seconde par les centres commerciaux du Nord. L'énorme travail produit par la Chambre de commerce de Reims, le soin extrême avec lequel il avait été fait, obtinrent l'assentiment de la commission qui, par cinq voix contre deux, adopta le taux de reprise de 17 pour cent. Les délégués de Bayonne et d'Elbeuf étaient absents au moment du vote ; en admettant qu'ils se fussent rangés à l'avis de la minorité, le résultat du vote n'en fût pas moins resté le même.

La Chambre des députés adopta cette manière de voir ; le chiffre de 17 pour cent fut inscrit dans la loi du 13 juin 1866, comme devant être le taux réglementaire de la reprise des laines.

L'application de cette loi fut recommandée aux Chambres de commerce par une circulaire, en date du 20 décembre 1866, de M. Béhic, alors ministre de l'agriculture et du commerce. Ce document nous semble utile à reproduire ; beaucoup des arguments qu'il renferme, pouvant trouver place dans la discussion qui s'ouvrira à la présentation du projet de loi sur l'unification du titrage.

Cette circulaire était ainsi conçue :

« Messieurs,

« Ainsi que vous le savez, la loi du 13 juin 1866, qui a rencontré partout une extrême faveur, dispose qu'à partir du 1er janvier 1867, dans les ventes commerciales, les conditions, tares et autres usages indiqués au tableau annexé à ladite loi, seront applicables dans toute l'étendue de l'Empire, à défaut de convention contraire.

« Cette mesure législative donne satisfaction, autant que possible, à des vœux qui avaient été formulés dans l'intérêt du commerce, et qui signalaient les inconvénients de la grande diversité des usages commerciaux, aussi bien que les avantages commerciaux qui résulteraient de leur unification.

« En étudiant la question avec le vif désir de trouver une solution pratique, l'administration a pensé que, si l'on ne pouvait arriver à l'unification des usages, en tant qu'usages proprement dits, il était possible, cependant, de satisfaire au besoin signalé avec raison, en donnant force de droit commun, par une loi, aux conditions usuelles qui auraient été reconnues les plus étendues et les meilleures ou à des conditions formant, dans certains cas, une équitable transaction entre elles ; c'est dans cet ordre d'idées qu'elle a recherché avec empressement si l'on pourrait obtenir sur le principe de l'unification et sur son application, sinon l'unanimité, au moins la généralité d'adhésion nécessaire à la réalisation d'une telle mesure. Le résultat a répondu à son attente.

« Je ne rappellerai pas ici, Messieurs, combien a été approfondie l'instruction qui a eu lieu sur ce projet, et à laquelle toutes les Chambres de commerce ont été appelées à prendre part. Je noterai seulement que les dispositions que consacre la nouvelle loi, élaborées avec le concours actif et dévoué de ces Chambres, peuvent être considérées, à juste titre, comme l'œuvre du commerce.

« Le tableau annexé à cette loi contient, dans une première partie, des règles générales, et, dans une seconde partie, une nomenclature des marchandises avec les tares et usages en regard. C'est une réunion, et il est permis de le dire, un commencement de codification des conditions de vente commerciale qui sont jugées les plus usitées et les plus convenables parmi celles qu'il paraît possible de généraliser ; et si l'on a cru devoir leur conserver le nom d'usages, qui montre bien, en effet, l'esprit et l'origine de la mesure, il n'en faut pas moins constater qu'elles formeront, à l'avenir, un véritable droit commun applicable dans toutes les localités, à défaut de stipulation contraire, et sauf les modifications qui pourront y être introduites ultérieurement par une loi.

« Celle qui nous occupe vient fonder pour le commerce une institution utile et sagement progressive, qui, sans diminuer en rien la liberté des transactions commerciales, doit les rendre plus rapides et plus sûres, tant dans les relations intérieures que dans les relations internationales, et qui répond, dès lors, à un des premiers besoins de notre époque.

« Vous le remarquerez, Messieurs, la France continue ainsi un rôle digne d'elle, et qui lui est inspiré par son génie traditionnel. Elle crée, comme pour les poids et mesures et les monnaies, et pour la codification des lois civiles et criminelles, un régime qui, d'abord national, tendra naturellement à devenir cosmopolite, et amènera de plus en plus les divers pays à des habitudes commerciales rendues semblables dans leur intérêt commun.

« Sous ce rapport, la loi présente un caractère particulier d'opportunité, au moment où va s'ouvrir l'Exposition universelle, destinée à établir un si vaste concours, non-seulement entre les forces industrielles des peuples, mais encore dans les idées utiles et fécondes.

« Nous avons vu que la nouvelle loi respecte entièrement le principe essentiel de la liberté des conventions, et c'est là un de ses plus incontestables mérites. On doit, toutefois, reconnaître combien il est désirable que les commerçants n'y dérogent pas sans nécessité réelle, pour suivre des habitudes purement locales. Le commerce français a, dans cette circonstance même, donné de telles preuves d'un esprit large et éclairé, que le fait ne paraît pas pouvoir se produire d'une manière assez fréquente pour avoir de sérieux inconvénients; mais je compte, le cas échéant, sur votre juste influence pour seconder les intentions du législateur. Elle ne saurait s'exercer d'une manière plus favorable à notre commerce, et je vous remercie d'avance de tout ce que vous pourrez faire à ce point de vue véritablement conforme à l'intérêt général. »

Le Ministre de l'Agriculture, du Commerce
et des Travaux publics,
Armand BÉHIC.

La laine n'est pas toujours employée isolément : nous ne parlerons que de sa combinaison avec la soie, ces deux filés étant les seuls sur lesquels portent les opérations de la Condition de Lyon.

La soie et la laine qui composent les fils laine et soie y entrent ordinairement dans les proportions suivantes :

        Soie. . . . . 15 p. 0/0
        Laine. . . . . 85 —

Antérieurement à la loi de 1866, en admettant les reprises de 15 pour cent pour la laine, et de 11 pour cent pour la soie, on arrivait au taux composé de 14,40 pour cent. Depuis la législation nouvelle, ce taux se trouve porté à 16,10 pour cent.

Ces diverses reprises n'ont jamais soulevé aucune réclamation. Bien qu'il n'en soit pas fait une mention spéciale, elles se trouvent implicitement prescrites par la loi qui, en statuant sur la soie et la laine, a, par cela même, statué sur les composés de ces deux textiles, sauf à tenir compte du rapport dans lequel ils sont combinés.

III

MOUVEMENT DU BUREAU DE CONDITIONNEMENT DES LAINES

Le conditionnement de la laine n'a jamais donné à Lyon que des résultats peu importants. Cela tient à ce que cette place s'approvisionne presqu'exclusivement sur les marchés du Nord, qui, maîtres de la situation, lui imposent leurs usages, c'est-à-dire le conditionnement fait avec un taux de reprise le plus souvent supérieur au taux légal. On aurait pu croire que la loi de 1866, qui a augmenté cette reprise, aurait développé les opérations de cet établissement ; il n'en a rien été, parce qu'à la même date de nouvelles Conditions pour les laines, s'installant dans le Nord, contribuaient de plus en plus à mettre le consommateur à la merci du producteur.

La fabrication du châle broché français, qui a fait battre autrefois de 4 à 5 mille métiers, a baissé dans une énorme proportion. Le fil de laine n'est plus employé, dans notre région, sur la même échelle que par le passé : cette raison s'ajoute à la précédente pour expliquer l'état stationnaire de l'institution.

TABLEAU DES OPÉRATIONS DU BUREAU DE CONDITIONNEMENT DES LAINES

ANNÉES	NOMBRE de BALLES	POIDS net (KILOGR.)	POIDS conditionné (KILOGR.)	PERTE en CONDITION	OBSERVATIONS
1847	156	1399	1324	5,36 0/0	Reprise, de 11 0 0 au conditionnement. Même tarif que pour la soie.
1848	92	1127	1056	6,29 »	
1849	63	627	591	5,74 »	
1850	34	313	295	5,69 »	
1851	22	265	249	5,77 »	
1852	5	38	35	6,55 »	
1853	12	116	109	6,30 »	
1854	17	206	191	7,03 »	
Total.	401	4091	3850	5,89 »	
1855	32	652	629	3 32	Reprise de 15 p. 0/0 au conditionnement.
1856	27	507	499	1 55	
1857	14	324	317	2 16	
1858	27	861	848	1 49	
1859	59	4467	4312	3 46	
1860	72	2548	2462	3 40	
1861	186	6725	6586	2 07	
1862	218	6070	5933	2 26	
1863	149	3766	3681	2 25	
1864	188	6096	5985	1 82	
1865	131	4772	4665	2 24	
1866	108	3893	3803	2 31	
Total.	1,211	40681	39720	2 36	

TABLEAU DES OPÉRATIONS DU BUREAU DE CONDITIONNEMENT DES LAINES

— Suite —

ANNÉES	NOMBRE de BALLES	POIDS net	POIDS conditionné	PERTE en CONDITION	OBSERVATIONS
		KILOGR.	KILOGR.		
1867	73	2085	2035	2 39	Reprise de 17 p. 0/0 au conditionnement.
1868	77	3411	3446	— 0 14	
1869	23	602	603	— 0 16	
1870	32	1700	1709	— 0 52	
1871	46	1538	1544	— 0 39	
1872	28	2576	2545	1 20	
1873	36	1637	1610	1 64	
1874	107	5397	5398	— 0 01	
1875	50	2418	2392	1 05	
1876	89	4818	4730	1 84	
1877	70	4394	4281	2 57	
TOTAL.	631	30606	30293	1 02	

VI

RENSEIGNEMENTS SUR LES CONDITIONS

Toutes les Conditions ayant pris pour modèle celle de Lyon, ce n'est pas sortir de notre sujet que de résumer, à grands traits, leur histoire et les principales dispositions qui les régissent.

I

FRANCE

AMIENS

La Condition d'Amiens, instituée en 1866, relève de l'autorité municipale; elle est administrée par une commission composée de trois membres du Conseil municipal et de deux membres de la Chambre de commerce. Un Bureau de titrage est, depuis deux ans, annexé à l'établissement;

le mode de titrage adopté est la longueur métrique au kilogramme ; le tarif du titrage est de 2 fr. pour l'organsin et de 3 fr. pour la soie grége.

Le pesage a été établi en même temps que le conditionnement ; on perçoit 5 centimes par chaque série de 20 kilog. et au-dessous, ou 25 centimes par 100 kilog.

Le conditionnement de la laine, du coton et du lin est taxé à raison de 3 fr. par épreuve ; pour la soie cette même taxe de 3 fr. est perçue par épreuve de 30 kilog. et au-dessous ; chaque kilog. excédant donne lieu à une surtaxe de 10 centimes.

L'institution possède également un Bureau pour le mesurage et la tare des tissus, ainsi qu'un laboratoire d'essai des produits du commerce et de l'industrie. Parmi les divers filés dont s'occupent les Conditions, la laine est le seul dont l'analyse figure au nombre des essais tarifés dans l'établissement ; l'épreuve pour découvrir une substance étrangère à la laine et la doser coûte 5 fr.

Les bulletins de cette Condition sont affranchis du droit de timbre ; la contribution foncière et des portes et fenêtres est le seul impôt exigé de l'établissement.

AUBENAS

La Condition d'Aubenas dépend de l'autorité municipale, elle est placée sous la surveillance du maire et de trois commissaires délégués par lui ; elle existe depuis l'année 1854.

Un Bureau de titrage, installé dès le début, et un Bureau de décreusage, datant de 1863, sont annexés à l'établissement, qui emploie six appareils Talabot-Persoz-Rogeat.

Le tarif du conditionnement est de 10 centimes par kilog.; chaque opération de décreusage coûte 3 fr.; le tarif du pesage est de 1 fr. au dessous de 50 kilog. et de 2 fr. de 50 à 100 kilog.; le titrage se paie en nature, les échevettes d'essai restent acquises à l'établissement.

Les bulletins de Condition donnant lieu à une taxe supérieure à 10 fr. sont seuls passibles du droit de timbre, supporté par le commerce.

Cet établissement n'est point assujetti au droit de patente.

AVIGNON

La Condition d'Avignon appartient au Mont-de-Piété de cette ville; elle est administrée par les membres du conseil de surveillance de cette institution.

Elle date de l'an X de la République; un Bureau de titrage a été établi en mars 1857; il procède jusqu'ici d'après les méthodes usuelles, en donnant le titre en deniers par 476 mètres; c'est également en mars 1857 qu'a été ouvert le Bureau de décreusage.

L'établissement emploie 12 appareils dessiccateurs groupés par six, plus deux appareils portatifs.

Le tarif du conditionnement est de 10 centimes par kilog.

au-dessus de 50 kilog., au-dessous de ce poids, il est perçu un droit uniforme de 5 fr.

Le décreusage coûte 1 fr. pour les ballots au-dessous de 50 kilog.; il est gratuit pour les balles d'un poids supérieur.

Le tarif du titrage est de 1 fr. 50 pour les soies ouvrées; l'établissement garde les 12 échevettes qui ont servi à l'essai des soies gréges.

Le tarif du pesage simple est de 50 centimes au-dessous de 50 kilog.; une surtaxe de 10 centimes est perçue par chaque dizaine de kilogrammes en sus.

Ne sont passibles du droit de timbre que les bulletins dont la taxe dépasse 10 fr.; ce droit est supporté par le commerce. L'institution jouit, en matière d'impôts, d'une immunité complète; cela se comprend, puisqu'elle n'est qu'une dépendance et un moyen d'action d'un établissement de bienfaisance.

MARSEILLE

La Condition de Marseille dépend de la Chambre de commerce de cette ville; elle date de 1859; un Bureau de titrage, dont les pratiques sont les mêmes qu'à Lyon, a été ouvert à la même époque.

Cette institution fonctionne avec trois appareils, elle a les mêmes tarifs que la Condition de Lyon pour le conditionnement et le pesage; le prix des opérations de titrage est de 4 fr.

Les bulletins délivrés au commerce acquittent le droit de timbre de 60 centimes.

L'établissement ne paye que demi-droit de patente ; comme l'exploitation en a été remise, par la Chambre de commerce, à la Société Lyonnaise des Magasins Généraux payant droit entier de patente, cette compagnie n'est tenue, conformément à la loi, qu'à la moitié des taxes auxquelles sont soumises les autres professions qu'elle peut exercer, en même temps que sa profession principale.

MONTÉLIMAR

La Condition de Montélimar, inaugurée le 1ᵉʳ juillet 1872, est une propriété privée.

Elle possède un Bureau de titrage pour les soies grèges et ouvrées, qui fonctionne depuis le 8 avril 1874; le titre est exprimé en deniers par 476 mètres. Un atelier de décreusage date de la création de l'établissement, qui opère avec quatre appareils, et dont voici le tarif :

CONDITIONNEMENT. — 10 centimes par kilog., avec une taxe minimum de 2 fr. 50 au-dessous de 25 kilog.

DÉCREUSAGE. — 3 fr. par opération.

TITRAGE. — 3 fr. pour un essai de soie grège ; 1 fr. 50 par essai de soie moulinée; 1 fr. pour les essais au compteur d'apprêts, ou au sérimètre.

PESAGE. — 1 fr. par 50 kilog. ou fraction de 50 kilog.; réemballage compris pour les grèges seulement.

Cette Condition n'est pas assujettie au droit de timbre, mais elle est soumise à celui de patente ; cet impôt est ici de toute justice, puisqu'il s'agit d'une entreprise privée.

NIMES

Le conditionnement de la soie par la dessiccation absolue a été établi à Nîmes, en 1844, avec les appareils Talabot. Ces appareils sont au nombre de 8 ; depuis 15 ans, ils ont été perfectionnés, afin d'éviter les fuites de vapeur, qui faussaient souvent les opérations.

C'est M. de Leiris-Descombes, directeur de la Condition, qui fit, dans le principe, à ses risques et périls, tous les frais de premier établissement. En 1870, le Conseil municipal fit l'acquisition du matériel et céda la régie de l'institution à la Chambre de commerce ; elle en deviendra propriétaire le jour où elle aura remboursé au Conseil municipal les avances qu'il lui a faites pour l'acquisition du matériel.

Le titrage se fait à Nîmes depuis environ 14 ans ; les bases de cette opération sont le denier et l'aunage de 476 mètres ; il y a dix ans que le décreusage y est pratiqué.

Le tarif de cette Condition est assez compliqué.

Toute soie, vendue et achetée sur la place, acquitte les mêmes droits qu'à Lyon, soit 14 fr. par 100 kilog.

Tout échantillon venant du dehors, et devant être réexpédié, pour servir de base à un conditionnement proportionnel, est soumis à une taxe de 3 fr.

Le prix du décreusage est de 1 fr. 25 cent.

La soie présentée au pesage acquitte 10 centimes par myriagramme.

Le prix d'une opération de titrage comprenant 12 échevettes, est de 1 fr. 75 cent. et de 2 fr. 25 cent., quand il est fait vingt essais.

La laine, qui joue un certain rôle dans le mouvement de la Condition de Nîmes, est taxée comme il suit :

Laines chaîne laine et soie, 8 fr. par 100 kilog.

Laines chaîne laine, 5 fr. par 100 kilog.

Laines ordinaires écrues blanchies, etc., 4 fr. par 100 kilog.

La taxe est perçue par dizaine de kilog.

Le pesage de la laine donne lieu à une perception de 10 centimes par myriagramme.

Les bulletins de la Condition de Nîmes ne sont pas assujettis au timbre ; l'établissement est exempt de tout impôt.

PAR

Le décret autorisant la création de la Condition et du Bureau de titrage de Paris, est du 2 mai 1853; l'ouverture de ces deux établissements a eu lieu en juillet de la même année.

Cette Condition possède 12 appareils Talabot-Persoz-Rogeat.

La Chambre de commerce de Paris a décidé, en décembre 1874, la création d'un Bureau de décreusage, il a été ouvert le 1ᵉʳ juillet 1875.

Voici les divers tarifs de l'établissement :

Conditionnement de la soie ; 2 fr. 60 cent. pour toute partie inférieure à 20 kilog.; au-dessus de ce poids, 14 centimes par kilog.

Conditionnement de la laine ; laines peignées : 3 fr. pour toute partie au-dessous de 100 kilog. ; et 3 centimes par chaque kilog. en sus; laines filées : 4 fr. pour toute partie inférieure à 100 kilog. et 4 centimes pour chaque kilog. excédant.

Titrage de la soie : taxe unique de 2 fr.

Titrage de la laine : droit de 1 fr. pour le titrage simple et de 2 fr. pour le titrage conditionné.

Décomposition des apprêts ou essais au sérimètre, 0 fr. 50 cent.

Pesage de la soie : au-dessous de 50 kilog., 0 fr. 50 cent. au delà, 10 centimes par dizaine de kilog.; on compte en outre 0 fr. 25 cent. pour le réemballage et 0 fr. 25 cent. pour le plombage, ensemble 0 fr. 50 cent ; le pesage revient par suite à 1 fr. pour toute balle au-dessous de 50 kilog.

Pesage de la laine : au-dessous de 100 kilog., 0 fr. 50 cent., au-dessus, le droit est calculé à raison de 5 centimes par dizaine de kilog.; il n'y a pas de frais de réemballage, ni de plombage.

Le décreusage de la soie est taxé à 3 fr. par opération.

Le lavage de la laine est au même prix.

Les bulletins de la Condition de Paris sont soumis, depuis avril 1872, au droit de timbre, qui est à la charge du commerce ; l'établissement acquitte l'impôt de la patente.

PRIVAS

La Condition de Privas, instituée par décret du 26 novembre 1856, relève de l'autorité municipale. Le service du décreusage y est organisé depuis mars 1867. Quatre appareils suffisent à l'exploitation de l'établissement.

Au-dessous de 25 kilog., le tarif du conditionnement est, pour la soie grége, de 2 fr. 50 cent., et de 10 centimes par kilog. au delà de cette limite. La soie ouvrée acquitte les mêmes droits ; elle est de plus soumise à une taxe de 1 fr. pour frais de réemballage, quand il s'agit d'une partie inférieure à 25 kilog., et de 2 fr. dès que ce poids est dépassé.

Le tarif du pesage est le suivant :

De 1 à 50 kilogrammes, 1 fr.

De 51 à 100 kil., 2 fr.

Au-dessus de 100 kil., 3 fr.

Le prix de chaque opération de décreusage est de 3 fr.

Cette Condition, affranchie de l'impôt de la patente, ne l'est pas de celui du timbre.

REIMS

La Condition de Reims opère exclusivement sur la laine et n'a pas même de tarif pour la soie. L'institution a été autorisée par décret du 20 juillet 1853 ; elle est placée sous l'autorité du Conseil municipal. Huit appareils système Rogeat, transformés sur les plans de M. Cabanis, Directeur de l'établissement, permettent de conditionner par jour 240 lots de $0^k,450$.

Il n'y a pas à Reims de Bureau de décreusage.

Le titrage fonctionne officieusement depuis 3 ans ; mais les statuts et le règlement définitifs ne sont pas encore approuvés par le Gouvernement.

Tarif : Laines peignées, 1 fr. 50 par 100 kilog.

Fils, 2 fr. par panier ou caisse.

Les bulletins ne sont pas astreints au timbre de dimension. Les frais de Condition n'étant payés que tous les trois mois, les mémoires excédant 10 fr. sont seuls soumis au timbre administratif de 0 fr. 25 c. supporté par le débiteur, conformément à la loi ; l'établissement, appartenant à la Ville, est, au point de vue des produits, une succursale de la Recette municipale : il est, depuis 1871, soumis à la contribution de la patente.

ROUBAIX

La Condition de Roubaix opère sur la soie, la laine et le coton ; elle a été instituée le 31 avril 1858 ; placée sous le régime municipal, elle est administrée par un comité composé de deux membres de la Chambre de commerce et de trois membres du Conseil municipal ; ce comité est présidé par le maire.

En 1862, un Bureau de titrage a été annexé à la Condition; le décreusage a commencé à fonctionner le 20 octobre 1873.

36 appareils, plus 6 appareils préparateurs, composent l'outillage de l'établissement.

Le tarif est le suivant :

Soie : 14 centimes par kilog., avec une taxe unique de 2 fr. 60 au-dessous de 20 kilog.

Laine peignée : 3 centimes par kilog.; 3 fr. au-dessous de 100 kilog.

Laine filée : 4 centimes par kilog.; 4 fr. au-dessous de 100 kilog.

Coton : 1 fr. 50 au-dessous de 100 kilog.; 1 centime par kilogramme en sus.

Prix unique du décreusage : 2 fr.

Titrage de la soie : 2 fr.

Numérotage de la laine et du coton : 1 fr.

Taxe du pesage simple : 30 centimes par 100 kilog., toute fraction comptant pour 100 kilog.

L'établissement est exempt de tout impôt.

Le coton étant employé dans le Nord sur une large échelle, ce textile ne tarda pas à attirer l'attention de cette

Condition, dont la laine était, à l'origine, l'élément principal d'exploitation.

De nombreuses expériences furent faites, simultanément à Lyon et à Paris, sur les produits de différentes filatures, ainsi que sur des cotons pris au hasard dans divers magasins.

Roubaix constata un état hygrométrique moyen de 8,68 p. 100.
Lyon — — — — 8,51 —
Paris — — — — 8,26 —

La plupart de ces cotons étaient dans des conditions anormales d'humidité ; on fit, pour cette matière, ce qui avait été fait pour la soie, en 1838 ; on rechercha quelle était la quantité d'eau que devait contenir le coton, placé dans des conditions loyales, pour en déduire le taux de la reprise au conditionnement ; les expériences donnèrent, pour résultat moyen, 7,41 pour cent.

Après avoir consulté leur expérience pratique, comme filateurs et fabricants, les membres du conseil de surveillance de la Condition de Roubaix adoptèrent le taux de reprise de 7 1/2 pour cent et le proposèrent au Gouvernement. Par une lettre du 21 janvier 1861, le Ministre fit connaître que la quantité numérique de 7 1/2 pour cent, à ajouter au poids absolu du coton, pour constituer le poids vénal, n'était plus en harmonie avec la jurisprudence du Conseil d'État ; que, suivant deux avis de ce Conseil, il avait été décidé que dorénavant on n'admettrait plus, dans les statuts d'un Bureau de conditionnement, la fixation d'une reprise quelconque, que toute liberté serait laissée aux appréciations et aux transactions privées.

La Condition de Roubaix se conforma à cette nouvelle jurisprudence; depuis 1862, elle ne fait que mentionner les poids absolus pour la soie, la laine et le coton; les résultats avec reprise qui figurent au dos des bulletins ne constituent qu'un renseignement officieux.

C'est une anomalie regrettable qui engendre de nombreuses difficultés.

Le coton brut est rarement soumis au conditionnement; le peu qui subit cette épreuve perd en moyenne 2 pour cent à la reprise de 7 1/2; cette surcharge en eau du coton brut n'est pas étonnante, par suite de la traversée des mers.

Beaucoup d'épreuves sur les filés de coton donnent une bonification à la reprise de 7 1/2 pour cent; les filatures les plus recommandables livrent dans cette dernière proportion.

Le chiffre a paru un peu faible au congrès de numérotage de Turin; il a proposé de l'élever à 8 1/2 pour cent.

Le conditionnement du coton s'effectue identiquement comme celui de la soie; il faut avoir soin seulement de ménager la température, et de ne pas dépasser 105 degrés pour ne pas crisper le fil.

Le prélèvement des lots d'épreuves a lieu de la manière suivante :

S'il s'agit de coton brut, on extrait 2 ou 3 kilog. par

chaque centaine de kilog.; après en avoir relevé le poids, on expose cet échantillon à une température élevée, pour en sécher régulièrement les diverses parties. Cela fait, on prélève les lots destinés aux épreuves dans toutes les parties, chacun de ces lots est pesé à une balance de précision, en même temps que le reste de l'échantillon.

La perte subie par l'échantillon d'ensemble, répartie sur les échantillons partiels, au prorata des poids trouvés, permet de reconstituer les poids des lots au moment de leur prélèvement.

Pour les cotons filés, simples ou retors, on opère comme il suit :

Pour le coton en bobines, on prélève 3 lots de 12 à 15 bobines chacun, et plus, s'il le faut, pour atteindre le poids de 450 à 500 grammes.

Pour le coton dévidé, on prélève un certain nombre d'écheveaux dans les bottes composant la partie; on constate immédiatement le poids de cet échantillon, qui se trouve dans le même état hygrométrique que le reste de la masse, puis on le soumet à un séchage préalable. On procède ensuite sur l'échantillon ainsi préparé à la prise des trois lots destinés aux épreuves; chacun de ces lots est pesé à une balance de précision, avec le reste de l'échantillon; l'opération se termine comme pour le coton brut.

SAINT-ÉTIENNE

La Condition de Saint-Étienne, la plus importante des Conditions françaises pour la soie, après celle de Lyon, remonte à 1808 ; de 1808 à 1862, elle resta sous la dépendance de l'autorité municipale.

En 1863, la Ville céda l'établissement à la Chambre de commerce, moyennant une redevance annuelle de 27,500 francs pendant 50 ans. Cette redevance n'ayant pu être régulièrement acquittée, il intervint, en 1873, entre la Ville et la Chambre de commerce, un traité aux termes duquel la Ville devait percevoir toutes les recettes de la Condition, jusqu'au moment où la Chambre de commerce pourrait se libérer des redevances arriérées. Néanmoins, on laissait à cette dernière l'administration de la Condition des soies en lui allouant : 1° une somme annuelle de douze mille francs pour en disposer comme elle l'entendrait ; 2° tous les frais généraux nécessaires à l'exploitation. C'est encore sous l'empire de ce traité que se trouve la Condition de Saint-Étienne.

Cet établissement possède deux groupes de six appareils chacun.

Un Bureau de décreusage fonctionne depuis l'année 1861 ; il est gratuit depuis le 1er janvier 1863. Antérieurement, le décreusage donnait lieu à une perception de 2 fr. 50, à cette époque le conditionnement ne coûtait que 10 centimes par kilog.; il a été, depuis, élevé à 12 centimes avec une taxe minimum de 3 fr. pour les parties au-dessous de 25 kilog.

Le titrage de la soie a été institué à Saint-Etienne par décret du 29 avril 1873; il fonctionne depuis le 1ᵉʳ avril 1877.

Le prix du titrage est de 2 fr.; il est perçu une taxe supplémentaire de 1 fr. pour le conditionnement de l'essai. Le numérotage des filés autres que la soie coûte uniformément 1 fr.

Il y a aussi un Bureau de pesage simple autorisé : la taxe est de 0 fr. 50 jusqu'à 50 kilog. et de 1 fr. dès que ce poids est dépassé.

Cette Condition acquitte, pour ses bulletins, le droit de timbre qui est remboursé par le commerce; elle paie l'impôt foncier, mais n'est point assujettie à la patente.

TOURCOING

La Condition de Tourcoing appartient à la Ville, et est placée sous les ordres immédiats du maire et du Conseil municipal. La surveillance de l'institution est exercée par une commission de cinq membres pris dans la Chambre de commerce et dans le Conseil municipal; la présidence de cette commission est dévolue au président de la Chambre de commerce.

Le conditionnement a été institué à Tourcoing par décret du 11 février 1863, et ouvert au public le 5 novembre de la même année. Un Bureau de titrage fonctionne depuis le 5 novembre 1868; le système adopté pour cette épreuve est le système décimal; le titre ou numéro est le nombre de mille mètres au kilogramme; le résultat du titrage est basé sur la moyenne du poids de six échevettes de 500 mètres chacune.

Il n'existe pas à Tourcoing de Bureau de décreusage, la Condition n'ayant eu jusqu'ici à opérer sur aucune partie de soie; il y a un Bureau de dégraissage pour les laines brutes, peignées et filées, établi depuis le 1er avril 1876.

L'établissement opère avec cinq groupes de six appareils dessiccateurs, système Talabot-Persoz-Rogeat, soit 30 appareils; c'est, après Lyon et Roubaix, l'institution dont le matériel est le plus considérable.

Le tarif en vigueur pour le conditionnement est de 3 fr. par épreuve pour les laines brutes, peignées, blousses et déchets de laine; de 4 fr. pour les laines filées; de 1 fr. 50 à la première épreuve et de 1 fr. aux épreuves suivantes de la même partie, pour les cotons. Le nombre d'épreuves adopté pour une partie de laine ou de coton est de trois par mille kilog. en moyenne.

Le tarif du conditionnement de la soie est de 2 fr. 20 par chaque partie en fraction de 20 kilog.

L'épreuve de titrage est taxée à 1 fr.; il y a cependant exception pour les laines filées, lorsque le conditionnement est demandé en même temps que le titrage; dans ce cas, cette dernière opération est faite gratuitement.

Un Bureau de pesage a été institué par arrêté préfectoral du 12 septembre 1863, et ouvert au public, comme le conditionnement, le 5 novembre de la même année. La perception des droits de pesage est de 0 fr. 30 par 100 kil., toute fraction comptant pour 100 kilog.; le pesage des marchandises est *obligatoire :* toute partie présentée au conditionnement doit subir préalablement cette opération.

L'établissement jouit, en matière d'impositions, d'une immunité absolue.

VALENCE

La Condition de Valence a été créée par décret du 8 décembre 1862, et ouverte le 14 mars 1864.

Elle relève de l'autorité municipale, elle est administrée par une commission de cinq membres pris dans son sein.

Un Bureau de décreusage fonctionne depuis l'inauguration de l'établissement.

Le titrage de la soie ne se fait pas dans l'établissement; quand cette épreuve est demandée par le commerce, on fait dévider, dans une fabrique de Valence, les essais réglementaires, dont la Condition se borne à constater le poids.

Les appareils dessiccateurs, système Talabot-Persoz-Rogeat, sont au nombre de quatre.

Le prix du conditionnement est de 0 fr. 10 par kilog., avec une taxe minimum de 2 fr. 50 pour les parties au-dessous de 25 kilog. Le décreusage est taxé à 3 fr., et le titrage (qu'il s'agisse de soie grége ou de soie ouvrée), à 1 fr. 50.

Le pesage simple des soies se fait également à la Condition de Valence aux prix suivants :

1 fr. par partie inférieure à 50 kilog.
2 fr. par partie supérieure à ce poids.

II

ALLEMAGNE

CREFELD

La Condition de Crefeld a été fondée, en 1843, par une société d'actionnaires ; depuis le mois d'octobre 1869, elle a été reconnue comme établissement d'utilité publique.

Un Bureau de titrage, ouvert en 1848, fonctionne actuellement d'après les résolutions adoptées par les congrès de numérotage de Bruxelles et de Turin.

Le Bureau de décreusage date de 1862.

Le nombre des appareils dessiccateurs est de 14 : savoir 12 pour le conditionnement des soies, et 2 pour le service du décreusage.

Le tarif pour le conditionnement est, au-dessous de 20 kilog. de M. 1,80 (le mark d'Allemagne vaut 1 fr. 25), et pour chaque kilog. au-dessus de 20 kilog. il est perçu 10 pfennings en sus.

Le tarif pour le décreusage est de M. 1, par opération, et pour le titrage de M. 0,05 par essai.

La Condition de Crefeld possède en outre un Bureau pour la décomposition des apprêts des soies ouvrées, ouvert en 1867; le tarif est de 10 pfennings pour chaque essai, soit M. 1,00 pour 10 essais; il existe aussi un Bureau pour la détermination de la ténacité et de l'élasticité des fils de soie, ouvert également en 1867; pour ces dernières expériences, il est perçu un droit de 5 pfennings par chaque opération, soit M. 0,50 par dix essais.

Un Bureau de simple pesage fonctionne, dans l'établissement, avec le tarif suivant :

M. 0,80. . . . . au-dessous de 25 kilog.
— 1,20. . . . . de 26 à 75 kilog.
— 1,60. . . . . de 76 à 150 kilog.
— 2,00. . . . . au-dessus de 150 kilog.

ELBERFELD

La Condition des soies d'Elberfeld est, comme celle de Crefeld, l'œuvre d'une société d'actionnaires; elle fut autorisée par décret du 14 octobre 1844: l'existence de cette société a été prorogée pour une période de trente années, à partir du 14 octobre 1869 ; le capital social est de six mille thalers, divisé en 120 actions de 50 thalers chacune.

La société est administrée par un conseil de surveillance composé de cinq membres pris parmi les actionnaires, dont trois résidant à Elberfeld, et deux habitant Barmen.

L'établissement possède un Bureau de titrage ainsi qu'un Bureau de décreusage, ouverts le 1er décembre 1864 : il fonctionne avec huit appareils.

Le tarif est un peu plus élevé qu'à Crefeld :

Il est, au-dessous de 20 kilog., de. . . . . . M. 2
Au-dessus de ce poids, la taxe est par kilog. de M. 0,1
L'épreuve de décreusage est tarifée à. . . . M. 1
Les frais de titrage sont, par échantillon, de. . M. 0,05

Le tarif du pesage est le même qu'à Crefeld.

En réunissant les résultats des Conditions de Crefeld et d'Elberfeld, on se ferait difficilement une idée de l'importance de la production allemande, la plupart des matières premières que l'on y met en œuvre, étant conditionnées en Italie. Ces statistiques reflètent du moins fidèlement l'état relatif de l'industrie ; elles accusent, pour l'année 1877, une baisse d'environ 25 pour cent ; c'est précisément le déficit que l'on constate dans la production lyonnaise. La crise qui a si fort éprouvé notre place n'était donc pas purement locale ; elle était due à une cause économique d'un caractère général.

D'après M. Rondot, la production allemande, qui était en

1844 de 90 millions de francs, n'était pas inférieure, en 1873, à 190 millions, c'est-à-dire qu'elle avait plus que doublé. C'est également le progrès que l'on constate dans le mouvement d'ensemble des Conditions de l'Allemagne; ces établissements, qui avaient reçu 228,000 kilog. en 1844, en ont manipulé 564,000 en 1873, soit plus du double.

III

ANGLETERRE

LONDRES

La Condition de Londres date de 1852; elle appartient à une société d'actionnaires administrée par un président et cinq directeurs, avec un secrétaire chargé de la gérance de l'établissement, qui opère avec huit appareils à gaz, système Talabot-Persoz-Rogeat.

Le décreusage a été institué à Londres, en même temps que le conditionnement; le titrage date de 1874 : les essais se font par 476 mètres.

Le tarif est le suivant :

CONDITIONNEMENT

Pour toute qualité de soie au-dessous de 84 livres. 7 Sh. ou 8 fr. 75
Au-dessus de ce poids, 2 sous par livre en plus.

PESAGE

Soies de Chine ou de Bengale écrues. . . . . . . 2 Sh./6 ou 3 fr. 10
Balles d'organsin, au-dessous de 224 livres. . . . 3 Sh. ou 3 fr. 75

DÉCREUSAGE

Taxe unique. . . . . 5 Sh. ou 6 fr. 25

TITRAGE

Classe N° 1. Pour moins de cinq essais. . 2 Sh./6 par essai 3 fr. 10
— Pour plus de cinq essais. . . 2 Sh. par essai 2 fr. 50
Classe N° 2. Pour plus de dix essais. . . 1 Sh./6 par essai 1 fr. 85

Un essai de titrage est fait sur chaque balle remise à la Condition au prix de 1 S. par essai ou 1 fr. 25 cent.

Le nombre des flottes prises pour les essais de la classe n° 1, n'est pas supérieur à six pour les gréges, et à douze pour les ouvrées, à moins qu'un plus grand nombre ne soit spécialement demandé ; dans ce cas, un supplément de taxe est perçu.

Pour la classe n° 2, le but étant de donner le titre pour un ensemble de balles plutôt que pour chacune d'elles, trois flottes seulement sont prélevées par essai de soie grége.

La décomposition des apprêts ainsi que la détermination de la ténacité et de l'élasticité se fait au taux de 1 S. par échantillon, en sus des prix ordinaires, lorsque les échantillons sont envoyés pour être conditionnés ou essayés, et au prix de 2 S. s'ils ne sont envoyés que pour les épreuves ci-dessus mentionnées.

Dans tous les cas, les échantillons et les échevettes d'essai sont toujours rendus au public.

Les soies restant à la Condition après cinq heures du soir (le samedi après deux heures) y demeurent aux risques et périls du déposant.

MANCHESTER

La Condition de Manchester existe depuis 1850 ; elle appartient à une compagnie à responsabilité limitée ; elle fonctionne avec quatre appareils chauffés au gaz.

La taxe du conditionnement est de 7 S. ou 8 fr. 75 cent. au-dessous de 112 livres ; au-dessus de ce poids, il est perçu une surtaxe de 10 centimes par livre.

Le décreusage coûte 5 S. ou 6 fr. 25 cent.

Lorsque le décreusage est pratiqué sur une balle soumise au conditionnement, la taxe est réduite à 3 S/6 ou 4 fr. 35 cent., ce qui porte le coût des deux opérations combinées à 10 S/6 ou 13 fr. 10 cent.

Dans tous les cas, les échantillons décreusés ne doivent pas excéder quatre onces.

IV

AUTRICHE

VIENNE

La Condition de Vienne a été créée en 1853, par actions, sous la raison sociale : Condition des soies et des laines de Vienne.

Elle emploie six appareils Talabot-Persoz-Rogeat, chauffés au gaz.

L'établissement reçoit peu de soies gréges; il est surtout alimenté par les soies ouvrées que consomment les fabriques autrichiennes.

Le titrage ne se fait pas à la Condition de Vienne, les soies qui arrivent sur ce marché ayant été titrées aux lieux d'origine.

Le mouvement de l'institution a été, en 1876, de 107,000 kilog., représentant, au prix moyen de 75 francs, 8 millions de francs. En y ajoutant une somme égale pour frais de main-d'œuvre, on arrive au chiffre de 16 millions pour expression de la production autrichienne. Ce chiffre est beaucoup au-dessous de la vérité; M. Natalis Rondot n'évalue pas à moins de 250,000 kilog. la quantité de soie, de schappe et de coton mise en œuvre par les fabriques d'Autriche.

De même qu'en Allemagne, les matières premières arrivent pour la plupart conditionnées sur le marché autrichien : on ne peut demander aux chiffres de la Condition de Vienne que des enseignements de l'ordre relatif ; envisagés à ce point de vue, ils fournissent des indications dont la concordance avec des statistiques d'un autre genre établit la valeur.

M. Rondot évalue les exportations de l'Autriche comme il suit :

```
De 1864 à 1866. . . 18 millions en moyenne par an.
De 1867 à 1869. . . 24 millions 1/2     —
De 1870 à 1872. . . 23 millions         —
```

Si l'on considère le mouvement de la Condition de Vienne pendant les trois périodes correspondantes, on trouve :

```
De 1864 à 1866, en moyenne par an. . 130,000 kilog.
De 1867 à 1869,    —       —        147,000  —
De 1870 à 1872,    —       —        155,000  —
```

Ces nombres accusent, comme les exportations, l'état stationnaire de l'industrie autrichienne.

V

ITALIE

ANCONE

La Condition d'Ancône date de 1870 ; propriété de la Chambre de commerce de cette ville, elle est administrée par elle ; elle ne possède ni Bureau de titrage, ni Bureau de décreusage. Deux appareils doubles, système Milesi, suffisent à l'exploitation de cet établissement, peu important jusqu'ici.

Le tarif est de L. 5 jusqu'à 50 kilog. et au delà de L. 0,5 par chaque série de 5 kilog. ou fraction de 5 kilog. (La lire vaut 1 franc).

C'est la première fois qu'il est parlé de M. Milesi ; nous en profitons pour donner une idée sommaire des appareils de cet ingénieur habile qui a fait progresser en Italie l'art du conditionnement.

Partant de ce principe que le courant d'air, après avoir agi sur la soie, renferme encore une quantité notable de calorique, M. Milesi eut l'idée d'utiliser cette chaleur, perdue jusque-là. Pour arriver à ce résultat, il accouple deux appareils ; le courant d'air, après avoir traversé le premier de bas en haut, et exercé son action sur la soie qu'il contient, se rend dans le second qu'il parcourt en sens inverse, avant de se répandre dans l'atmosphère. La dessiccation étant terminée dans le premier appareil, on intercepte, par un jeu de soupapes faciles à manœuvrer, l'introduction de l'air chaud, ainsi que la communication avec le préparateur, pour que l'humidité de la soie qu'il renferme ne se répande pas sur le lot desséché, dont on note le poids final. Après quoi, un nouveau lot de soie est mis dans l'appareil qui fait alors office de préparateur ; on rétablit la communication, on renverse le courant dessiccateur, et les choses continuent comme précédemment.

M. Milesi est aussi l'inventeur d'un calorifère spécial qui donne de très-bons résultats. Les produits de la combustion traversent une série de tubes disposés horizontalement, dans le genre des tubes des chaudières tubulaires. L'air s'échauffe contre les parois de ces tubes, avant de gagner les appareils ; cette disposition a pour but, par l'augmentation de la surface de chauffe, de tirer le meilleur parti possible du calorique ; elle procure, avec une économie de combustible, le double avantage d'une durée presque illimitée et d'une grande facilité pour les réparations et les nettoyages.

BERGAME

La Condition de Bergame a été constituée par une société d'actionnaires; le capital social est de 40,000 francs, divisé en 40 actions de 1,000 francs.

Elle est administrée par un directeur gérant et par un conseil de surveillance représentant les actionnaires.

Elle fut inaugurée en 1846 sous la raison sociale Etienne Berizzi et Cie; en 1872, la raison sociale se changea en J.-B. Berizzi et Cie; elle est actuellement Charles Vitali et Cie.

En 1849, sous la direction de M. E. Berizzi, un Bureau de titrage fut annexé à cette Condition; le mode de titrage adopté est le titrage légal italien, avec l'échevette de 450 mètres et le demi-décigramme comme unité de poids.

Le décreusage des soies n'existe pas à Bergame.

Au moment de la fondation, les appareils dessiccateurs étaient au nombre de 30, chauffés par la vapeur, d'après le système Talabot; en 1857, on les remplaça par des appareils de l'ingénieur Milesi, au nombre de 8; ils suffisent pour le marché de cette place.

Le tarif du conditionnement est de 10 L. par 100 kilog. avec un minimum de 5 L. au-dessous de 50 kilog.

Le droit perçu au titrage est de L. 0,30 par essai, soit 3 L. pour 10 essais; il est perçu un droit supplémentaire de L. 0,50 pour la détermination de l'élasticité et de la ténacité, et de L. 0,50 également pour la décomposition des apprêts.

Le pesage simple fonctionne dans l'établissement avec le tarif ci-dessous :

Pour toute partie inférieure à 50 kilog. . . . L. 0,40
De 50^k,01 à 60. . . . . L. 0,45
De 60^k,01 à 70. . . . . L. 0,50
Et ainsi de suite.

BRESCIA

La Condition de Brescia est due à l'initiative d'une compagnie d'actionnaires, autorisée par décret royal du 19 mars 1868 ; la société est administrée par une commission de trois membres pris dans son sein.

Le titrage de la soie a été institué en même temps que le conditionnement : le titre est exprimé par le poids en deniers *milanais* d'une longueur de 400 aunes.

Cet établissement, qui ne possède pas de Bureau de décreusage, fonctionne avec quatre appareils, système Milesi, et quatre appareils préparateurs.

Le tarif du conditionnement est de L. 12 par 100 kilog. avec une taxe minimum de L. 9 au-dessous de 75 kilog.

Les frais de titrage sont de L. 0,30, la Condition restant propriétaire des échevettes prélevées pour l'essai.

En 1873, un Bureau de pesage a été annexé à la Condition de Brescia ; la taxe perçue pour cette opération est de L. 0,50 au-dessous de 50 kilog., avec une augmentation de L. 0,10 par chaque dizaine de kilog. en sus. La commission s'est réservé la faculté d'accorder des réductions, lorsque des pesages importants sont demandés à l'établissement.

COME

La Condition de Côme fut organisée en 1854 par cinquante associés, dans un but philanthropique ; les intérêts du capital de fondation et les frais d'exploitation une fois assurés, l'excédant des recettes était employé en œuvres de bienfaisance. Cet état de choses dura jusqu'en 1866, époque à laquelle l'établissement passa entre les mains de la Chambre de commerce, qui l'exploite de la même façon.

Les bénéfices nets sont distribués, partie à l'école des soies, partie en encouragements aux études sur la soie et en bonnes œuvres.

Cette Condition possède un Bureau de titrage, qui procède suivant le mode italien.

Le décreusage n'existe pas encore dans l'établissement.

Deux appareils ont suffi aux débuts de cette Condition ; un troisième fut ajouté en 1857, un quatrième en 1864 ; ils sont tous du système Talabot-Persoz-Rogeat, et peuvent fonctionner isolément.

TARIF DU CONDITIONNEMENT

8 L. par 100 kilog., avec un minimum de 2 L. au-dessous de 25 kilog.

TARIFS DU TITRAGE ET DU PESAGE

Indication du titre : L. 0,25 seulement, mais la soie prélevée pour les essais devient la propriété de l'établissement.

Tors et filage : L. 0,50.

Élasticité et ténacité : L. 0,50.

La taxe du pesage est de : L. 1 par 100 kilog. et la gradation est de L. 0,10 par chaque dizaine de kilog.

La ville de Côme est, en Italie, le centre principal de la fabrique de soieries. M. Natalis Rondot, dont on ne peut trop invoquer l'autorité en ces matières, estime que de 1861 à 1872, le nombre des métiers s'y est élevé de 5,000 à 6,500, ce qui constitue une augmentation de 30 pour cent. La comparaison entre les résultats fournis par la Condition de Côme pour les années 1861 et 1872 conduit à un chiffre peu différent.

```
Mouvement de 1861 . . . . . .   96,000 kilog.
    —     de 1872 . . . . . .  154,000  —
                              ─────────
           Augmentation. . .   58,000 kilog. ou 37 0/0
```

L'Italie possédant en tout 12 à 14 mille métiers, et Côme en occupant environ 6,500, la production de cette région permet de conclure à la production totale de l'Italie.

La fabrique italienne n'a pas été moins éprouvée que celle de Lyon en 1877, car la Condition de Côme accuse un déficit de 25 pour cent, correspondant à une diminution équivalente dans sa production.

FLORENCE

La Condition de Florence, autorisée par ordonnance royale du 22 mai 1857, est une dépendance de la Chambre de commerce de cette ville ; elle est placée sous la surveillance d'une commission de deux membres choisis dans son sein.

Un Bureau de titrage fonctionne depuis le 1er octobre 1877 ; il donne le titre légal italien.

L'établissement, dont le service est assuré par quatre appareils Talabot-Persoz-Rogeat, ne procède ni aux épreuves du décreusage ni à celles du pesage.

Le tarif du conditionnement est de L. 15 par 100 kilog. avec un minimum de L. 7,50.

Le tarif pour le titrage est fixé à L. 3,50 par essai comprenant ensemble le dévidage et le titrage de cinq flottes ou matteaux ; le droit est double pour 10 flottes, triple pour 15, et ainsi de suite.

C'est le plus élevé des tarifs italiens.

GÊNES

La Condition de Gênes fut installée en 1853 ; les débuts ayant laissé à désirer, la Chambre de commerce de cette ville en prit la direction en 1858.

Deux appareils, système Talabot, suffisent à assurer le fonctionnement de ce petit établissement.

Il ne décreuse pas la soie, mais il la titre d'après le système décimal italien ; cette opération est gratuite, les échantillons prélevés pour l'essai restent acquis à l'institution.

La taxe au conditionnement est de L. 4,20 au-dessous de 40 kilog.; chaque kilog. excédant donne lieu à une surtaxe de L. 0,10.

Le pesage simple de la soie est tarifé comme il suit :

```
L. 1,25 jusqu'à. . . . . . . . . . 40 kilog.
L. 1,50 de 40 à. . . . . . . . . . 50  —
L. 2    au-dessus de. . . . . . . 50  —
```

LECCO

La Condition de Lecco remonte à 1865 : due à l'initiative d'une société de capitalistes, elle est administrée par un directeur-gérant, sous l'inspection d'un conseil de surveillance composé de trois membres choisis parmi les actionnaires, et qui restent en fonctions pendant deux années.

Le titrage de la soie n'est pas encore organisé à Lecco ; il doit être institué à l'ouverture de la campagne séricicole 1878-79.

Le décreusage ne s'y fait pas ; cet établissement s'adresse aux Conditions de Milan pour les épreuves de ce genre qui lui sont demandées.

Le service est assuré par quatre appareils du système Talabot, perfectionnés par l'ingénieur Odazzio.

MILAN

CONDITION BACCIGALUPPI

Milan, centre le plus important des transactions soyeuses en Italie, possède trois Conditions. La première en date est la Condition Baccigaluppi.

L'établissement fut ouvert en 1844; créé par une société d'actionnaires, il fonctionna d'abord avec les appareils Talabot ; en 1852, le gérant de la société, M. Nicolas Osio, acheta l'exploitation pour l'Italie du brevet pris par M. Rogeat ; douze appareils de ce système assurent le service dans cette Condition.

TARIF DU CONDITIONNEMENT. — L. 6 par 100 kilog. avec un minimum de L. 3 au-dessous de 50 kilog. La surtaxe est calculée à raison de L. 0,30 par chaque fraction indivisible de 5 kilog.
L'épreuve du décreusage coûte L. 4.
Le pesage est taxé à raison de L. 0,50 par 100 kilog. avec un minimum de L. 0,25 au-dessous de 50 kilog.

Le décreusage a été établi en 1857, le pesage en 1873; le titrage n'existe pas.

En vue d'augmenter le chiffre de ses opérations, la Condition Baccigaluppi a décidé, depuis 4 ans, que tout négociant qui aurait, dans le courant de l'année, acquitté des taxes dépassant 50 lires, aurait droit à une participation dans la moitié des bénéfices nets, au prorata des versements faits par lui. Les actions, au nombre de 300, sont exclusivement disséminées entre les mains des négociants en soie; aucun d'eux ne peut en posséder plus de cinq. Il n'y a d'exception que pour le gérant, qui en a 30, à titre de cautionnement.

CONDITION G. SERRA-GROPELLI

Cette Condition, qui date de 1852, est, comme la précédente, montée par actions.

Elle possède douze appareils dessiccateurs chauffés par un calorifère Milesi, et quatre appareils à gaz de l'invention de M. Gropelli.

Le décreusage et le titrage y fonctionnent depuis 1870.

Le titrage s'y fait suivant la méthode italienne : l'échevette d'essai est de 450 mètres, le poids en est exprimé en demi-décigrammes.

Il y a un Bureau de pesage pour les matières premières.

Le tarif du conditionnement est de 6 lires par 100 kilog. il est appliqué comme il suit :

Au-dessous de 50 kilog. . . . . L. 3
Au-dessus, par chaque série indivisible de 5 kilog. L. 0,30
La taxe perçue au pesage est, par 100 kilog., de. . L. 0,50
Elle varie, par chaque série de 10 kilog., de. . . L. 0,05
Au-dessous de 50 kilog., elle est uniformément de L. 0,25

Le tarif du Bureau de titrage est assez compliqué ; en voici les dispositions principales :

Essai de la soie grége. . . . . L. 2
Essai de la soie ouvrée. . . . . L. 1
Conditionnement des échevettes d'essai. . . . . . L. 0,50
Décomposition des apprêts (10 épreuves). . . . . L. 0,80
Vérification du tors seul. . . . . L. 0,30
Vérification du filage seul. . . . . L. 0,60
Vérification de l'élasticité et de la ténacité. . . . L. 0,50

On voit par ce qui précède que l'essai complet (conditionnement compris) de la soie ouvrée revient à L. 2,80 et celui de la grége à L. 3.

Chaque expérience de décreusage coûte L. 4.

La Condition G. Serra Gropelli est celle qui est le plus en faveur à Milan, ainsi que l'attestent les relevés de l'institution.

CONDITION RATTI

L'établissement, monté par actions, a été autorisé par décret royal du 18 juillet 1870.

Il a fonctionné au début avec seize appareils construits par l'ingénieur Emmanuel Odazzio; en 1877, quatre autres appareils à gaz, système Ratti, ont été ajoutés au matériel.

Le décreusage a été ouvert en même temps que la Condition.

Le pesage simple date du mois d'octobre 1872.

Le titrage a commencé à fonctionner le 9 août 1875.

Le tarif est le même que celui de la Condition Gropelli.

Cette Condition, la dernière venue, marche de pair avec l'établissement Baccigaluppi.

Pour avoir une idée de l'importance des transactions soyeuses à Milan, il faut réunir les résultats des trois Conditions que comporte cette place. On arrive ainsi à un total de trois millions de kilogrammes pour 1875, de trois millions et demi pour 1876, et d'environ deux millions pour 1877.

PESARO

La Condition de Pesaro, qui ne reçoit guère que des soies gréges, date de 1872; elle est la propriété de la Chambre de commerce de cette ville. Le règlement en a été calqué, de tous points, sur celui de la Condition Gropelli de Milan; il n'y a de différence que pour le tarif qui est de 10 lires par 100 kilog.

Il n'y a ni titrage, ni décreusage, ni pesage. Deux appareils, système Milesi, suffisent à assurer le fonctionnement de cet établissement.

TURIN

CONDITION OFFICIELLE

Turin compte, comme Milan, trois Conditions : la plus ancienne est celle administrée par la Chambre de commerce.

Fondée en 1750, elle adopta en avril 1851 le procédé Talabot. En exécution d'une ordonnance royale du 9 mai 1860, elle fonctionna ensuite avec les appareils Talabot-Persoz-Rogeat, modifiés par l'ingénieur Milesi. Ces appareils, au nombre de dix, sont desservis par deux calorifères, du même ingénieur, dont un seul suffit pour chauffer tous les appareils.

L'établissement possède un Bureau de pesage et un atelier de décreusage, ce dernier ouvert en juillet 1874.

La Chambre de commerce a également l'administration d'un Bureau de titrage annexé à la Condition depuis le 9 janvier 1854 : le titrage adopté est le titrage italien.

Le tarif du conditionnement est de L. 0,25 par chaque partie de 5 kilogrammes, avec un minimum de L. 3,50 au-dessous de 50 kilog.
Le droit de pesage est perçu à raison de L. 0,05 par chaque dizaine de kilog.; au-dessous de 50 kilog., L. 0,25.
Le tarif du titrage est fixé comme il suit :

L. 2,00 par chaque essai, jusqu'à. . . . 30 épreuves.
L. 2,50   —   de 31 à. . . 40   —
L. 3,00   —   de 41 à. . . 50   —

Ensuite, en proportion.

Tors et filage. . . . . L. 0,50
Élasticité et ténacité . . . . L. 0,25
Le tout ensemble. . . . . L. 0,75

Ces derniers droits sont pour dix épreuves ; le droit est double pour de plus nombreuses expériences.

CONDITION A. BERTHOLDO ET Cⁱᴱ

L'établissement appartient à une société d'actionnaires, autorisée par décret royal; il est placé sous l'inspection d'un conseil de surveillance, composé d'un président, d'un secrétaire et de trois membres, tous élus en assemblée générale des actionnaires.

La société a été constituée le 3 juin 1872.

La Condition Bertholdo possède un Bureau de titrage datant de la même époque; les essais sont faits suivant la méthode italienne.

Un Bureau de décreusage prit naissance à l'ouverture.

Cette institution fonctionne avec 14 appareils dessiccateurs et autant de préparateurs; il y a de plus 2 appareils chauffés au gaz.

Le tarif du décreusage est de L. 2,50.

Les opérations du titrage se paient en nature, cette Condition gardant, à titre de rémunération, les échevettes prélevées pour l'essai.

Le tarif du conditionnement est de L. 3,50 au-dessous de 50 kilog., il progresse par L. 0,25 pour chaque série ou fraction de 5 kilogrammes en sus.

Un Bureau de simple pesage fonctionne avec les taxes suivantes :

Au-dessous de 50 kilog.	L. 0,25
Pour chaque série de 10 kilog. en sus, la surtaxe est de.	L. 0,05

Ces taxes sont identiques à celles perçues par l'établissement relevant de la Chambre de commerce et des arts.

CONDITION MAURIZIO PONZONE

L'établissement a été fondé, en 1874, par une compagnie d'actionnaires, sous la raison sociale A. Trivero et Cie. M. Maurizio Ponzone a pris en 1875 la suite de cette entreprise, dont la gérance est restée confiée à M. Trivero.

La Condition Ponzone possède un atelier de décreusage, elle n'a pas de Bureau d'essai.

Les appareils dessiccateurs, au nombre de 16, sont munis de 8 balances, dont chacune fait à volonté le service de deux appareils.

Ils sont desservis par un courant d'air chaud réglé par un ventilateur à main ; c'est pour ce motif que l'établissement a pris le titre de « *Condizione celere*, » les opérations pouvant y être menées un peu plus rapidement que dans les institutions similaires.

Malgré ces perfectionnements, cette Condition est loin d'atteindre le niveau de ses rivales.

Le tarif, pour le conditionnement, le décreusage, le pesage simple, est le même que dans les deux autres Conditions de Turin.

De même qu'à Milan, il faut, pour se rendre compte du chiffre des transactions en soie à Turin, ajouter les résultats des trois Conditions de cette ville ; l'importance du mouvement total est de huit à neuf cent mille kilog. par an en moyenne.

UDINE

La Condition d'Udine remonte à 1847 ; elle a relevé, au début, de l'initiative privée; depuis 1850, elle est devenue la propriété de la Chambre de commerce et des arts de cette ville.

Un Bureau de titrage fut annexé en 1875 à l'établissement, il fonctionne d'après les règles usitées à Milan.

La Condition d'Udine opère avec six appareils Milési.

TARIF DU CONDITIONNEMENT : L. 8 par 100 kilog.
TARIF DU TITRAGE : L. 2 pour les soies gréges, avec 30 épreuves ; L. 1 pour les soies ouvrées, avec 10 épreuves. Tors et filage, L. 0,50. Élasticité et tenacité, L. 0,50 par dix épreuves.

Le mouvement total des Conditions italiennes, qui avait été, en 1875, de 4,500,000 kilog., a dépassé 5,300,000 kilog. en 1876, pour tomber, en 1877, à moins de 3 millions de kilogr.

Les résultats de tous ces établissements réunis n'égalent pas, en importance, ceux que présente, à elle seule, la Condition de Lyon.

VI

SUISSE

BALE

La Condition de Bâle a été fondée par une société d'actionnaires, elle est accréditée de l'État, surveillée par l'ingénieur public, administrée par un comité de cinq membres, dont deux marchands de soie et trois fabricants de soieries.

L'ouverture en a eu lieu le 12 février 1872.

Antérieurement, il existait à Bâle une succursale de la Condition de Zurich ; cette succursale s'occupait uniquement du pesage des balles de soie et du prélèvement des échantillons destinés aux épreuves ; elle les envoyait, après en avoir reconnu le poids, à Zurich, où ils étaient soumis au conditionnement.

Un Bureau de titrage a été institué à la même époque ; il opère comme les établissements italiens.

Un Bureau de décreusage fonctionna dès l'ouverture de la Condition.

L'établissement est desservi par six appareils dessiccateurs à gaz.

Le tarif du conditionnement est de 12 centimes par kilog., avec un mimum de 3 fr. au-dessous de 25 kilog.

Chaque opération de décreusage coûte. . . .	F. 2
Pour le titrage des soies grèges, il est perçu, par chaque épreuve.	F. 0,15
Pour le titrage des soies ouvrées, il est perçu, par chaque épreuve.	F. 0,05
Tors, filage, élasticité, ténacité, chaque épreuve	F. 0,05
Pesage simple, au-dessous de 50 kilog. . . .	F. 0,50
Pesage simple, au-dessus de 50 kilog. . . .	F. 0,75

ZURICH

La Condition de Zurich, ouverte en 1847, fonctionne avec 14 dessiccateurs Talabot-Persoz-Rogeat.

Les services du titrage et du décreusage des soies ont été institués en 1872 ; le titrage usité est le titrage italien.

Le tarif du conditionnement est de 12 centimes par kilogr. ; l'épreuve de décreusage est taxée à 1 fr. 50.

Pour le titrage des soies ouvrées, il est perçu, par épreuve. F. 0,05
Pour le titrage des soies grèges, — — F. 0,15

Le tarif du simple pesage est le suivant :

Pour 25 kilog.	F. 1
Pour 75 kilog.	F. 1,50
Pour 150 kilog.	F. 2

La surtaxe est de 50 centimes par chaque fraction indivisible de 75 kilog.

Jusqu'en 1872, le mouvement de la Condition de Zurich est le seul document qui puisse donner une idée des transactions soyeuses en Suisse ; à partir de cette époque, il y a lieu de réunir les résultats des deux Conditions de Zurich et de Bâle.

M. Rondot estime que le nombre des métiers battant pour la fabrique de Zurich, qui était de 18,665 en 1867, avait atteint, en 1872, le chiffre de 26,560, ce qui constitue une augmentation de 42 pour cent ; l'industrie bâloise doit avoir progressé dans la même mesure. Les statistiques des Conditions viennent corroborer ces indications.

En 1868, la Condition de Zurich a reçu. 432,712 kilog.
En 1872, les Conditions de Bâle et Zurich ont reçu ensemble. . . . . 644,167 kilog.

Ce qui fait ressortir une augmentation de 211,455
Ou. . . . 48 p. 0/0.

Le mouvement des Conditions de Bâle et de Zurich a fléchi en 1877 de 30 pour cent. La crise qui sévissait à Lyon, en frappant aussi l'Allemagne et l'Italie, n'épargnait pas non plus la Suisse ; la fabrique de ce pays avait à souffrir dans la même mesure que la nôtre.

On voit, par ce qui précède, que s'il est impossible d'évaluer la production d'un pays par le mouvement des Conditions, les statistiques de ces établissements ont une valeur relative incontestable, et permettent de suivre les fluctuations de l'industrie.

Cette considération nous a donné à penser qu'un tableau résumant la marche des Conditions européennes pendant les dix dernières années, contiendrait d'utiles enseignements, en même temps qu'il proclamerait l'étendue des services rendus par le conditionnement.

VI

MOUVEMENT COMPARATIF DES CONDITIONS FRANÇAISES ET ÉTRANGÈRES

PENDANT LES 10 DERNIÈRES ANNÉES

CONDITIONS FRANÇAISES

VILLES	1868	1869	1870	1871	1872	1873	1874	1875	1876	1877
	kilog.	kilog.	kilog.	kilog.	kilog.	kilog.	kilog.	kilog.	kilog.	kilog.
AMIENS	1,700	535	945	801	1,230	1,333	1,404	2,295	3,531	3,463
AUBENAS	420,033	478,875	373,538	387,730	604,704	446,937	300,029	565,070	545,130	494,833
AVIGNON	215,068	225,167	201,340	198,002	273,830	223,002	234,685	381,223	346,361	199,783
LYON	3,222,805	3,321,802	2,364,221	3,096,182	3,388,862	3,161,823	3,895,893	4,477,521	5,075,205	3,323,494
MARSEILLE	184,205	161,665	108,244	135,541	106,200	149,479	180,776	167,805	410,783	224,540
MONTÉLIMAR	»	»	»	»	21,275	44,336	66,500	90,378	72,608	27,028
NIMES	17,001	27,750	33,130	51,713	42,273	25,402	24,996	19,958	20,232	12,110
PARIS	168,550	207,378	199,350	188,480	201,712	232,461	254,145	392,232	362,640	317,105
PRIVAS	77,390	95,820	85,929	94,508	123,510	94,807	85,271	117,778	99,550	63,542
REIMS	»	»	»	»	»	»	»	»	»	»
ROUBAIX	1,300	465	1,805	2,419	440	1,037	417	2,061	1,151	529
SAINT-ÉTIENNE	555,219	525,635	453,822	676,064	748,129	702,620	785,069	1,066,508	1,036,195	777,541
TOURCOING	»	»	»	»	»	»	»	»	»	»
VALENCE	87,063	95,297	66,324	63,931	79,000	33,860	38,529	50,221	61,082	30,273
Total	4,950,729	5,140,470	3,802,919	4,917,074	5,728,237	5,167,735	5,935,729	7,215,100	8,608,470	5,241,940

CONDITIONS ÉTRANGÈRES

VILLES	1868	1869	1870	1871	1872	1873	1874	1875	1876	1877
ALLEMAGNE										
	kilog.	kilog.	kilog.	kilog.	kilog.	kilog.	kilog.	kilog.	kilog.	kilog.
CREFELD	328,815	320,190	345,728	439,024	413,037	410,342	430,643	410,751	470,946	359,454
ELBERFELD	144,168	122,702	128,393	172,632	165,430	184,334	163,028	201,315	205,920	164,200
AUTRICHE										
VIENNE	138,240	139,572	143,570	170,125	150,508	109,897	97,900	97,762	107,430	102,284
ITALIE										
ANCONE	»	»	»	10,325	32,335	13,435	16,605	17,708	19,388	35,960	11,350
BERGAME	127,425	144,430	129,350	215,518	164,147	144,545	127,503	185,930	210,707	126,035
BRESCIA	»	13,944	17,501	31,051	20,803	19,151	21,510	20,805	22,064	10,141
COME	82,044	89,450	94,407	150,070	134,261	145,433	150,187	130,750	155,002	115,770
FLORENCE	37,850	45,235	29,907	87,878	37,533	37,319	70,504	53,238	66,233	35,408
GÊNES	»	»	»	»	»	»	1,134	9,810	17,710	1,814
LUCCO	79,065	78,080	64,235	104,780	100,005	105,770	117,920	137,250	133,260	91,725
MILAN	1,677,040	1,728,585	1,731,360	2,210,655	2,640,095	2,505,020	2,540,145	3,054,165	3,026,475	1,906,340
PESARO	»	»	»	»	»	»	2,757	8,007	4,728	10,811	4,163
TURIN	462,436	523,853	525,455	848,450	801,450	822,001	628,040	840,481	824,931	480,752
UDINE	42,044	30,002	30,740	55,130	40,564	30,200	50,015	51,565	57,035	18,005
SUISSE										
BALE	»	»	»	»	»	161,027	189,80	198,543	289,963	251,370	224,802
ZURICH	432,712	453,545	574,150	714,357	491,568	455,878	519,021	521,560	701,545	545,287
Total	3,573,450	3,706,836	3,822,012	5,244,464	5,313,186	5,157,335	5,474,801	6,103,743	7,227,049	4,247,141

VII

CONCLUSION

On voit, par ce qui précéde, combien il y a peu d'uniformité dans le régime des Bureaux de conditionnement. Droit de propriété, mode d'administration, pratiques intérieures, tarifs, tout varie d'un pays à l'autre, et, dans le même État, d'une ville à la ville voisine.

Si cependant l'uniformité fut jamais désirable, c'est bien entre des institutions semblables, destinées à régulariser les transactions commerciales. Les échanges internationaux prennent chaque jour de nouveaux développements ; un mode identique de procéder dans les opérations de conditionnement, de décreusage, de titrage aurait le double avantage de rendre les relations plus faciles, de diminuer la somme d'impôts dont est grevée la matière première.

La faveur, qui a accueilli les congrès internationaux

de numérotage, prouve combien cette nécessité est universellement reconnue.

L'unification des procédés de conditionnement n'est pas moins désirable que celle du numérotage ; en présence des nombreux intérêts privés, engagés dans cette question, il serait peut-être chimérique de poursuivre une entente entre les divers pays

Serait-ce trop demander que de vouloir cette harmonie entre les Conditions françaises?

Les charges qui pèsent sur ces institutions, sont réparties de la façon la plus inégale. Un procès récent, que la Chambre de commerce de Lyon a dû soutenir à propos de la patente imposée à sa Condition, ayant mis très-exactement l'Administration au courant de ce qui se passe dans ces établissements, ce sera ne léser aucun intérêt que de signaler les divergences qui existent de l'un à l'autre.

Tandis que le bulletin de Condition acquitte le droit de timbre de 0 fr. 60 cent. dans certaines villes, il en est exempté dans d'autres, par cette raison que les Conditions de ces villes étant des établissements municipaux, leurs recettes ont le caractère des recettes municipales et doivent à ce titre l'immunité du timbre. Bien que se trouvant dans ce cas, la Condition de Privas est cependant assujettie au droit de timbre.

Pour ce qui est des impôts, la variété n'est pas moins grande.

La Condition de Lyon paie, tout à la fois, la patente, la contribution foncière et des portes et fenêtres ainsi que les droits de main-morte.

La Condition de Saint-Étienne ne paie que l'impôt foncier et n'est point assujettie à la patente.

Ce droit de patente est perçu à Paris, à Marseille, à Reims, bien que la Condition de cette dernière ville soit un établissement communal.

Les autres Conditions, relevant de l'autorité municipale, jouissent, en matière d'impôts, d'une immunité absolue. Ainsi en est-il à Privas, Aubenas, Roubaix, etc.

Ou toutes les Conditions doivent être assujetties également à ces divers impôts, ou toutes doivent en être uniformément exemptes. Loin de nous la pensée d'attirer les rigueurs du fisc sur les institutions qu'il a ménagées jusqu'ici. Nous espérons bien plutôt obtenir, pour les établissements moins favorisés, une application plus douce de la loi, notamment en ce qui concerne le droit de patente.

Les mêmes procédés de conditionnement étant applicables aux divers filés hygrométriques, les Conditions devraient, embrassant indistinctement dans leurs opérations les filés de toute nature, prendre la désignation plus logique de « *Conditions des Textiles.* »

La loi du 13 juin 1866 sur les usages commerciaux a fixé les reprises au conditionnement de la soie et de la laine. Des articles additionnels pourraient régler la reprise qui convient aux autres filés. En attendant mieux, on pourrait s'en tenir aux chiffres suivants, proposés au congrès de Turin, par les Directeurs des principales Conditions de France et de l'Étranger :

MATIÈRES	EPRISES
Soie.	11 p. 0/0
Laine cardée.	18 1/4 —
Laine peignée.	17 —
Coton.	8 1/2 —
Lin.	12 —
Chanvre.	12 —
Jute et phormium.	13 3/4 —
Fils et étoupe.	12 1/2 —

Le titrage devrait reposer partout sur les mêmes bases décimales, le titre étant exprimé, pour la soie, par le poids en demi-décigrammes de l'échevette demi-kilométrique, pour les autres filés, par le nombre de mètres au gramme.

Uniquement préoccupée des intérêts généraux de l'industrie, la Chambre de commerce de Lyon n'a jamais attaché qu'une importance secondaire aux tarifs de sa Condition. Alors que les expériences de décreusage et les épreuves complémentaires du titrage donnent lieu partout ailleurs à une rétribution spéciale, elle dispense ces renseignements à titre gratuit, cherchant à élargir le plus possible le champ des garanties offertes au commerce.

Une pensée aussi large ne peut présider partout à l'établissement des tarifs. L'unité des taxes est un *desideratum* dont les convenances locales ne permettent pas de poursuivre la réalisation.

Reste la question capitale de l'administration des Conditions. L'article 14 de l'ordonnance royale du 16 juin 1832 attribue aux Chambres de commerce l'administration des établissements créés pour le commerce. En France, certaines Conditions sont placées sous l'action de l'autorité municipale. Si bien administrées qu'elles puissent être, elles le seraient aussi bien par les Chambres de commerce, ou par les Chambres consultatives, des villes où elles fonctionnent. Il est de toute évidence qu'il ne saurait s'agir que d'une expropriation avec indemnité préalable. Les Conseils municipaux, qui ont fait les frais de ces établissements, devraient être indemnisés, à raison des ressources que ces créations apportent à leurs budgets. C'est à la suite d'une combinaison de cette nature que la Condition de Saint-Étienne a été cédée par le Conseil municipal à la Chambre de commerce de cette ville.

Toutes les Conditions, relevant de l'autorité des Chambres de commerce ou des Chambres consultatives, seraient sous l'action directe du ministère de l'agriculture et du commerce, qui pourrait leur imposer des règlements et des méthodes uniformes.

L'unité, à laquelle on serait ainsi conduit, aurait pour résultat de dégrever la matière première d'épreuves multiples, auxquelles elle est aujourd'hui soumise en pure perte.

La généralisation du conditionnement assurerait aux transactions de toute nature la sécurité dont quelques-unes ont seules bénéficié jusqu'à ce jour.

L'industrie des textiles, cette branche importante de la production nationale trouverait, dans cet ensemble de garanties et de réformes, de nouveaux éléments de vitalité et de nouvelles armes, pour soutenir les luttes pacifiques du travail qui, dans un avenir dont le secret appartient à Dieu, seront, il est permis de l'espérer, les seules à diviser les peuples.

APPENDICE

LOIS, DÉCRETS, RÈGLEMENTS
RELATIFS A LA CONDITION

I

**Règlement pour la Condition des Soies
joint à une Requête au Contrôleur général des Finances,
présentée par le Sieur RAST, en 1779
pour obtenir l'autorisation de former cet établissement**

ARTICLE 1er. — Il sera établi par le sieur Rast de Maupas et à ses frais, dans un appartement commode et à portée du commerce, une Condition publique propre à la dessiccation des soies, sous l'inspection du Consulat. Cet établissement sera dirigé par le dit sieur Rast de Maupas, ses successeurs, préposés ou ayants cause, à leurs périls et risques, et nous leurs concédons le privilége exclusif pendant trente années à compter du jour de l'enregistrement des présentes au greffe du Consulat de la dite ville.

ART. 2. — Le dit entrepreneur établira dans les chambres destinées pour cette Condition publique, par le moyen de poêles ou fourneaux, une chaleur constante de 16 à 17 degrés du thermomètre de M. de Réaumur, lorsque le baromètre sera entre 28 et 27 pouces, et de 19 ou 20 lorsque le baromètre sera entre 27 et 26 pouces, afin que l'excédant de chaleur soit capable d'absorber l'augmentation d'humidité de l'atmosphère désignée par la situation du baromètre ; si on peut parvenir à construire un hygromètre d'une graduation sûre et comparative, on en fera usage de préférence au baromètre.

Art. 3. — Pour éviter tout soupçon d'infidélité, et pour que ceux qui déposeront leurs soies à cette Condition publique soient sûrs qu'il n'en sera jamais distrait la moindre portion, on mettra la soie dans des caisses entourées d'un grillage en fil de fer tissu, et qui seront assez grandes pour contenir cent à cent vingt livres de soie, de façon que tous les matteaux soient rangés dans les dits tiroirs, les uns à côté des autres, et jamais l'un sur l'autre, afin que la chaleur communique également partout.

Art. 4. — Il y aura vingt ou trente de ces caisses, même davantage si la promptitude du service public l'exige ; elles seront portées par des pieds de six pouces de hauteur, afin qu'il y ait cette distance depuis la soie jusqu'au carrelage, et chaque caisse aura son numéro, à côté duquel sera marquée la quantité de livres de soie qu'elle pourra contenir.

Art. 5. — La soie sera rangée dans ces caisses en présence de celui qui l'apportera, après quoi il la fermera et y apposera son cachet, qui ne pourra être défait que par celui qui rapportera la reconnaissance, en venant retirer la dite soie au bout de vingt-quatre heures.

Art. 6. — Le susdit concessionnaire ou ses préposés seront obligés de tenir un registre coté et paraphé, sur lequel sera inscrite la soie apportée à la Condition ; on y mettra la date de l'année et du jour, de même que l'heure de son entrée à la Condition, le nom du vendeur, celui de l'acheteur, le numéro et la marque du ballot, s'il y en a, la qualité de la soie, le poids net, et enfin le numéro de la caisse dans laquelle on la mettra conditionner, et on délivrera au déposant une reconnaissance parfaitement conforme.

Art. 7. — Lorsqu'il y aura vingt-quatre heures révolues depuis le dépôt de la soie à la Condition, le déposant sera obligé de la retirer ; on reconnaîtra devant lui le nouveau poids, on l'ajoutera à sa reconnaissance, de même qu'au registre sur lequel il signera le retiré.

Art. 8. — A défaut par le déposant de venir retirer la soie au terme de vingt-quatre heures, qui vient d'être fixé par l'article précédent, il sera libre au Directeur ou à ses préposés, après la vingt-quatrième heure révolue, de rompre le cachet et de reconnaître son nouveau poids, qui sera couché sur le registre, pour être mis conforme sur la reconnaissance qu'on doit apporter, lorsqu'on viendra retirer la dite soie.

Art. 9. — Pour indemniser le sieur Rast de Maupas de ses soins et des frais qu'il sera obligé de faire en avance et en dépense annuelle, il sera payé, moitié par le vendeur et l'autre moitié par l'acheteur, pour chaque partie de soie mise à la Condition publique, six deniers par livre de soie ; et quand même on mettrait en Condition des parties ou ballots au-dessous de cinquante livres, il sera toujours payé 25 sols, comme s'il y avait les cinquante livres.

Art. 10. — Tout acheteur ou vendeur pourra exiger que la soie vendue soit mise à la Condition publique, et l'un et l'autre seront obligés de s'en rapporter à la déclaration qui leur sera délivrée pour la fixation du poids de la dite soie, après qu'elle aura subi la Condition ; les registres et la déclaration conforme feront foi et serviront de règle en cas de discussion.

Art. 11. — Lorsqu'un particulier recevra du dehors un ballot de soie pour son compte, il pourra exiger qu'il soit porté, au sortir de la douane, à la Condition publique, et le poids qui en résultera fera foi vis-à-vis du vendeur et de l'acheteur.

Art. 12. — Tout acheteur pourra exiger que les masses de trames de pays ou étrangères, qui sont pour l'ordinaire fort serrées, soient dénouées et déployées avant de les mettre en Condition, et pour lors il sera payé par ledit acheteur trois deniers de plus par livre de soie (ce qui fera en tout neuf deniers), pour cet excédant de main-d'œuvre.

Art. 13. — Lorsque, dans les vingt-quatre heures ci-dessus fixées pour la Condition, la soie aura diminué de trois pour cent, preuve d'un excès d'humidité qu'un jour entier ne saurait détruire, elle subira une seconde Condition de vingt-quatre heures ; et pour lors le vendeur seul sera obligé de payer les frais de cette seconde Condition, qui seront les mêmes que pour la première, c'est-à-dire six deniers par livre.

Art. 14. — La déclaration ou reconnaissance qui sera délivrée fera mention de la somme qui aura été payée pour le prix de la Condition, et portera la quittance.

Art. 15. — Le dit sieur Rast de Maupas fera tous les frais du présent établissement, et répondra de la fidélité des commis et domestiques qui feront le service de cette Condition publique.

Art. 16. — N'entendons par ces présentes gêner en aucune manière la liberté du commerce, et voulons qu'il soit entièrement libre à un chacun d'envoyer ses soies à cette Condition publique.

II

Décret du 23 germinal an XIII, instituant la Condition unique et publique des Soies.

NAPOLÉON, Empereur des Français,

Sur le rapport du Ministre de l'intérieur,

Décrète ce qui suit :

Article 1er. — Il n'y aura, à compter du 1er messidor, à Lyon qu'une seule Condition publique pour les soies.

Art. 2. — Ces opérations seront en tout assujetties aux dispositions suivantes.

Art. 3. — *On établira dans les chambres destinées pour cette Condition publique, par le moyen de poêles ou fourneaux, une chaleur constante de 16 à 17 degrés du thermomètre de Réaumur, lorsque le baromètre sera entre 28 et 27 pouces ; de 18 degrés lorsque le baromètre sera à 27 pouces ; et de 19 ou 20 lorsque le baromètre sera entre 27 et 26 pouces, afin que l'excédant de chaleur soit capable d'absorber l'augmentation d'humidité de l'atmosphère désignée par la situation du baromètre ; si on peut parvenir à construire un hygromètre d'une graduation sûre et comparative, on en fera usage par préférence au baromètre.*

Art. 4. — Pour éviter tout soupçon d'infidélité, et pour que ceux qui déposeront leurs soies à cette Condition publique soient sûrs qu'il n'en sera jamais distrait la moindre portion, on mettra la soie dans des caisses entourées d'un grillage en fil de fer tissu, et qui seront assez grandes pour contenir 50 à 60 kilogrammes de soie, de façon que tous les matteaux soient rangés dans les dits tiroirs, les uns à côté des autres, et jamais l'un sur l'autre, afin que la chaleur communique également partout.

Art. 5. — Il y aura vingt ou trente de ces caisses, même davantage si la promptitude du service l'exige ; elles seront portées par des pieds de six pouces de hauteur, afin qu'il y ait cette distance depuis la soie jusqu'au carrelage, et chaque caisse aura son numéro, à côté duquel sera marquée la quantité de soie qu'elle pourra contenir.

Art. 6. — La soie sera rangée dans ces caisses en présence de celui qui l'apportera ; après quoi il la fermera et y apposera son cachet, qui ne pourra être défait que par celui qui rapportera la reconnaissance, en venant retirer la dite soie au bout de vingt-quatre heures.

Art. 7. — Le Directeur de la Condition publique ou ses préposés seront obligés de tenir un registre coté et paraphé, sur lequel sera inscrite la soie apportée à la Condition ; on y mettra la date de l'année et du jour de même que l'heure de son entrée à la Condition, le nom du vendeur, celui de l'acheteur, le numéro et la marque du ballot s'il y en a, la qualité de la soie, le poids net, et enfin le numéro de la caisse dans laquelle on la mettra conditionner, et on délivrera au déposant une reconnaissance parfaitement conforme.

Art. 8. — Lorsqu'il y aura vingt-quatre heures révolues depuis le dépôt de la soie à la Condition, le déposant sera obligé de la retirer ; on reconnaîtra devant lui le nouveau poids, on l'ajoutera à sa reconnaissance, de même qu'au registre sur lequel il signera le retiré.

Art. 9. — A défaut par le déposant de venir retirer la soie au terme de vingt-quatre heures qui vient d'être fixé par l'article précédent, il sera libre au Directeur ou à ses préposés, après la vingt-cinquième heure révolue, de rompre le cachet et de reconnaître son nouveau poids, qui sera couché sur le registre, pour être mis conforme sur la reconnaissance qu'on doit apporter, lorsqu'on viendra retirer la dite soie.

Art. 10. — Tout acheteur ou vendeur pourra exiger que la soie vendue soit mise à la Condition publique, et l'un et l'autre seront obligés de s'en rapporter à la déclaration qui leur sera délivrée pour la fixation du poids de ladite soie après qu'elle aura subi la Condition ; les registres et la déclaration conforme feront foi et serviront de règle en cas de discussion.

Art. 11. — Lorsqu'un particulier recevra du dehors un ballot de soie pour son compte, il pourra exiger qu'il soit porté à son arrivée à la Condition publique, et le poids qui en résultera fera foi vis-à-vis du vendeur ou de l'acheteur.

Art. 12. — *Il sera payé, moitié par le vendeur, moitié par l'ache-*

teur, pour chaque partie de soie mise à la Condition, cinq centimes par kilogramme.

Lorsque les ballots ou parties, de soie se trouveront au-dessous de vingt-cinq kilogrammes, il sera toujours payé un franc vingt-cinq centimes.

Art. 13. — Tout acheteur pourra exiger que les masses de trames de pays ou étrangères, qui sont pour l'ordinaire fort serrées, soient dénouées et déployées avant de les mettre en Condition, et pour lors il sera payé par ledit acheteur cinq centimes de plus par kilogramme de soie, pour cet excédant de main-d'œuvre.

Art. 14. — Lorsque, dans les vingt-quatre heures ci-dessus fixées pour la Condition, la soie aura diminué de trois pour cent, preuve d'un excès d'humidité qu'un jour entier ne saurait détruire, elle subira une seconde Condition de vingt-quatre heures, et pour lors le vendeur seul sera obligé de payer les frais de cette seconde Condition, qui seront les mêmes que pour la première, c'est-à-dire cinq centimes par kilogramme.

Art. 15. — La déclaration ou reconnaissance qui sera délivrée fera mention de la somme qui aura été payée pour le prix de la Condition, et portera la quittance.

Art. 16. — N'entendons par ces présentes gêner en aucune manière la liberté du commerce, et voulons qu'il soit entièrement libre à un chacun d'envoyer ses soies à la Condition publique.

Art. 17. — Il sera accordé à chaque entrepreneur de Condition actuellement existant et non employé dans l'organisation nouvelle, une indemnité de 9,000 francs, qui sera acquittée par sixième en six ans sur le produit de la Condition publique.

Art. 18. — Les opérations de la Condition publique seront soumises à la surveillance de la Chambre de commerce, qui déléguera à cet effet deux commissaires pris, l'un parmi les marchands, l'autre parmi les fabricants.

Art. 19. — La Condition publique sera mise d'abord en régie simple ous la direction de la Chambre de commerce, qui sera autorisée à la donner en ferme, lorsqu'elle aura pu en apprécier les produits.

Art. 20. — Le Directeur sera présenté par la Chambre de commerce à la nomination du Ministre de l'intérieur; il sera nommé pour six années et rééligible.

Art. 21. — Ses comptes seront examinés par la Chambre de commerce, apurés par elle, et soumis à l'approbation du Préfet, qui en rendra compte au Ministre.

Art. 22. — Les produits de la Condition publique, déduction faite des frais et de l'indemnité aux anciens entrepreneurs, seront affectés aux dépenses de la Chambre de commerce, jusqu'au prorata de la somme allouée pour cet objet.

Art. 23. — Le Ministre de l'intérieur est chargé de l'exécution du présent décret.

Signé : NAPOLÉON.

Nota. — Les dispositions des articles imprimés en lettres italiques, sont changées par les décrets des 17 avril 1803 et 2 février 1809.

III

EXTRAIT DU REGISTRE DES DÉLIBÉRATIONS DE LA CHAMBRE DE COMMERCE DE LYON.

**Règlement d'administration
pour la Condition publique et unique, établie à Lyon,
pour la dessiccation des Soies
par Décret impérial du 23 germinal an XIII.**

Article 1er. — Le Directeur de la Condition est logé dans l'appartement attenant à celui où la Condition sera exercée, et il est soumis à ne jamais coucher hors de ce domicile, sauf les cas d'urgence dans lesquels il aurait pu obtenir, des commissaires délégués par la Chambre de commerce pour la surveillance de la Condition, la permission de s'absenter.

Art. 2. — Les bureaux du Directeur de la Condition seront provisoirement composés de trois commis et de quatre hommes de peine, sauf à en augmenter ou diminuer le nombre, suivant que l'expérience en indiquera le besoin.

Art. 3. — Il y aura, dans chacune des salles de la Condition, deux thermomètres de Réaumur, qui ne seront placés ni contre les murs, ni contre les fenêtres, mais dans l'intérieur des salles ; ils seront mis à la hauteur de cinq pieds, et entourés d'un grillage, pour empêcher qu'ils ne puissent être touchés avec la main.

Art. 4. — Il y aura, chaque nuit, un homme de peine qui veillera dans les salles de la Condition, pour entretenir les feux et maintenir le degré de chaleur prescrit.

Art. 5. — La Chambre de commerce renouvellera, chaque mois, les deux commissaires qu'elle doit déléguer pour exercer la surveillance de la Condition, à la forme de l'article XVIII du décret du 23 germinal an 13.

Art. 6. — Le Directeur sera tenu de faire ouvrir à ces deux commissaires le local de la Condition, à quelque heure qu'ils se présentent, ensemble ou séparément, pour exercer leur surveillance.

Art. 7. — Il devra y avoir, sur les bureaux de la Condition, un registre sur lequel les commissaires délégués par la Chambre de commerce pourront constater le degré de chaleur auquel ils auront trouvé les thermomètres dans chacune de leurs visites.

Art. 8. — Les cases pour le placement des soies seront disposées, dans les salles, de manière à ce qu'elles soient détachées des murs et isolées les unes des autres, afin que l'air puisse circuler tout autour de chacune d'elles.

Art. 9. — Une des salles de l'établissement sera spécialement destinée à recevoir les soies qui devront repasser à une seconde Condition.

IV

Décret du 17 avril 1806.

Article 1er. — La chaleur des salles de la Condition sera, comme par le passé, quelle que soit la situation du baromètre, maintenue de dix-huit à vingt degrés du thermomètre de Réaumur.

Art. 2. — Il sera perçu un droit de huit centimes pour chaque kilogramme de soie mis à la Condition; moitié de ce droit sera payée par l'acheteur, et l'autre moitié par le vendeur.

Tout acheteur qui aura exigé que les masses de trames de pays ou étrangères soient dénouées et déployées avant d'être mises à la Condition, payera, pour excédant de main-d'œuvre, le même droit de huit centimes par kilogramme.

Art. 3. — Tout ballot de soie qui, dans une première Condition de vingt-quatre heures, dans la chambre à ce destinée, aura perdu plus de quatre kilogrammes cinq hectogrammes d'humidité pour cent kilogrammes, repassera, aux frais du vendeur, à une seconde Condition de quarante-huit heures.

Signé : NAPOLÉON.

V

Loi du 9 septembre 1807 relative à la construction d'un bâtiment pour y placer la Condition des Soies de la ville de Lyon.

NAPOLÉON, par la grâce de Dieu et les Constitutions, Empereur des Français, Roi d'Italie, Protecteur de la Confédération du Rhin, à tous présents et à venir, salut.

Le Corps Législatif a rendu, le 9 septembre 1807, le décret suivant, conformément à la proposition faite au nom de S. M. l'Empereur, et après avoir entendu les orateurs du Conseil d'État et des sections du Tribunat le même jour.

DÉCRET

Article premier. — Le Préfet du département du Rhône est autorisé à faire, pour la somme de quarante-six mille cinq cent soixante-six francs soixante-douze centimes, l'acquisition de différentes parties de terrains dépendant de l'enclos des ci-devant Capucins de Lyon, et appartenant aux sieurs Jean Devarenne, Philippe Billion, Etienne Ganin et Louis Flacheron : le prix de cette acquisition sera payé par les fonds provenant de l'exploitation de la Condition publique pour les soies de Lyon, aux époques et de la manière qu'indique le compromis passé, le

4 mai dernier[1], entre les sieurs Devarenne, Billion, Ganin et Flacheron, d'une part, *le Préfet du Rhône et les sieurs Joyard, Licquet, Bamiols et Mottet, commissaires de la Chambre de commerce, d'autre part.*

Art. 2. — Il sera construit, sur le terrain, un bâtiment dans lequel sera placée la Condition; le Préfet est autorisé à accepter l'offre faite, par différents capitalistes de Lyon, de prêter la somme de cent cinquante mille francs, jugée nécessaire pour effectuer cette construction.

Art. 3. — Les conditions de l'emprunt seront les suivantes :

La somme de cent cinquante mille francs, à laquelle cet emprunt demeure fixé, sera divisée en *soixante-quinze* actions de deux mille francs chacune. Ces actions, numérotées depuis le n° 1 jusques et compris le n° 75, seront négociables et transmissibles à ordre, par endossement, comme un effet de commerce.

Les actionnaires verseront en deux paiements égaux fixés, l'un au 1er avril 1808, et le dernier au 31 décembre de la même année, le montant de leur souscription dans la caisse qui leur sera indiquée par le Préfet du département du Rhône; ils toucheront un intérêt annuel de six pour cent, qui leur sera payé à la fin de chaque année par la *caisse de la Condition.*

En l'an 1812 et chaque année qui suivra jusques et y compris 1821, il sera remboursé un certain nombre d'actions, jusqu'au complément de soixante-quinze actions. L'ordre de ce remboursement sera déterminé par un tirage au sort, qui sera fait six mois après le versement du second terme de l'emprunt.

Indépendamment de l'intérêt annuel, il sera attribué une prime au remboursement de chaque action. Cette prime sera croissante d'année en année. Les sommes auxquelles les primes seront fixées à chaque année

---

[1] Ce compromis, dont la rédaction première, arrêtée le 4 mai 1807, est devenue définitive le 31 octobre 1807, est ainsi conçu :

« Par devant J. Chazal et son collègue, notaires à Lyon, soussignés,

« Ont comparu les sieurs Billion, Ganin, Devarenne et Louis Flacheron, architecte.

« Lesquels, en exécution du décret impérial des 9 et 19 septembre 1807, et du compromis, en date du 4 mai 1807, rappelé dans le décret précité, vendent, avec garantie de leur fait seulement, à M. le Préfet du département du Rhône, ici présent et *acceptant pour la Chambre de commerce de Lyon et la Condition des Soies* conformément à l'article premier dudit décret, etc.,

« *La vente est faite pour, par M. le Préfet, au nom et pour ladite Chambre de commerce, entrer en possession, propriété et jouissance dès ce jour* de l'espace de terrain vendu par les sieurs Ganin, Billion, Devarenne et Flacheron, et entrer en jouissance de celui du sieur Flacheron seulement le 25 décembre prochain, *et disposer du tout comme en ont du jouir les vendeurs.*

de remboursement, ainsi que le nombre des actions remboursables à chaque époque, seront déterminés ainsi qu'il suit :

En 1812 il sera remboursé	5 actions..	10,000 fr.	5 primes à	80 fr.	400 fr.
1813	—	5	—	10,000	5	—	100	500
1814	—	8	—	16,000	8	—	130	1,040
1815	—	9	—	18,000	9	—	170	1,530
1816	—	8	—	16,000	8	—	240	1,920
1817	—	9	—	18,000	9	—	320	2,880
1818	—	9	—	18,000	9	—	420	3,780
1819	—	8	—	16,000	8	—	560	4,480
1820	—	9	—	18,000	9	—	700	6,300
1821	—	5	—	10,000	5	—	860	4,300
Totaux...	75 actions..	150,000 fr.	75 primes.		27,130 fr.

ART. 4. — La portion libre du produit de la Condition publique pour les soies, est spécialement affectée au remboursement de l'emprunt en capital et intérêts, *et surabondamment chaque action est hypothéquée sur la valeur du bâtiment et du sol dont l'acquisition aura donné lieu à cet emprunt.*

Palais impérial de Saint-Cloud, le 19 septembre 1807.

Signé : NAPOLÉON.

VI

Décret du 2 février 1809.

ARTICLE 1er. — A compter du 1er janvier 1809, le prix de la dessiccation des soies apportées à la Condition, est fixé à dix centimes par kilogramme.

Il n'est rien innové, quant au tarif, pour les ballots de soie au-dessous de vingt-cinq kilogrammes.

Signé : NAPOLÉON.

VII.

Décret du 13 août 1810.

NAPOLÉON, Empereur des Français, Roi d'Italie, Protecteur de la Confédération du Rhin, Médiateur de la Confédération Suisse, etc., etc., etc.,

Sur le rapport de notre Ministre de l'Intérieur ;

Vu l'article 2 de la loi du 9 septembre 1807, qui autorise le Préfet du Rhône à emprunter la somme de cent cinquante mille francs, jugée nécessaire pour effectuer la construction du bâtiment destiné à recevoir la Condition publique des soies de la ville de Lyon ;

Considérant que cet emprunt est insuffisant, et que la continuation des travaux exige qu'il en soit ouvert un second ;

Notre Conseil d'État entendu,

Avons décrété et décrétons ce qui suit :

ARTICLE PREMIER. — Le Préfet du département du Rhône est autorisé à accepter la proposition, faite par différents capitalistes de Lyon, de prêter une nouvelle somme de cent cinquante mille francs. Les conditions de cet emprunt seront les mêmes que celles de l'emprunt qui a eu lieu, en exécution de la loi du 9 septembre 1807.

ART. 2. — La somme de cent cinquante mille francs sera divisée en 75 actions de 2,000 francs chacune. Ces actions, numérotées depuis le n° 1 jusques et compris le n° 75, seront négociables et transmissibles à ordre par endossement, comme un effet de commerce.

ART. 3. — Les actionnaires verseront en deux paiements égaux, fixés l'un au 1ᵉʳ juillet 1811, l'autre au 1ᵉʳ juillet de l'année suivante, le montant de leurs souscriptions dans la caisse que leur indiquera le Préfet du département du Rhône. Ils toucheront un intérêt annuel de 6 %, qui leur sera payé à la fin de chaque année par la *caisse de la Condition publique des soies*.

ART. 4. — En l'an 1822 et chaque année qui suivra jusques et y compris 1827, il sera remboursé un certain nombre d'actions jusqu'au complément de 75. L'ordre de ce remboursement sera déterminé par un tirage au sort qui sera fait six mois après le versement du second terme de l'emprunt.

Art. 5. — Indépendamment de l'intérêt annuel, il sera attribué une prime au remboursement de chaque action. Cette prime sera croissante d'année en année; les sommes auxquelles les primes seront fixées à chaque année de remboursement, ainsi que le nombre des actions remboursables à chaque époque, sont déterminés ainsi qu'il suit :

En 1822 il sera remboursé	17 actions. .	34,000 fr.	17 primes à	300 fr.	5,100 fr.
1823	—	12	—	24,000	12	—	330	3,960
1824	—	12	—	24,000	12	—	360	4,320
1825	—	12	—	24,000	12	—	360	4,680
1826	—	12	—	24,000	12	—	420	5,040
1827	—	10	—	20,000	10	—	450	4,500
Totaux. . .	75 actions. .	150,000 fr.	75 primes. . . .	27,600 fr.

La portion libre du produit de la Condition publique pour les soies est spécialement affectée au remboursement de l'emprunt en capital et intérêts, et surabondamment *chaque action est hypothéquée sur la valeur du bâtiment et du sol dont l'acquisition aura donné lieu à cet emprunt.*

Art 6. — Notre Ministre de l'Intérieur est chargé de l'exécution du présent décret.

Signé : NAPOLÉON.

VIII

Décret du 5 août 1813.

NAPOLÉON, Empereur des Français, Roi d'Italie, Protecteur de la Confédération du Rhin, Médiateur de la Confédération Suisse, etc.,

Sur le rapport de notre Ministre des Manufactures et du Commerce;

Vu la loi du 9 septembre 1807, et notre décret du 13 août 1810, qui autorisent le Préfet du département du Rhône à emprunter deux sommes formant ensemble un capital de trois cent mille francs, à l'effet d'avoir les fonds nécessaires pour construire le bâtiment destiné à recevoir la Condition publique des soies de la ville de Lyon;

Considérant que les sommes sont insuffisantes et que l'achèvement des travaux exige que l'on s'en procure de nouvelles;

Notre Conseil d'État entendu,

Nous avons décrété et décrétons ce qui suit :

ARTICLE PREMIER. — Le Préfet du département du Rhône est autorisé à ouvrir un nouvel emprunt de soixante-dix-huit mille francs, dont les conditions seront les mêmes que celles des emprunts effectués en exécution de la loi du 9 septembre 1807 et de notre décret du 13 août 1810.

ART. 2. — La somme de soixante-dix-huit mille francs sera divisée en trente-neuf actions de deux mille francs chaque. Ces actions seront numérotées depuis le n° 1 jusques et compris le n° 39. Elles seront négociables et transmissibles à ordre par endossement, comme un effet de commerce.

ART. 3. — Le Préfet du Rhône désignera les époques où les actionnaires verseront le montant de leur souscription, ils toucheront un intérêt annuel de six pour cent, qui leur sera payé à la fin de chaque année *par la caisse de la Condition*, dans laquelle caisse les quittances des prêteurs figureront comme comptant.

ART. 4. — En l'an 1828 et chaque année qui suivra, jusques et compris 1830, il sera remboursé un certain nombre de ces actions, jusques au complément de 39. L'ordre de ce remboursement sera déterminé par un tirage au sort qui aura lieu aussitôt après le versement du montant des actions.

ART. 5. — Indépendamment de l'intérêt annuel, il sera établi, au remboursement de chaque action, une prime qui sera croissante d'année en **année**.

Les sommes auxquelles les primes sont fixées à chaque année de remboursement, ainsi que le nombre des actions remboursables à chaque époque, sont déterminées ainsi qu'il suit :

En 1828 il sera remboursé	13 actions..	26,000 fr.	13 primes à	400 fr.	5,200 fr.
1829	—	13	—	26,000	13	—	450	5,850
1830	—	13	—	26,000	13	—	500	6,500
TOTAUX...	39 actions..	78,000 fr.	39 primes	..	17,550 fr.

Art. 6. — Afin d'assurer le paiement de l'intérêt et des primes du nouvel emprunt, il sera ajouté un centime au droit pris sur les soies présentées à la Condition. Ce droit, qui a été fixé par notre décret du 2 février 1809 à 10 centimes par kilogramme, sera dorénavant de onze centimes.

Art. 7. — Le produit de la Condition publique des soies est spécialement affecté au remboursement du nouvel emprunt en capital et en intérêts, *sans qu'il soit besoin d'allocations aux budgets annuels de la ville de Lyon, et sans que jamais il puisse être distrait aucune partie de ce produit pour subvenir aux dépenses municipales.*

Surabondamment chaque action est hypothéquée sur la valeur du bâtiment et du sol sur lequel il est placé.

Art. 8. — Notre Ministre fera examiner si la chute de la grande voûte ne provient pas de malfaçon ou de négligence de la part de l'entrepreneur, et si les dépenses qui ont été la suite de cette chute ne doivent pas être mises à la charge du dit entrepreneur.

Art. 9. — Notre Ministre des Manufactures et du Commerce est chargé de l'exécution du présent décret.

Signé: NAPOLÉON.

IX

Ordonnance royale du 22 janvier 1817.

LOUIS, par la grâce de Dieu, Roi de France et de Navarre,

A tous ceux qui ces présentes verront, salut.

Sur le rapport de notre Ministre Secrétaire d'État de l'Intérieur ;

Vu la demande formée, le 28 novembre 1816, par la Chambre de commerce de notre bonne ville de Lyon, à l'effet d'obtenir l'autorisation nécessaire pour un nouvel emprunt, dont le montant sera destiné à l'acquittement des frais occasionnés par la construction du bâtiment de la Condition publique des soies de la dite ville ;

Vu la lettre du Préfet du Rhône, en date du 2 décembre suivant, qui transmet cette demande ainsi que son avis ;

Après nous être fait représenter 1° les lois du 23 germinal, an 13, et 17 avril 1806, toutes deux relatives à l'établissement de la dite Condition publique ; 2° celles des 9 septembre 1807 et 13 août 1810, d'après lesquelles le Préfet du Rhône a été autorisé à lever successivement deux emprunts de cent cinquante mille francs chacun, ensemble la somme de trois cent mille francs, pour faire face aux dépenses exigées par la formation du dit établissement ; 3° la loi du 5 août 1813, qui, attendu l'insuffisance des deux premiers emprunts, a permis au même préfet d'en lever un troisième de la somme de soixante-dix huit mille francs ;

Vu les tableaux dressés dans le temps par la Chambre de commerce et présentant le projet d'amortissement progressif, année par année, jusques et y compris 1830, de 189 actions de deux mille francs chacune, ensemble 378,000 francs dont se composaient les dits trois emprunts réunis, et au remboursement desquels étaient affectés les revenus annuels de la Condition ; considérant que ce projet n'a pu recevoir son exécution, non que les dépenses aient été plus considérables, mais parce qu'on avait calculé sur un revenu de 40,000 francs par année, tandis que ce même revenu ne s'est pas élevé au delà de 34,000 francs, d'où il va résulter, à la fin de l'année courante, un déficit qui ne permettrait pas d'acquitter les engagements contractés envers les premiers prêteurs, s'il n'était pourvu, par d'autres moyens, à l'insuffisance des fonds affectés à cet objet ;

Considérant encore que, d'après le dernier tableau qui vient d'être dressé par la Chambre de commerce du même plan d'amortissement, calculé sur un revenu net annuel de 34,400 francs, la création d'un certain nombre de nouvelles actions remboursables dans les années 1831, 1832, 1833, 1834 suffira pour assurer l'exécution de ses engagements antérieurs, et n'aura d'autre inconvénient que de retarder de quatre ans au plus, son entière libération ;

Notre Conseil d'État entendu,

Nous avons ordonné et ordonnons ce qui suit :

ARTICLE PREMIER. — Le Préfet du département du Rhône est autorisé à ouvrir un nouvel emprunt de la somme de cent mille francs, destiné à l'acquittement des dépenses occasionnées par la construction du bâtiment de la Condition publique des soies de la ville de Lyon ; les conditions de cet emprunt seront les mêmes que celles des emprunts effectués précédemment en vertu des lois des 9 septembre 1807, 13 août 1810 et 5 août 1813.

Art. 2. — La dite somme de cent mille francs sera divisée en cinquante actions de deux mille francs chacune ; les actions, numérotées depuis le n° 1 jusqu'au n° 50, seront négociables et transmissibles à ordre, par endossement, comme effet de commerce.

Art. 3. — Il ne sera émis des dites actions, successivement et au fur et à mesure des besoins, que le nombre jugé nécessaire, d'après une délibération de la Chambre de commerce, pour suppléer à l'insuffisance des revenus annuels de la Condition publique : le Préfet du Rhône désignera les époques où les actionnaires verseront le montant de leurs souscriptions, ceux-ci auront droit à un intérêt de six pour cent, par an, qui devra leur être payé de six en six mois, par la caisse de la Condition.

Art. 4. — En l'an 1831 et chaque année qui suivra, jusques et compris 1834, ou plus tôt s'il y a lieu, il sera remboursé un certain nombre des actions ainsi créées jusqu'au complément de ce qui aura été émis en vertu de la présente ordonnance. L'ordre de ce remboursement sera déterminé par un tirage au sort, qui aura lieu aussitôt après le versement du montant des actions.

Art. 5. — Indépendamment de l'intérêt de six pour cent, par an, à payer aux prêteurs, il leur sera alloué, lors de l'époque du remboursement de chaque action, une prime calculée à raison d'un pour cent par an, proportionnellement à la somme par eux prêtée et à la durée du prêt.

Art. 6. — Le produit de la Condition publique des soies de la ville de Lyon, est et demeure spécialement affecté au remboursement du nouvel emprunt, en capital, intérêts et primes, et surabondamment, chaque action sera hypothéquée sur la valeur du bâtiment et du sol occupé par l'établissement de la Condition publique.

Art, 7. Notre Ministre Secrétaire d'État au département de l'Intérieur est chargé de l'exécution de la présente ordonnance.

Donné en notre château des Tuileries, le vingt-deux janvier, l'an de grâce mil huit cent dix-sept, et de notre règne le vingt-deuxième.

Signé : LOUIS.

X

Ordonnance royale du 17 mars 1819.

LOUIS, par la grâce de Dieu, Roi de France et de Navarre,
A tous ceux qui ces présentes verront, salut.

Sur le rapport de notre Ministre, Secrétaire d'État, au département de l'Intérieur ;

Vu les divers décrets rendus en ce qui concerne la Condition publique établie pour la dessiccation des soies, dans notre bonne ville de Lyon, notamment ceux du 23 germinal an XIII, 17 avril 1806, 2 février 1809 et 5 août 1813, lesquels ont porté successivement à différents taux le droit à payer pour les soies mises à la dite Condition ;

Vu la loi du 9 septembre 1807 ;

Notre ordonnance du 22 janvier 1817, relative à cet établissement ;

D'après la demande de la Chambre de commerce de Lyon, tendant à obtenir qu'il soit apporté des changements au tarif du droit dont il s'agit ;

Notre Conseil d'État entendu,

Nous avons ordonné et ordonnons ce qui suit :

ARTICLE PREMIER. — A compter du 1er avril de la présente année et jusqu'à l'époque du trente-un mars mil huit cent-vingt-cinq, le prix de la dessiccation des soies apportées à la Condition publique des soies de notre bonne ville de Lyon, est fixé à douze centimes par kilogramme et par Condition de vingt-quatre heures.

ART. 2. — Les ballots ou parties de soie mis à la Condition qui se trouveront d'un poids inférieur à vingt kilogrammes, paieront par Condition de vingt-quatre heures le droit fixe de deux francs quarante centimes.

ART. 3. — Conformément à la loi du 9 septembre 1807, aux décrets et à notre ordonnance qui ont autorisé les quatre emprunts pour les acquisitions, constructions et reconstructions relatives à cet établissement, la portion libre des produits de la Condition sera, avant tout, affectée au remboursement des dits emprunts, en capitaux, intérêts et primes.

Art. 4. — Notre Ministre Secrétaire d'État au département de l'Intérieur, est chargé de l'exécution de la présente ordonnance.

Donné en notre château des Tuileries, le 17 mars, l'an de grâce mil huit cent dix-neuf, et de notre règne le vingt-quatrième.

Signé : LOUIS.

XI

Ordonnance royale du 30 août 1820.

LOUIS, par la grâce de Dieu, Roi de France et de Navarre,

A tous ceux que ces présentes verront, salut.

Sur le rapport de notre Ministre Secrétaire d'État de l'Intérieur ;

Vu les différents actes relatifs à l'établissement d'une Condition publique des soies dans la ville de Lyon, particulièrement notre ordonnance du 17 mars 1819, portant fixation du droit à percevoir sur les quantités de soie qui y sont journellement déposées ;

La demande de la Chambre de commerce de Lyon, en date du 12 juin 1820, tendant à obtenir une légère augmentation au droit dont il s'agit, afin de mettre l'administration du dit établissement en état de pourvoir à quelques nouvelles dépenses reconnues indispensables :

Les deux traités passés entre la Chambre de commerce de Lyon et la Compagnie d'assurance générale, le 4 février, pour assurer contre l'incendie tant l'édifice de la Condition, que les soies qui y sont déposées.

Notre Conseil d'État entendu,

Nous avons ordonné et ordonnons ce qui suit :

Article premier. — Les deux traités passés entre la Chambre de commerce de Lyon, département du Rhône, et la Compagnie d'assurance générale, le 4 février 1820, sont et demeurent approuvés.

Art. 2. — Indépendamment du droit déterminé par notre ordonnance du 17 mars 1819, pour les quantités de soie apportées à la Condition publique de notre bonne ville de Lyon, lequel droit a été fixé à 12 centimes par kilogramme et par Condition de 24 heures ou à 2 francs 40 pour les ballots pesant moins de 20 kilogrammes, il sera perçu, à compter du 1er septembre prochain, un nouveau droit de dix centimes pour chaque balle de soie déposée dans le dit établissement, à l'effet d'y être soumise aux procédés ordinaires de dessiccation.

Art. 3. — Ce droit sera supporté moitié par le vendeur, moitié par l'acheteur.

Art. 4. — Le produit de ce droit additionnel est affecté à la prime d'assurance stipulée par les traités du 4 février, et la perception aura lieu jusqu'à l'expiration du terme fixé par la police d'assurance.

Art. 5. — Au moyen de la dite perception, le bénéfice de l'assurance profitera aux propriétaires des soies déposées ; en cas d'incendie, les sommes remboursées par la Compagnie générale d'assurance seront réparties au prorata entre ces propriétaires.

Art. 6. — Notre Ministre Secrétaire d'État de l'Intérieur est chargé de l'exécution de la présente ordonnance.

Donné en notre château des Tuileries, le 30 août de l'an de grâce mil huit cent vingt, et de notre règne le vingt-sixième.

Signé : LOUIS.

XII

EXTRAIT DU REGISTRE DES DÉLIBÉRATIONS DE LA CHAMBRE DE COMMERCE
DE LYON

Règlement d'administration interdisant le partage des ballots de soie

Vu la lettre qui lui a été écrite le 14 juillet 1824, par le Directeur de la Condition des soies, pour demander l'autorisation de faire cesser dans l'établissement le partage des ballots de soie, dont une tolérance fâcheuse a seule laissé introduire l'usage, et qui est porté actuellement au point que le service en souffre par l'effet de l'encombrement qui en résulte ;

Considérant que le règlement n'a pas consacré cette faculté ; qu'elle n'a même été accordée, depuis quelques années, que par le fait du Directeur, et sans qu'il eût reçu à cet égard aucune instruction ;

Considérant, d'ailleurs, que des inconvénients très-graves sont attachés au partage, notamment en ce qu'il arrive :

1° Qu'un ballot partagé avant d'être conditionné est néanmoins enregistré comme s'il était entier, ce qui constitue dans les écritures de l'établissement une irrégularité matérielle, qu'il est d'une bonne administration de ne pas laisser subsister ;

2° Qu'il est probable qu'un grand nombre de partages se fait sans nécessité, c'est-à-dire sans que le fabricant ait l'emploi immédiat de ce qu'il fait distraire du ballot, mais seulement parce qu'il se persuade que le ballot qu'il achète, diminué d'une certaine quantité de son volume, perdra plus à la dessiccation que s'il le faisait conditionner en totalité, et qu'il profitera de la différence de l'une à l'autre opération ;

Considérant, en outre, que le service de l'établissement est fréquemment entravé par le travail que nécessitent les partages, et qui détourne les employés de leur principale occupation, ainsi qu'on a pu s'en convaincre dans les moments où on avait à satisfaire à des demandes multipliées, qu'il fallait trop souvent laisser en souffrance pour vaquer à celles dont les partages étaient l'objet ;

Considérant, toutefois, qu'en supprimant un usage dont les abus sont évidents, il convient d'en conserver ce qu'il peut avoir d'avantageux pour le commerce, sans nuire à l'exactitude du service, et qu'à ce titre, la faculté de faire conditionner par demi-ballot, est celle dont l'expérience fait le plus désirer le maintien, pourvu qu'elle soit exécutée dans un système d'ordre et de régularité qui doit présider à toutes les opérations commerciales ;

La Chambre de commerce de Lyon

Arrête :

ARTICLE PREMIER. — A dater du 1ᵉʳ septembre 1824, il est et demeure interdit au Directeur et à tous employés de la Condition de procéder ni faire procéder au partage, dans quelque proportion que ce puisse être, d'aucun ballot de soie, tant avant qu'après la dessiccation.

ART. 2. — En conséquence, tout ballot apporté à la Condition sera placé dans la case qui lui sera destinée, tel qu'il aura été présenté, et sera rendu de même à ceux qui auront droit de le retirer, sans que ni le vendeur ni l'acheteur aient la faculté d'en distraire la plus petite partie avant que l'établissement en soit déchargé.

Art. 3. — Il pourra être admis à la Condition des demi-ballots ; et cet effet, il sera préparé des demi-cases pour leur dessiccation, afin qu'ils n'occupent que la place qui leur est nécessaire, proportionnellement à celle qui est affectée aux ballots entiers.

Les demi-ballots seront soumis aux mêmes règles que les ballots entiers, notamment en ce qui est déterminé par les articles 1 et 2 du présent arrêté.

Art. 4. — Les enregistrements et les bulletins ne pourront exprimer que les quantités réellement conditionnées, et tout procédé contraire reste formellement et expressément défendu.

Art. 5. — Expédition du présent arrêté sera transmise au Directeur de la Condition, qui sera chargé d'en donner connaissance au commerce et d'en assurer l'exécution.

Art. 6. — *Attendu qu'il n'existe pas dans cette ville de poids public pour les soies, les reconnaissances continueront d'avoir lieu à la Condition, comme par le passé et aux mêmes conditions.*

XIII

Ordonnance royale du 26 juillet 1829.

CHARLES, par la grâce de Dieu, roi de France et de Navarre ;

Sur le rapport de notre Ministre Secrétaire d'État du Commerce et des Manufactures ;

Vu le décret du 23 germinal an XIII, portant règlement pour la Condition des soies de notre bonne ville de Lyon, et notamment l'article 14 de ce décret, lequel est ainsi conçu : « Lorsque dans les vingt-quatre « heures fixées pour la Condition, la soie aura diminué de trois pour « cent, preuve d'un excès d'humidité qu'un jour entier ne saurait dé- « truire, elle subira une seconde Condition de vingt-quatre heures, et « pour lors le vendeur sera seul obligé de payer les frais de cette se- « conde Condition, qui seront les mêmes que pour la première. »

Vu les décrets postérieurement rendus les 17 avril 1806, 2 février 1809, 5 août 1813, et les ordonnances des 17 mars 1819 et 30 août 1820, qui ont successivement modifié quelques dispositions du dit décret du 23 germinal an XIII ;

Vu les délibérations que la Chambre de commerce de Lyon a prises les 26 mars et 2 avril derniers, après avoir entendu les principaux marchands et fabricants de soie de cette ville, dans le but et à l'effet d'obtenir une nouvelle modification à l'article 14 du même décret ;

Notre Conseil d'État entendu,

Nous avons ordonné et ordonnons ce qui suit :

ARTICLE PREMIER. — L'article 14 du décret du 13 avril 1805 (23 germinal an XIII) est et demeure modifié en ce sens : 1° Que tout ballot de soie qui dans les vingt-quatre heures de Condition aura diminué de deux et demi pour cent, subira une seconde Condition de vingt-quatre heures ; 2° que néanmoins les frais de cette seconde Condition ne continueront à être en entier à la charge du vendeur, qu'autant qu'elle aura eu lieu dans le cas d'une perte de trois pour cent et au-dessus, constatée par la première, les frais de toute seconde Condition, faite après une perte à la première de moins de trois pour cent, restant à la charge commune du vendeur et de l'acheteur, qui en supportent chacun la moitié.

ART. 2. — Notre Ministre Secrétaire d'État au département du Commerce et des Manufactures est chargé de l'exécution de la présente ordonnance, qui sera insérée au *Bulletin des lois*.

Donné en notre château de Saint-Cloud, le 26ᵉ jour du mois de juillet de l'an de grâce 1829, et de notre règne le cinquième.

Signé : CHARLES.

XIV

Ordonnance royale du 23 avril 1841.

LOUIS-PHILIPPE, roi des Français.

A tous présents et à venir, salut.

Sur le rapport de notre Ministre, Secrétaire d'État au département de l'agriculture et du commerce ;

Vu le décret du 23 germinal an XIII, qui a institué à Lyon une

Condition unique et publique pour les soies, et déterminé le mode de conditionnement à suivre dans cet établissement, ensemble les décrets des 17 avril 1806, 2 février 1809, 5 août 1813, et les ordonnances royales des 17 mars 1819, 30 août 1820 et 26 juillet 1829, qui ont successivement apporté des modifications au régime fondé par le premier des décrets précités ;

Vu l'art. 14 de notre ordonnance du 16 juin 1832, qui attribue aux Chambres de commerce l'administration des établissements créés pour l'usage du commerce ;

Vu les avis du Comité consultatif des arts et manufactures, des 5 février 1835 et 29 février 1840 ;

Vu les délibérations de la Chambre de commerce de Lyon, en date des 17 octobre 1839 et 3 septembre 1840 ;

Notre Conseil d'État entendu,

Nous avons ordonné et ordonnons ce qui suit :

Article premier. — A l'avenir, le nouveau procédé de conditionnement des soies, ayant pour base la dessiccation absolue de la soie, et adopté par la Chambre de commerce de Lyon dans ses délibérations des 17 octobre 1839 et 3 septembre 1840, sera suivi dans la Condition publique des soies de Lyon.

Art. 2. — Le poids de la soie, constaté par ce procédé, et augmenté de onze pour cent, constitue le poids marchand des ballots des soies soumis au conditionnement.

Art. 3. — Provisoirement, les droits, pour le prix de la dessiccation des soies soumises à la nouvelle Condition, seront perçus conformément au tarif actuellement en vigueur.

Art. 4. — Un règlement arrêté par notre Ministre Secrétaire d'État de l'agriculture et du commerce, sur la proposition de la Chambre de commerce de Lyon, déterminera le régime intérieur de l'établissement.

Art. 5. — Continueront de recevoir leur exécution les dispositions des décrets et ordonnances antérieurs, non contraires à la présente ordonnance, qui ne sera exécutoire que six mois après sa promulgation.

Art. 6. — Notre Ministre, Secrétaire d'État au département de l'agriculture et du commerce, est chargé de l'exécution de la présente ordonnance.

Fait au palais des Tuileries, le 23e jour du mois d'avril, l'an 1841.

Signé : LOUIS PHILIPPE.

XV

**Extrait de l'arrêté de la Chambre de commerce de Lyon
du 24 décembre 1829,
approuvé par M. le Conseiller d'État, Préfet du Rhône,
le 12 janvier 1830**

ARTICLE PREMIER. —. Le droit de dessiccation des soies est réduit, savoir :

Sur les organsins, à 8 centimes par kilogramme.

Sur les trames, à 12 centimes par kilogramme.

ART. 2. — Les parties ou ballots de soie, du poids de vingt kilog. et au-dessous, continueront à acquitter un droit fixe et non proportionnel, lequel reste réglé comme il suit :

Sur les organsins, à 1 fr 50 c. par chaque partie ou ballot, du poids ci-dessus spécifié, ou au-dessous.

Sur les trames, à 2 fr. 40 c.

XVI

**Règlement d'administration et de service intérieur
adopté par la Chambre de commerce de Lyon dans sa séance
du 30 septembre 1841.**

ARTICLE PREMIER. — Le Directeur de la Condition est logé dans l'appartement attenant à l'établissement.

Il est soumis à ne jamais s'absenter de ce domicile, sans l'autorisation préalable du président de la Chambre de commerce.

ART. 2. — Le Directeur de la Condition aura sous ses ordres, pour le service dudit établissement, neuf employés, six garçons de salle, un concierge et un chauffeur, sauf à augmenter ou diminuer ce personnel, suivant que l'expérience en indiquera le besoin.

ART. 3. — Tout ballot, pour être admis au conditionnement, devra être accompagné d'un bulletin portant son numéro, sa marque, les noms du vendeur et de l'acheteur, le nombre des masses, si c'est un ballot de trame, et son poids brut.

Art. 4. — Ce ballot, à son arrivée, recevra un numéro d'entrée à la Condition, et l'on suivra cet ordre de numéros pour le conditionnement.

Art. 5. — Le poids brut du ballot sera reconnu à une grande balance dont la série des poids devra descendre jusqu'à deux décagrammes ; la tare sera pesée à une balance pour laquelle cette série descendra jusqu'à un décagramme.

Art. 6. — Pendant que deux garçons retireront la soie du ballot pesé brut, pour en faire la tare, un employé extraira les trente matteaux ou échantillons pris dans trente parties différentes, qui doivent servir au conditionnement, et il les divisera de suite en trois lots de dix matteaux chacun.

Art. 7. — Après l'extraction de ces trois lots, le ballot sera rendu à son propriétaire, accompagné d'un bulletin rappelant ses numéro et marque, portant aussi son numéro d'entrée à la Condition, ses poids brut et net, les nombre et poids des échantillons gardés pour le conditionnement, et enfin son poids brut, à sa sortie de l'établissement.

Art. 8. — Les trois lots de dix matteaux ou échantillons seront immédiatement pesés à des balances de la plus grande précision, dont la série des poids devra descendre jusqu'à cinq milligrammes.

Art. 9. — Sur les trois lots gardés, deux seulement seront d'abord soumis à la dessiccation absolue dans des appareils séparés, chauffés à la température de 105 à 108 degrés centigrades ; le troisième lot sera mis en réserve pour servir de contrôle, si cela devient nécessaire.

Art. 10. — Lorsque les *pertes au cent*, résultant de cette opération, présenteront une différence n'excédant pas *demi pour cent*, la commune du poids absolu, qu'elle présentera, servira de base à la fixation du poids absolu du ballot entier.

Lorsque cette différence excèdera *demi pour cent*, mais ne dépassera pas *un pour cent*, le troisième lot, mis en réserve, sera soumis à la dessiccation absolue. Si la différence entre *sa perte au cent à l'absolu* et celle des deux autres lots n'excède pas *un pour cent*, les trois opérations d'absolu réunies serviront à établir le poids absolu total du ballot ; mais, si cette différence excède *un pour cent*, les trois lots seront mis en réserve pendant vingt quatre heures, pour être ensuite soumis de nouveau à la dessiccation absolue, dans des appareils différents. Le résultat de cette dernière opération sur les trente matteaux ou échantillons servira à déterminer le poids absolu du ballot.

Enfin, lorsque la différence entre les pertes au cent des deux lots de la première opération *d'absolu* excèdera *un pour cent*, ces deux lots seront mis en réserve pendant vingt-quatre heures, pour être ensuite soumis de nouveau à cette dessiccation, dans des appareils différents ; le troisième lot y sera soumis de même, et la moyenne du résultat de cette dernière opération déterminera le poids absolu total du ballot.

Art. 11. — Un billet de Condition, signé par le Directeur, accompagnera les échantillons gardés pour le conditionnement, lorsqu'ils seront rendus à leur propriétaire. Ce billet rappellera les numéro et marque portés au premier bulletin remis ; il indiquera le nombre des échantillons soumis à la dessiccation absolue, leur poids, avant et après cette opération, le poids de dessiccation absolue du ballot total, et enfin le poids marchand.

Art. 12. — Il sera facultatif au vendeur et à l'acheteur d'assister à l'extraction des trois lots d'épreuve de leurs ballots.

Art. 13. — Tous les poids seront reconnus et relevés contradictoirement par deux employés, et leur identité sera constatée avant de les soumettre au calcul.

Tous les calculs seront également faits par deux employés, et chiffrés de deux manières différentes.

Art. 14. — Chacune des chaudières à vapeur nécessaires pour le chauffage des appareils de dessiccation devra être munie de deux manomètres : l'un adjacent à la chaudière, et l'autre placé dans la salle où la vapeur sera utilisée.

Des thermomètres seront en outre placés dans des appareils de dessiccation, pour pouvoir en constater la température à tous les instants du travail.

Art. 15. — La Chambre de commerce renouvellera chaque mois les deux commissaires qu'elle doit déléguer pour exercer la surveillance de la Condition, à la forme de l'article 18 du décret du 23 germinal an XIII.

Art. 16. — Pendant tout le temps consacré au travail, le Directeur sera tenu de faire ouvrir à ces deux commissaires le local de la Condition, à quelque heure qu'ils se présentent, ensemble ou séparément, pour exercer leur surveillance.

Art. 17. — Il devra y avoir, sur les bureaux de la Condition, un registre sur lequel les commissaires délégués par la Chambre de commerce pourront constater, à chacune de leurs visites, le degré de chaleur auquel ils auront trouvé les thermomètres placés dans les appareils, et la hauteur de la colonne de mercure dans les manomètres.

Art. 18. — L'établissement sera ouvert de huit heures du matin à huit heures du soir.

XVII

Addition faite à l'article 6 du règlement d'administration et de service intérieur
en vertu d'une délibération de la Chambre de commerce de Lyon du 20 janvier 1842, approuvée provisoirement, vu l'urgence, le 28 du même mois, par M. le Conseiller d'état Préfet du Rhône.

« Lorsque le poids d'un lot de dix matteaux excèdera cinquante cinq
« décagrammes, le nombre des matteaux à extraire sera réduit de ma-
« nière à ne pas dépasser ce poids. »

XVIII

Extrait des registres des délibérations de la Chambre de commerce de Lyon

Arrêté du 4 décembre 1841
prescrivant la mise en activité du conditionnement par la dessiccation absolue.

Vu l'ordonnance du Roi du 23 avril 1841, portant :

« Article premier. — A l'avenir, le nouveau procédé de condition-
« nement des soies, ayant pour base la dessiccation absolue de la soie, et
« adopté par la Chambre de commerce de Lyon dans ses délibérations
« des 17 octobre 1839 et 3 septembre 1840, sera suivi dans la Condition
« publique des soies de Lyon.

Art. 5. — Continueront de recevoir leur exécution les dispositions « des décrets et ordonnances antérieurs, non contraires à la présente « ordonnance, qui ne sera exécutoire que six mois après sa promul-« gation, »

Vu la lettre de M. le Directeur de la Condition du 25 du présent mois, par laquelle il donne avis que tous les travaux et préparatifs ayant pour objet l'établissement du nouveau procédé, sont complètement terminés ;

Vu le projet de règlement déterminant le régime intérieur de l'établissement rédigé en exécution de l'article 4 de l'ordonnance royale précitée, adopté par délibération du 30 septembre dernier, soumis le 7 octobre suivant à l'approbation de M. le Ministre du commerce ;

Considérant que le commerce et l'industrie des soies ne sauraient être trop promptement admis à jouir du bienfait de la réforme destinée à faire cesser les abus du régime supprimé ;

La Chambre de commerce de Lyon
    Arrête :

Article premier. — Le procédé du conditionnement de la soie par la dessiccation absolue, prescrit par l'ordonnance du Roi, du 23 avril 1841, sera mis en activité à la Condition publique des soies de la ville de Lyon, à dater du lundi 20 décembre présent mois.

Art. 2. — A dater du même jour, l'exploitation aura lieu conformément au règlement d'administration et de service intérieur adopté par délibération du 30 septembre dernier, et auquel M. le Préfet sera prié de vouloir bien donner provisoirement son approbation, sauf et sans préjudice de celle de M. le Ministre du commerce.

Art. 3. — Le samedi 18 décembre courant, dans la soirée, à la clôture de la Condition, la commission administrative de cet établissement s'y transportera, à l'effet d'y arrêter le registre à souche et tous autres registres, livres ou carnets servant à l'exploitation par le mode actuel.

Art. 4. — Toutes les soies ou parties de soie qui se trouveraient dans les dépôts de l'établissement au moment indiqué par l'article précédent, et qui n'auraient pas pu encore être conditionnées, resteront les premières en ordre pour le conditionnement par la dessiccation absolue.

Art. 5. — Le présent arrêté sera préalablement soumis à l'approbation de M. le Conseiller d'État, Préfet du Rhône ; il sera ensuite imprimé, ainsi que l'ordonnance royale du 23 avril 1841 et le règlement d'administration et de service intérieur du 30 septembre suivant, et affiché dans la forme en usage pour les actes de l'autorité publique.

XIX

**Décret du 9 avril 1850 modifiant les droits
à percevoir
au conditionnement de la soie.**

Le Président de la République,

Sur le rapport du Ministre de l'agriculture et du commerce ;

Vu la délibération de la Chambre de commerce de Lyon, en date du 14 mars 1850 ;

Décrète :

ARTICLE PREMIER. — A dater de la promulgation du présent décret, le tarif des droits à percevoir pour le conditionnement des soies sera modifié ainsi qu'il suit : Pour chaque ballot de soie de toute espèce, qualité et nature, et pour les bobines pleines ou vides, le prix de la dessiccation à la Condition sera de quatorze centimes par kilogramme.

Pour toute partie de soie ou de bobines pleines ou vides dont le poids n'excèderait pas vingt kilogrammes, le prix sera de deux francs soixante centimes.

ART. 2. — Le Ministre de l'agriculture et du commerce est chargé de l'exécution du présent décret, qui sera publié au *Bulletin des Lois*.

Signé : LOUIS-NAPOLÉON BONAPARTE.

X

**Décret du 9 décembre 1854 autorisant l'emprunt
pour la construction du Palais du Commerce.**

NAPOLÉON, par la grâce de Dieu et la volonté nationale, Empereur des Français ;

A tous présents et à venir, salut ;

Sur le rapport de notre Ministre Secrétaire d'État au département de l'agriculture, du commerce et des travaux publics ,

Vu la délibération de la Chambre de commerce de Lyon, en date du 2 février 1854 ;

Vu l'avis de notre Conseiller d'État, chargé de l'administration du département du Rhône, en date du 23 du même mois ;

Notre Conseil d'État entendu ;

Avons décrété et décrétons ce qui suit :

ARTICLE PREMIER. — La Chambre de commerce de Lyon est autorisée :

1° A emprunter à un taux d'intérêt qui ne pourra excéder cinq pour cent par an, soit avec publicité et concurrence, soit directement de la Caisse des Dépôts et Consignations, un million cinq cent mille francs (1,500,000 fr.) remboursables en vingt ans.

Cette somme est destinée à assurer le paiement de la part contributive de la dite Chambre dans les frais de construction du Palais du Commerce projeté à Lyon.

2° A prélever chaque année sur ses ressources, jusqu'à complète extinction de la dette, la somme nécessaire pour son amortissement annuel.

ART. 2. — Notre Ministre Secrétaire d'État au département de l'agriculture, du commerce et des travaux publics, est chargé de l'exécution du présent décret, qui sera publié au *Bulletin des Lois*.

Fait au Palais des Tuileries, le 9 décembre 1854.

Signé : NAPOLÉON.

XXI

Avis relatif au décreusage des soies.

LA CHAMBRE DE COMMERCE DE LYON

Donne avis

A MM. les négociants en soie et fabricants de soieries, qu'à partir du 1er juin 1856, en conformité de ses délibérations des 5 octobre 1854 et 14 juin 1855, l'opération du décreusage sera pratiquée d'office et gratuitement sur toutes les balles ou parties de soie ouvrée en organsin ou en trame présentées au conditionnement, toutes les fois qu'il n'y aura pas eu de déclaration écrite remise par le déposant énonçant qu'il ne doit point être procédé à cette opération sur la balle ou partie déposée.

L'opération du décreusage ne sera faite sur les gréges et sur les soies diverses, telles que poils, zéphirs, grenadines, rondelettes, soies pour tulles, cordonnets, etc., présentées au conditionnement, que sur la demande expresse ou écrite du déposant.

Elle sera également gratuite.

Dans tous les cas, le prix du conditionnement sera seul perçu.

XXII

Règlement ministériel du 28 décembre 1855 pour les opérations de décreusage.

ARTICLE PREMIER. — Il sera prélevé, pour chaque opération de décreusage, environ 100 grammes de soie, sans partage de masses ou de flottes, après la détermination des poids brut et net d'entrée en Condition des balles ou parties de soie.

Ce poids de 100 grammes environ de soie écrue sera constaté, avant et après la dessiccation absolue, à des balances de précision ajustées à un centigramme ; il en sera de même pour le lot de soie décreusée avant et après la dessiccation absolue.

ART. 2. — La perte de la soie par l'opération du décreusage, sera établie en soustrayant le poids absolument sec du lot de soie décreusée du poids absolument sec du même lot en écru.

ART. 3. — Cette perte, ainsi établie, sera inscrite au dos du bulletin de Condition.

Dans le cas où le bulletin de Condition aurait été rendu avant que le résultat du décreusage fût connu, l'inscription en sera faite à première réquisition, sur la présentation du bulletin de Condition.

Dans tous les cas, l'échantillon de soie décreusée sera rendu au propriétaire de la balle ou partie de soie sur laquelle aura été pratiquée l'opération du décreusage.

Art. 4. — Le décreusage s'effectuera de la manière suivante :

La cuite de la soie dans l'eau de savon sera opérée en deux fois, d'une demi-heure chacune.

La soie, renfermée dans un sachet en toile claire, ne sera plongée dans l'eau que lorsque celle-ci sera en complète ébullition, et le savon entièrement dissous.

Au bout de la première cuite d'une demi-heure, la soie sera retirée, tordue et chevillée fortement pour en faire écouler l'eau de savon, et la partie du grès qui aura été dissoute. Cette première fois on ne soumettra la soie à aucun lavage.

Pour la seconde cuite, on renouvellera l'eau, et au bout d'une demi-heure, on retirera de nouveau la soie pour la tordre et rincer ensuite à fond avec soin dans l'eau du Rhône, de manière à enlever complétement toutes les particules de savon adhérentes à la soie.

La dose de savon pour chaque cuite sera du quart du poids absolument sec de la soie mise en opération.

La quantité d'eau (eau du Rhône) devra être suffisante pour que le sachet contenant la soie puisse rester constamment immergé pendant toute la durée de la cuite.

Le savon employé (savon blanc sec de Marseille) devra toujours être de même qualité, pour que les résultats des opérations du décreusage puissent être régulièrement comparatifs entre eux.

Art. 5. — Les modifications qu'il pourra être jugé nécessaire d'apporter au présent règlement, devront être soumises à l'approbation du Ministre de l'agriculture, du commerce et des travaux publics.

Art. 6. — Le règlement sera affiché dans le bureau de conditionnement, de manière que le public puisse toujours en prendre connaissance.

XXIII

Décret impérial du 25 juin 1856, autorisant l'établissement du bureau public pour le titrage des soies.

NAPOLÉON, par la grâce de Dieu et la volonté nationale, Empereur des Français, à tous présents et à venir, salut.

Sur le rapport de notre Ministre Secrétaire d'État au département de l'agriculture, du commerce et des travaux publics;

Vu l'art. 14 du décret du 3 septembre 1851 concernant les attributions des Chambres de commerce ;

Vu la délibération de la Chambre de commerce de Lyon, en date du 9 novembre 1854 ;

L'avis du Sénateur chargé de l'administration du département du Rhône, et l'avis du comité consultatif des arts et manufactures ;

Notre Conseil d'État entendu ;

Avons décrété et décrétons ce qui suit :

ARTICLE PREMIER. — La Chambre de commerce de Lyon est autorisée à établir un bureau public pour le titrage des soies et autres matières textiles ; le recours à ce bureau est facultatif pour le commerce.

Sont approuvés les statuts de cet établissement, tels qu'ils sont annexés au présent décret.

ART. 2. — Notre Ministre Secrétaire d'État au département de l'agriculture, du commerce et des travaux publics est chargé de l'exécution du présent décret, qui sera inséré au *Bulletin des Lois* et publié au *Moniteur*.

Fait au Palais de Saint-Cloud, le 25 juin 1856.

Signé : NAPOLÉON.

XXIV

Annexe au décret du 25 juin 1856
Statuts du bureau public établi à Lyon pour le titrage des soies et autres matières textiles.

ARTICLE PREMIER. — Un bureau public est établi à Lyon, dans les bâtiments de la Condition, pour le titrage des soies et autres matières textiles.

ART. 2. — Le bureau de titrage est régi, sous la surveillance de la Chambre de commerce de Lyon, par le Directeur de la Condition.

ART. 3. — Le traitement du Directeur, le nombre des employés et agents à placer sous ses ordres, ainsi que leurs appointements et salaires, sont fixés par la Chambre de commerce. Cette Chambre nomme à tous les emplois de l'essai public et peut révoquer les employés.

Art. 4. — Les produits du titrage des soies et autres matières textiles appartiennent à la Chambre de commerce, chargée des frais de loyer, d'outillage, d'installation, d'exploitation et d'administration.

Art. 5. — Le tarif des droits à percevoir pour le titrage des soies et autres matières textiles est établi comme il suit :

Pour toute opération de titrage d'un ballot de soie ouvrée portant sur quatre flottes prélevées sur cinq matteaux pris dans cinq parties d'un ballot, 1 fr. 50 cent., ci . . . . 1 fr. 50 cent.

Pour l'opération du titrage d'un ballot de soie grége, portant sur quatre flottes prélevées sur cinq matteaux pris sur cinq parties de la balle, 1 fr. 50 cent. ci. . . . . 1 fr. 50 cent.

Pour la constatation du numérotage métrique des laines et autres matières textiles, 1 fr., ci. . . . 1 fr.

Ces tarifs peuvent être révisés, la Chambre de commerce entendue.

Les frais de titrage sont à la charge de la partie ou des parties qui le requièrent, à moins de conventions contraires indiquées sur le bulletin de présentation.

Art. 6. — Les opérations d'essai sont faites en présence et sous la responsabilité du Directeur.

Art. 7. Les deux commissaires délégués par la Chambre, en vertu de l'art. 18 du décret du 23 germinal an XIII, pour la surveillance de la Condition, exercent également la surveillance du bureau de l'essai public ; en conséquence, le Directeur, conformément à l'art. 6 dudit règlement, est tenu de faire ouvrir à ces deux commissaires l'atelier d'essai, toutes les fois qu'ils se présentent, ensemble ou séparément.

Art. 8. — Les budgets et les comptes du bureau de titrage sont distincts de ceux de la Condition ; ils sont, comme ces derniers, examinés par la Chambre de commerce et transmis par le Préfet au Ministre de l'agriculture, du commerce et des travaux publics, qui les approuve, s'il y a lieu, le tout conformément aux dispositions de l'art. 17 du décret du 3 septembre 1851.

Art. 9. — Il est dressé, par les soins de la Chambre de commerce, un règlement d'administration intérieure pour la régie du bureau du titrage des soies et autres matières textiles. Ce règlement est soumis à l'approbation du Ministre de l'agriculture, du commerce et des travaux publics.

Le Décret, les présents statuts et le règlement sont affichés dans l'établissement même, de manière à ce que le public en puisse toujours prendre facilement connaissance.

XXV

Règlement intérieur du bureau public établi à Lyon pour le titrage des soies.

ARTICLE PREMIER. — Le titrage des soies, lorsqu'il sera demandé par le commerce, aura lieu de la manière suivante :

Pour avoir la moyenne exacte du titre d'un ballot de soie grége ou de soie ouvrée, il sera prélevé cinq matteaux dans cinq parties différentes du ballot. L'épreuve portera sur quatre écheveaux de cinq cents mètres de longueur chacun, tirés de chaque matteau, ce qui produira vingt essais dont la moyenne sera le titre du ballot. Les opérations auront lieu par la méthode des doubles pesées, et il sera fait usage du poids métrique, en tenant compte de la troisième décimale. Les vingt écheveaux composant l'essai seront ensuite soumis à la dessiccation absolue, et pesés dans cet état pour fournir la moyenne du titre de la soie desséchée.

Le bulletin du titrage constatera :

1° Le poids des vingt écheveaux essayés, la mention de chaque pesée avec la troisième décimale, et la moyenne de ces pesées à l'air libre ;

2° La conversion du poids métrique en deniers dans une colonne en regard, et d'après un tableau de conversion publié à cet effet par la Chambre de commerce de Lyon, et communiqué aux Chambres de commerce de France et de l'Étranger.

3° Le poids des vingt écheveaux essayés, et soumis à la dessiccation absolue, pesés dans cet état, et la moyenne du titre résultant de ce poids absolu.

Le bulletin, outre les indications propres à faire connaître l'identité de chaque ballot essayé, mentionnera si les matteaux soumis à l'essai du titrage ont été envoyés à la Condition, isolés du ballot, ou s'ils ont été prélevés par un agent de l'établissement sur le ballot qu'ils représentent.

ART. 2. — Les écheveaux de soie ayant servi à l'essai, et les matteaux ou flottes sur lesquels les écheveaux d'essai auront été prélevés, seront noués dans une boucle d'un fil particulier préparé pour cet usage, puis scellés du cachet de l'établissement. Une étiquette prise dans les scellés rappellera les numéros et marques des matteaux ou flottes et du ballot, le numéro du bulletin du titrage et la désignation de la soie. Le tout sera rendu au propriétaire.

ART. 3. — Un agent de l'établissement sera toujours prêt à se transporter dans les magasins renfermant les ballots de soie à faire titrer, pour prélever les matteaux nécessaires à cette opération.

ART. 4. — Les modifications qu'il pourra être jugé ultérieurement nécessaire d'apporter au présent règlement, seront soumises à l'approbation du Ministre de l'agriculture, du commerce et des travaux publics.

XXVI

Décret du 24 juin 1873 modifiant le tarif du bureau public de titrage.

Le Président de la République,

Sur le rapport du Ministre de l'agriculture et du commerce,

Vu le décret du 25 juin 1856 qui a autorisé la Chambre de commerce de Lyon à établir un bureau public pour le titrage des soies et autres matières textiles, et a approuvé les statuts de cet établissement ;

Vu le décret du 12 avril 1872 qui a modifié l'article 5 des dits statuts;

Vu la délibération dans laquelle la Chambre de commerce de Lyon, demande que les dits statuts soient modifiés ;

La section des travaux publics, de l'agriculture, du commerce et des affaires étrangères entendue,

Décrète :

ARTICLE PREMIER. — L'article 5 des statuts du bureau public de titrage des soies et autres matières textiles de Lyon est modifié comme il suit :

Art. 5. — Le tarif des droits à percevoir pour le titrage des soies et autres matières textiles est établi comme il suit :

Pour toute opération de titrage d'un ballot de soie ouvrée portant sur quatre flottes prélevées sur cinq matteaux pris dans cinq parties différentes d'un ballot, 2 fr. 50 cent., ci . . . . . . 2 fr. 50 cent.

Pour l'opération de titrage d'un ballot de soie grége portant sur quatre flottes prélevées sur cinq matteaux pris sur cinq parties de la balle, 5 fr. 50 cent., ci . . . . 5 fr. 50 cent.

Pour la constatation du numérotage métrique des laines et autres matières textiles, 1 fr., ci . . . 1 fr.

Ces tarifs peuvent être révisés, la Chambre de commerce entendue.

Les frais de titrage sont à la charge de la partie ou des parties qui le requièrent, à moins de conventions contraires indiquées dans le bulletin de présentation.

Art. 2. — Le Ministre de l'agriculture et du commerce est chargé de l'exécution du présent décret, qui sera publié au *Journal officiel* de la République Française et inséré au *Bulletin des Lois*.

Signé : MAC-MAHON.

XXVII

Décret impérial du 22 juin 1855
Instituant le bureau de conditionnement de la laine.

NAPOLÉON, par la grâce de Dieu et la volonté nationale, Empereur des Français, à tous présents et à venir, salut.

Sur le rapport de notre Ministre Secrétaire d'État au département de l'agriculture, du commerce et des travaux publics ;

Vu les décrets des 23 germinal an XIII et 17 avril 1806 ;

Les délibérations de la Chambre de commerce de Lyon en date des 19 janvier et 6 juillet 1854, et 28 février 1855, concernant l'établissement d'un bureau public pour le conditionnement des laines dans les bâtiments de la Condition publique des soies de cette ville ;

L'avis du Conseiller d'État chargé de l'administration du département du Rhône, en date du 21 juillet 1854 ;

L'avis du Comité consultatif des arts et manufactures, en date du 20 septembre 1854 ;

Notre Conseil d'État entendu ;

Avons décrété et décrétons ce qui suit :

ARTICLE PREMIER. — La Chambre de commerce de Lyon est autorisée à établir un bureau public pour le conditionnement des laines, dont les opérations seront facultatives pour le commerce.

Sont approuvés les statuts de cet établissement, tels qu'ils sont annexés au présent décret, et dont une expédition restera déposée aux archives du ministère de l'agriculture, du commerce et des travaux publics.

ART. 2. — Notre Ministre Secrétaire d'État au département de l'agriculture, du commerce et des travaux publics, est chargé de l'exécution du présent décret, qui sera inséré au *Bulletin des Lois* et publié au *Moniteur*.

Fait au palais des Tuileries, le 22 juin 1855.

Signé : NAPOLÉON.

XXVIII

Annexe au décret du 22 juin 1855.
Statuts pour le conditionnement de la laine.

ARTICLE PREMIER. — Un bureau public est établi à Lyon, dans le bâtiment de la Condition des soies, pour le conditionnement : 1° des laines peignées ; 2° des laines dégraissées ; 3° des fils de laines peignées, en bobines ou dévidées ; 4° des fils cardés dégraissés.

ART. 2. — La Condition des laines sera régie, sous la surveillance de la Chambre de commerce de Lyon, par le même Directeur que la Condition des soies.

ART. 3. — Le traitement du Directeur, le nombre des employés et agents à placer sous ses ordres, ainsi que leurs appointements et salaires, seront fixés par la Chambre de commerce ; elle nommera à tous les emplois de la Condition, et pourra révoquer les employés.

Art. 4. — Le procédé pour le conditionnement des laines aura pour base la dessiccation absolue.

Art. 5. — Les produits du conditionnement des laines appartiendront à la Chambre de commerce, chargée des frais d'outillage, d'installation, d'exploitation et d'administration.

Art. 6. — Un bulletin de Condition, signé du Directeur, accompagnera toujours les échantillons prélevés pour le conditionnement, lorsqu'ils seront rendus à leurs propriétaires. Ce billet reproduira les dispositions du bulletin primitif sans lequel aucun ballot n'est admis à la Condition ; il indiquera le nombre des échantillons soumis à la dessiccation absolue, leur poids avant et après cette opération, et le poids de dessiccation absolue du ballot total ; enfin, il établira le poids marchand calculé à raison de quinze pour cent en sus du poids absolu de la laine.

Art. 7. — Il sera facultatif au vendeur et à l'acheteur d'assister à l'extraction des lots d'épreuve.

Art. 8. — Tous les poids seront reconnus et relevés contradictoirement, et leur identité sera constatée avant de les soumettre au calcul. Tous les calculs seront faits et chiffrés en double.

Art. 9. — Le tarif des droits à percevoir pour le conditionnement des laines, est établi comme il suit :

Pour chaque partie de laines non filées, du poids total de moins de 100 kilog., 3 francs.

Pour chaque partie de laines filées, du poids total de moins de 100 kilog., 3 fr. 50 cent.

Pour toutes les quantités au-dessus de 100 kilog. de laines filées ou non filées, 5 cent. par kilog.

Ces tarifs pourront être révisés sur l'avis de la Chambre de commerce.

Art. 10. — Les opérations de conditionnement des laines seront faites sous la surveillance et la responsabilité du Directeur.

Art. 11. — Les comptes du bureau de conditionnement des laines seront distincts de ceux du conditionnement des soies. Ils seront établis et tenus sous la surveillance de la Chambre de commerce, apurés par elle et soumis à l'approbation du Préfet qui en rendra compte au Ministre.

Art. 12. — Il sera dressé par les soins de la Chambre de commerce un règlement d'administration intérieure pour la régie de la Condition des laines. Ce règlement sera soumis à l'approbation du Ministre de l'agriculture, du commerce et des travaux publics.

Les présents Statuts, le règlement ainsi que les modifications que l'expérience pourrait ultérieurement y introduire, seront affichés dans l'établissement même, de manière à ce que le public en puisse toujours prendre facilement connaissance.

XXIX
Règlement d'administration intérieure du bureau de conditionnement de la laine

Article premier. — La laine ou le fil de laine, pour être admis au conditionnement, devra être présenté sous forme d'échantillon et renfermé dans un récipient parfaitement clos, afin que l'air ne puisse pas s'y renouveler. L'échantillon devra être accompagné d'un bulletin signé, soit des deux parties contractantes, soit de celle des deux qui réclamera le conditionnement. Ce bulletin indiquera les numéros des colis, leurs marques et le poids total de la partie de laine, objet de la transaction, et les numéros et marques des colis sur lesquels l'échantillon aura été prélevé.

Art. 2. — Cet échantillon, à son arrivée, recevra un numéro d'entrée à la Condition, et l'on suivra cet ordre de numéros pour le conditionnement.

Art. 3. — Le poids de l'échantillon sera reconnu à une grande balance sensible à 20 centigrammes. Ce poids ne pourra être moindre de 5 kilogrammes. Les parties contractantes auront d'ailleurs la faculté de l'augmenter, afin d'obtenir un échantillon qui représente une moyenne aussi exacte que possible du poids de la partie de laine qui fait l'objet de la transaction.

Art. 4. — Il sera procédé à une opération distincte pour chaque caisse ou panier de filature, et pour chaque balle de laine dégraissée, blousses, écouailles, agneaux, etc.

Art. 5. — S'il s'agit de laine peignée à la main, on procédera à l'égalisation des pelotes, de la manière suivante :

Pour chaque échantillon de 5 kilogrammes, on forme dix pelotes dans lesquelles entrera un dixième de chacune de celles qui composent l'échantillon présenté au conditionnement ; trois pelotes seront pesées à des balances de précision sensibles à 5 milligrammes ; le reste sera pesé aux grandes balances. La perte ou le gain résultant de l'opération d'égalisation sera réparti sur chaque pelote, au prorata de son poids, de manière à obtenir le poids primitif.

Art. 6. — Si on opère sur des laines peignées à la mécanique, chaque grosse bobine sera dévidée et déformée en échées ou bottes de 500 gr. environ.

Les échées se feront sur un dévidoir à compartiments en spirale, en forme d'ourdissoir, de manière que les parties trop sèches ou trop humides se trouvent réparties dans chacune des échées. Quand la bobine sera entièrement dévidée, on coupera trois échées sur des barres du dévidoir, pour être pesées séparément ; le reste sera réuni en une botte pour ne faire qu'une seule pesée ; et la perte ou le gain sera réparti comme pour les pelotes.

Art. 7. — S'il est question de fils, on formera trois lots de 10 ou 20 bobines chacun, en ayant soin de prendre les bobines dans les différentes parties de la caisse ou du panier, de manière à représenter, autant que possible, les différentes levées dont il se compose.

Art. 8. — Enfin s'il s'agit de laines dégraissées et en balles, telles que blousses, écouailles, agneaux, mères-laines, etc., on formera trois échantillons de 500 grammes environ chacun, et pris dans les différentes parties de la balle.

Art. 9. — Des trois lots pesés séparément, deux seront soumis à la dessiccation absolue ; le troisième sera mis en réserve pour servir de contrôle, s'il y a lieu.

Art. 10. — Lorsque les résultats de la dessiccation des deux premiers lots présenteront une différence n'excédant pas *demi pour cent*, la moyenne du poids absolu servira de base pour fixer la perte ou le gain de l'échantillon entier.

Lorsque cette différence excèdera *demi pour cent*, mais ne dépassera pas *un pour cent*, le troisième lot mis en réserve sera soumis à la dessiccation absolue. Si la différence entre la perte au cent et celle des deux autres lots n'excède pas *un pour cent*, les trois opérations réunies serviront à établir le poids absolu total de l'échantillon ; mais si elle excède *un pour cent*, les trois lots seront soumis de nouveau à la dessiccation absolue. Le résultat de cette dernière opération servira à déterminer le poids absolu de la totalité de l'échantillon.

Enfin, lorsque la différence entre les pertes au cent des deux lots de la première opération excèdera *un pour cent*, ces deux lots seront soumis de nouveau à la dessiccation ; le troisième lot y sera soumis de même, et la moyenne résultant de cette dernière opération déterminera le poids absolu total de l'échantillon.

Art. 11. — Le Directeur tiendra constamment à la disposition du public des récipients susceptibles d'être hermétiquement clos, pour le transport des échantillons de laines. Un agent de la Condition sera toujours prêt, sur la réquisition des parties, à se transporter dans le magasin contenant les laines qu'elles veulent faire conditionner. Il prélèvera les échantillons nécessaires, conformément au mode ci-dessus indiqué. Le procès-verbal, sur formule imprimée, sera signé de lui et des parties.

Il sera perçu 50 centimes pour chaque transport d'échantillons fait par le porteur de la Condition publique.

Art. 12. — Le présent règlement sera soumis à l'approbation du Ministre Secrétaire d'État au département de l'agriculture, du commerce et des travaux publics. Toute modification, dont l'expérience démontrera l'utilité, devra être préalablement soumise à la même approbation.

FIN

TABLE DES MATIÈRES

Avant-propos.	I
I CONDITIONNEMET DE LA SOIE.	1
I Origine et Étymologie.	1
II La Condition Rast-Maupas.	3
III La Condition Unique et Publique.	8
IV Édification de la Condition.	14
V Vices des premiers procédés.	27
VI Projets de refonte du mode de conditionnement.	32
VII Procédé Félissent.	34
VIII Procédé Andrieu.	37
IX Procédé Talabot.	39
X Essais du procédé Talabot	44
XI Procédé Talabot-Persoz Rogeat.	60
XII Appareil à foyer isolé.	64
XIII Appareil à foyer intérieur.	67
XIV Appareil à gaz.	68
XV Détails des opérations de conditionnement.	70
XVI Mouvement de la Condition des Soies.	76
XVII De la perte des soies en Condition.	96
XVIII Considérations sur les statistiques.	99
XIX Évaluation des services rendus par la Condition.	103
XX Personnel.	104
XXI Caisse des retraites.	106
XXII Matériel.	113
XXIII Comptabilité.	117
XXIV Produits de la Condition.	119
XXV Tarifs.	120
XXVI Destination des produits.	125
XXVII Indemnités.	127
XXVIII Emprunts.	130
XXIX Impôts.	133
XXX Frais généraux d'exploitation.	136
XXXI Dépenses extraordinaires.	138
XXXII Taux de reprise de la soie.	141
XXXIII De la concordance des Conditions.	145

II PESAGE DE LA SOIE. 151
    I Historique. 151
    II Organisation du service. 154
    III Mouvement du Bureau de pesage. 156

III DÉCREUSAGE DE LA SOIF. 159
    I Historique. 159
    II Des divers procédés de décreusage. 166
    III Mouvement du Bureau de décreusage. 172
    IV Services rendus au commerce par le décreusage. . . . 174
    V Analyse chimique de la soie. 176

IV TIRAGE DE LA SOIE. 181
    I Historique. 181
    II Les Essais privés. 183
    III Création du Bureau public de titrage. 185
    IV Construction du Bureau de titrage. 188
    V Procédés de titrage. 189
    VI Mouvement du Bureau de titrage. 198
    VII Personnel. 200
    VIII Matériel. 201
    IX Comptabilité. 203
    X Tarifs. 205
    XI État des recettes et des dépenses. 206
    XII Divers modes de titrage. 208
    XIII Mode de titrage de la Condition. 211
    XIV Du titre conditionné. 214
    XV Numérotage des fils autres que la soie. 218
    XVI Les Congrès internationaux de numérotage. 220
    XVII Du titrage et du numérotage décimal. 228

V CONDITIONNEMENT DE LA LAINE 239
    I Historique. 239
    II Reprise au conditionnement de la laine. 242
    III Mouvement du Bureau de conditionnement des laines. . 250

VI RENSEIGNEMENTS SUR LES CONDITIONS. 253
    I France. 253
    II Allemagne. 271
    III Angleterre. 274
    IV Autriche. 277
    V Italie. 279
    VI Suisse. 295
    VII Mouvement comparatif des Conditions. 298

VI CONCLUSION. 301

TABLE DES MATIÈRES

APPENDICE. — Lois, décrets, règlements relatifs a la Condition. . . 307
    I Règlement de la Condition Rast-Maupas. 307
    II Décret du 23 germinal, an XIII. 310
    III Règlement d'administration de la Condition publique. 313
    IV Décret du 17 avril 1806. 314
    V Loi du 9 septembre 1807. 315
    VI Décret du 2 février 1809. 317
    VII Décret du 13 août 1810 318
    VIII Décret du 5 août 1813 319
    IX Ordonnance royale du 22 janvier 1817. 321
    X Ordonnance royale du 17 mars 1819. 324
    XI Ordonnance royale du 30 août 1820. 325
    XII Règlement interdisant le partage des ballots. 326
    XIII Ordonnance royale du 26 juillet 1829. 328
    XIV Ordonnance royale du 23 avril 1841 329
    XV Arrêté relatif aux tarifs. 331
    XVI Règlement d'administration intérieure. 331
    XVII Addition au règlement d'administration. 334
    XVIII Arrêté relatif à la mise en activité du mode de conditionnement par la dessiccation absolue. 334
    XIX Décret du 9 avril 1850 relatif aux taxes. 336
    XX Décret du 9 décembre 1854. 336
    XXI Avis relatif au décreusage. 337
    XXII Règlement du décreusage. 338
    XXIII Décret organique du Bureau de titrage. 339
    XVIV Statuts du Bureau de titrage. 340
    XXV Règlement du Bureau de titrage. 342
    XXVI Décret du 24 juin 1873. 343
    XXVII Décret organique de la Condition des laines. 344
    XXVIII Statuts de la Condition des laines. 345
    XXIX Règlement d'administration intérieure de la Condition des laines. 347

www.ingramcontent.com/pod-product-compliance
Lightning Source LLC
Chambersburg PA
CBHW060333170426
43202CB00014B/2765